高等教育（成人/网络）工商管理专业系列教材

管理经济学

主　编　赵炳新　孟庆春

中国财经出版传媒集团
经济科学出版社
Economic Science Press

图书在版编目（CIP）数据

管理经济学/赵炳新，孟庆春主编．—北京：经济科学出版社，2018.7（2018.9 重印）
高等教育（成人/网络）工商管理专业系列教材
ISBN 978－7－5141－9554－5

Ⅰ.①管…　Ⅱ.①赵…②孟…　Ⅲ.①管理经济学－高等学校－教材　Ⅳ.①C93－05

中国版本图书馆 CIP 数据核字（2018）第 161684 号

责任编辑：于海汛　宋　涛
责任校对：王苗苗
责任印制：李　鹏

管理经济学
主编　赵炳新　孟庆春
经济科学出版社出版、发行　新华书店经销
社址：北京市海淀区阜成路甲 28 号　邮编：100142
总编部电话：010－88191217　发行部电话：010－88191522
网址：www. esp. com. cn
电子邮件：esp@ esp. com. cn
天猫网店：经济科学出版社旗舰店
网址：http：//jjkxcbs. tmall. com
北京密兴印刷有限公司印装
787×1092　16 开　15 印张　290000 字
2018 年 8 月第 1 版　2018 年 9 月第 2 次印刷
印数：3001—3500 册
ISBN 978－7－5141－9554－5　定价：38.00 元

目 录
CONTENTS

第1章　绪　论

管理案例

沃尔特·迪斯尼公司的盛衰

为了说明管理经济学可以帮助解决哪些问题，让我们来看一下由著名艺术家和企业家沃尔特·迪斯尼在1929年创办的公司。尽管公司始终注重产品的质量，但自沃尔特·迪斯尼于1965年逝世后，公司就似乎失去了往日的活力和方向。公司以其电影著称（如《白雪公主》《狮子王》等），但收入主要还是来自它的主题公园，像加州的迪斯尼乐园和佛罗里达州的迪斯尼世界等。20世纪80年代上半期，游客人数从1980年的1150万人下降到1984年的990万人，这迫使内部管理者和公园投资者开始关注公司的发展前景。娱乐业充满了风险，即使是首席公司也很有可能亏损。

1984年，派拉蒙公司的总经理迈克尔·艾斯纳出任迪斯尼公司的最高行政主管，从而开始把公司导入一个新的方向。他需要处理的问题之一是主题公园游客人数的减少。游客减少在多大程度上与人口平均年龄的提高及家庭平均人数的减少有关？应该采取什么样的对策？另外一个相关的问题是：主题公园是否该提价？董事们对此早已有类似的建议，但都被上司否决了。

艾斯纳和他的同事们以极大的热情着手解决这些问题，他们运用了很多管理经济学的方法。当调查研究表明，扩大宣传可以增加游客人数和利润时，他们便采取了一系列成功的广告宣传活动。从20世纪80～90年代早期，公司表现出色，利润很快从1984年的1亿美元增加到1993年的8亿美元。然而，迪斯尼公司1992年在巴黎市郊建立的欧洲迪斯尼乐园在1993年和1994年却不怎么景气，这也提醒我们：管理经济学虽然有用，但并不能保证在像娱乐业这样充满风险的行业中永不失败。①

沃尔特·迪斯尼公司与不计其数的其他企业一样，他们都运用了那些公认的管理经济学的原则来提高自身的获利能力。管理经济学使用了许多经济学分析中

---

① 资料来源：《纽约时报》，1994年4月28日和1994年3月7日；J. 弗劳尔《魔术界的王子》（纽约：威利，1991）；H. 巴特里特《企业战略管理案例》（纽约：德赖登出版公司，1988），及T. 惠伦和J.D. 亨格《战略管理与企业政策案例》（麻省，读书：爱迪逊－韦斯利，1987）。

的概念，诸如成本、需求、利润和竞争等。它试图把纯理论分析问题和日常决策联系起来，前者为许多经济理论家兴趣所在，而后者则是管理者所必须面对的。

1.1 管理经济学的研究对象和方法

1.1.1 管理经济学的研究对象

1. 管理

管理，是人类文明发展的伴生物，管理实践和人类社会发展的历史一样悠久。早在4500多年前的古代埃及，金字塔的建造者只有石器时代的工具，没有货币经济，却建造了人类有史以来最伟大的建筑之一。研究表明，完成这一浩瀚的工程，不仅仅依赖于建造者的体力，而且有赖于埃及人创造的“金字塔形”管理体系：那时他们就已经有了由17级管理层次组成的等级体系；中国远古时期的管理历史记载是散乱的，但毋庸置疑，从孔子所倡导的中庸思想至今还是影响管理行为的重要因素之一；秦始皇所创建的第一个封建王朝及其所修建的万里长城，不仅是伟大的管理实践活动，而且有着丰富的管理思想，其中主要的就是韩非子所提出的关于法制和等级制思想。

但管理学的形成，却源于西方社会工业文明诞生。工业革命于18世纪60年代首先开始于英国，是与纺织业的发展、圈地运动和蒸汽机的发明紧密联系在一起的。伴随着工厂的出现和生产社会化程度的不断提高，产生了一系列的管理问题和劳动纠纷，并有了研究的萌芽，不过这些研究并没有形成系统的理论。管理学的形成来自20世纪初泰勒、法约尔、韦伯等人的开创性工作，经过一百多年的发展，形成了丰富而又庞大的理论体系。大部分学者把管理理论划分为古典管理论、人群关系论（新古典管理论）、现代管理论等几个发展阶段，其中古典管理论包括泰勒的科学管理论、法约尔的管理论、组织设计论等，这是管理理论最初的发展，其中许多也是管理学中永恒的话题，其根本的目的都是要建立有效率的管理体制；而人群关系论的特点是把组织中个人的动机看作效率的决定因素；现代管理论是对管理论的综合，这一理论把古典管理论所具有的宏观组织理论的特点和人群关系理论所具有的微观组织理论的特点有机统一起来，成为一门综合性的理论。此外，泰勒的科学管理法是以“经济人”的假设为前提的，人群关系论则是以“社会人”的假设为前提的，而现代管理论则以“决策人”为前提的，它扬弃了“经济人”和“社会人”假设之间的对立，把两者统一起来了。当然，管理学是时代发展的产物，管理论的内容也处于不断的丰富和发展之中，尤其是伴随着全球化和信息化的浪潮，新的管理理论和管理思想不断地涌现，“管理丛林”再次出现。

2. 管理者

我们都能知道公司的管理者是个什么样子，典型的特征不多但是很明显：笔挺的西装、轻巧的笔记本电脑、移动电话、公司的信用卡、兜里的 MBA 文凭，等等，这就是一个管理者所留给我们的印象。管理学关于管理者的定义也很多，不过最基本的观点是认为管理者是公司内部管理其他人工作的人，其任务是计划和指导同一个公司其他人的工作。不过要成为一个有成就的管理者却并非易事，管理者需要独立地判断形势、分析问题、做出决策，并分析存在的问题和机遇，因此，所有的管理者都渴求着智慧、经验、知识、能力，期望能够获得它们。

其实，无论一个管理者面对着多么复杂的事实，这些事实都不会简单地摆在那里等着被发现。事实的发现需要在一定的原则框架中去观察，甚至需要精确地测量；事实的发现需要比较其他相关的事实去观察；事实需要对不断发展变化的生活的挖掘。所有这些都涉及理论和方法问题，都要求管理者去学习并能够运用这些理论和方法。不过对于大多数的管理者在理论学习时，一定常常会有这样的抱怨："这些都是一些理论知识，真正运用到实际工作中去是否可行呢，是否能解决实际的问题呢"。尤其是对于管理经济学这方面的理论知识，更加容易产生这方面的疑问。

广泛的专业知识和良好的专业素养是成为一名管理者的基础，无论是 MBA 或者是其他的任一种管理专业的知识体系都具备这方面的内容。经济学在其中扮演着重要的角色，也许它并不能成为经理们取得成功的强有力武器，但确实是不可或缺的工具。在商业界获得成功，我们必须占领市场，占领市场的前提是，我们要对市场有一个清晰的认识，对市场中的经济关系有足够的理解，这是决定成败的关键。

1.1.2 经济学与经济思维

1. 经济学的产生

学科的产生都有其客观必然性。例如，古代力学的产生是因为农业提水灌溉、城市建筑、手工业、航海的需要；古代数学的产生因为测量土地面积、计算时间、制造机械的需要。按照西方经济学家的观点，经济学产生于资源的稀缺性以及由此所引起的选择的需要。

西方经济学把满足人类欲望的物品分为自由取用物品和经济物品两类，前者是无限的，而后者是有限的，并且在人类活动中占有重要的地位。人类的欲望是无限的，但用来满足人类需要的经济物品以及生产这些物品所需要的资源却是有限的，这就是所谓的稀缺性。从稀缺性的内涵来看，稀缺性不是指资源或物品绝对数量的多少，而是指相对于人类欲望的无限性来说，再多的资源也是不足的，从这个意义上来说，稀缺性是相对的；从另一种意义上来说，稀缺性存在于一切时代和一切社会，所以又是绝对的。

大多数资源或者物品的用途都不是单一的，人类的欲望也有轻重缓急，因此，如何用有限的资源来更好地满足人类的欲望呢，这时候我们就要面临一个选择。具体说，选择就是要解决这样三个问题：

（1）生产什么物品和生产多少。经济学的目标是，用稀缺的资源去生产人们非常需要的物品，使人们的需求得到最大限度的满足。所以，我们首先要确定，人们最需要的是什么样的产品，避免生产出人们需求性较低或者不需要的产品。同时，我们也需要了解产品的数量，生产过多会造成资源的浪费，过少的话又无法充分满足人们的欲望。

（2）如何生产。这个问题实际上就是选择什么样的生产方式的问题。不同的生产方式具有不同的效率，我们力求寻找出最合适的方式来提高我们的生产效率。

（3）为谁生产。这个问题是考虑如何合理地分配资源，使大多数人的需求得以满足。

所以说，稀缺性的存在和选择的必要导致了经济学的产生。按照一般的理解，经济学是一门社会科学，它研究稀缺资源在无限而又有竞争性的用途中的配置问题，研究人与社会寻求满足他们的物质需求与欲望的方法问题，这是因为他们所支配的东西不能满足其一切愿望。

2. 经济学方法论与工具

（1）经济学方法论概述。经济学方法论由以下三个层次构成。

第一个层次是经济学的哲学基础或哲学意义上的方法论，是最高和最抽象层次的经济学方法论，也就是基本方法论，是方法论的方法论。它是哲学思潮或哲学方法论在经济学家意识中的体现，对经济学家的思维、经济学的发展产生巨大影响，但是并非可操作的、可直接运用于经济学研究的具体方法，只是提供经济学和经济学家以相应的认识世界的方法模式。这种模式是潜移默化地内化为经济学家的思维方式或方法意识，构成他们观察、思考经济现实和构建理论框架的视野和范围，最终凝固为经济学家的某种思维习惯。也可以说，经济学的基本方法论是从经济学的价值论、真理观和科学观等角度所考察的方法论，主要包括的内容是：对经济学研究对象的哲学思考或经济世界观，如何认识经济学的真理性和科学性；如何看待经济活动主体（人及其群体），经济学和经济学家的价值标准；等等。

人们通常所谓的经济学以功利主义、个人主义、自由主义、辩证唯物主义和历史唯物主义、主观主义、客观主义、逻辑实证主义等为基础，就是指经济学以上述哲学思潮或流派为基本方法论。不同的哲学基础对应着不同的方法论。基本方法论的不同是经济学不同流派产生的根源。如果一位经济学家接受了某一哲学思潮或受其影响，他虽然不一定有明确的、几条可操作的规则，但是在其理论体系的各个环节和方面，都或明或暗地包含了这一哲学思想。当然，一位经济学家可能接受不同的哲学思潮，各经济学流派的基本方法论可能是不同哲学思潮的结合或融合。

第二个层次的经济学方法论是经济学的思维原理和方法，或者说，是经济学家从事理论研究、构建理论体系的方法。例如，人们通常所说的逻辑的方法（归纳和演绎方法）、抽象方法、综合和分析方法、结构分析方法、规范分析方法和实证分析方法、历史分析方法、动态分析方法、静态分析方法、制度分析方法、宏观分析方法、微观分析方法、系统论方法、信息论方法、控制论方法等，这些经济学的思想原理与经济学的哲学方法论相联系，但是二者并不等同：第一，经济学的思维原理或方法，是经济学家在直接考察经济现实、构建理论体系时的方法，虽然构造理论体系，却不涉及真理观、价值观、世界观等高度抽象的问题；第二，它们作为经济学方法论已经给经济学家提出了明确的、必须遵守的方法要求，具有可操作性，而不像哲学方法论那样，只是潜移默化到经济学家的意识深处，甚至只是作为一种潜意识起作用。一种哲学方法论并不具体、明确地要求经济学家如何做，而经济学的思维原理却不同。例如，制度分析方法，就是明确要求从制度角度考察经济运行，分析制度的产生和变迁及其对资源配置的影响等。至于如何分析制度，则是更具体的技术方法。

需要说明的是经济学的思维原理或方法虽然都基于相应的基本方法论，但二者却是不同层次上的方法论，不能等而视之。例如，结构分析方法不等于结构主义。

第三个层次的方法论是经济学的技术方法。即为了使经济学的理论精确化、趋于完善，而对特定对象所采用的具有技术性的具体方法，例如，数学方法、心理分析方法、统计方法、个案研究方法、边际分析方法、均衡分析方法、成本分析方法、比较分析方法等。这种技术性方法对于经济学来说是很重要的，如果不依靠这些方法，任何经济理论都可能只是几条原则或思想宣言，经济学难以成为实用性科学，这类方法实际上是经济学走向实用的桥梁。但是，这些具体方法毕竟与经济学的思维原理和哲学基础不同，一般不产生或影响经济理论中的思想与观点，只是服务于对这些思想的说明、论证和精确化，因而它们在不同的经济学流派中常常通用。

（2）经济分析的工具。西方经济学在进行社会经济活动的研究过程中，根据研究对象的不同及其复杂程度，采用不同的分析工具。其中主要的有：文字描述法，即利用文字进行分析、推理；数学公式法，即利用数学符号构造方程，然后利用算式推导和运算，最后得出结论，变量、方程式等；图形的使用，这是一种简单形象地描述经济现象和规律的方法，在经济学中具有重要的作用。需要注意的是，在国际现象的描述和研究中，往往三种方法综合运用。

1.1.3 管理经济学概述

1. 管理经济学的含义

随着生产力的发展，生产社会化程度的提高，企业间的竞争日益激烈，对于应用经济理论和分析方法，指导企业管理实践，也提出了越来越高的要求。

（1）管理经济学被认为是一门应用经济学：是理论经济学有关概念、原理和方法在企业管理决策领域的实际应用。它不研究过于抽象的纯理论问题，也不打算另起炉灶建立自己独立的理论体系。它主要致力于研究如何把既有的经济理论尤其是微观经济学的理论应用于企业管理的决策实践。它是理论经济学的理论和分析方法在企业管理领域的实际应用。

（2）管理经济学是一门实证和规范研究相结合的经济学。它的研究活动有两种类型，分别是实证研究和规范研究。实证研究是揭示客观事物的本质和内在的规律，而结论的正确性则必须通过经验事实来进行检验。如政府征税对市场价格有何影响？这种方法旨在揭示有关经济变量之间的函数关系和因果关系，它是从客观存在的经济现象出发，提出经济现象的假说模型，并通过这一假说模型来研究变量之间的相互关系，进行预测，最后用事实来检验假说模型。规范研究则以特定的价值判断为基础，提出事物运动应当遵循的规范或标准，指明事物“应该是什么”而无须经过经验事实的检验。这种方法是以一定的价值判断为基础，提出某些准则作为经济理论的前提和制定政策的依据，并考察如何才能符合这些准则。

（3）管理经济学是一门以数理分析为基本手段的经济学：应用了经济学中的经济模型，用来描述和分析企业经营过程中的经济变量间的函数关系。用数学语言来揭示经济现象之间的相关关系或者因果关系，为企业经营提供了一套严密而精确的分析工具，这是管理经济学的一大特色。

（4）管理经济学是一门综合性和边缘性的经济学。它的基本经济概念、原理及方法主要来自微观经济学。但由于现实中，企业所处的环境是动态变化的，十分复杂，信息又具有不确定性，而且企业的业务领域也十分广泛，在这种情况下，管理经济学在研究决策问题时还需要借助其他相关学科的概念和分析工具。这些学科包括数学、运筹学、决策学、统计学、会计学、市场学、投资学等。因此，管理经济学又是一门跨多种学科的综合性经济学，它把多门学科的有关原理、概念和方法有机地结合在一起，为企业经营管理决策服务。

（5）管理经济学是企业管理学的有机组成部分。企业管理涉及一整套科学、系统的知识体系。企业作为商品生产经营者，需履行一系列基本的专业职能，这就形成了生产管理、营销管理、财务管理、人力管理等专业管理知识子系统；企业在进行这些专业管理活动和实施总体综合管理的过程中，需要行使计划、组织、控制等一般管理职能，从而形成了指导这种一般管理行为的管理原理知识子系统；而所有这些管理活动，都要追求效率、讲究节约、谋求最佳的经济效益，因而又需要专门为管理活动提供经济分析的管理经济学这一知识子系统。管理经济学把管理科学和经济科学有机地联结起来，构成企业管理科学体系基础性的组成部分。

管理经济学的问题我们可以从外延和内涵两个方面来理解：从外延上看，管理经济学研究范围是在生产决策这一部分，在这个特定范围内，它研究的是企业在生产经营中的决策问题，从企业管理者的角度出发，将一般的数量经济关系置于企业特定的决策系统之中，研究与实际生产经营决策直接相关的变量；从内涵上看，管理经济学研究的是上述特定范围内的经济行为及其相应变量之间的相互依存关系，这里所研究的经济行为主要是指有关市场、生产、成本、价格、利润、投资的选择与对策等企业决策行为，这些行为受制于相应的经济变量及其关系，管理经济学研究有关上述决策行为的基本变量的性质和变化幅度及其相互关系和因果关系的性质和具体形式，目的在于找出其规律性，从而为企业运营决策时提供依据。

从以上分析可以看出，在管理学教学的课程体系中，管理经济学实际上既是一门方法工具类学科，它是经济学的基本原理和经济分析的方法与工具在企业实际经营决策的应用；又是一门思想与原理性学科，是一门经济学与管理学的交叉学科。

2. 管理经济学的内容体系

管理经济学是一门应用经济学，它把经济学的理论与方法应用于企业经营管理实践，利用经济分析的工具与技术去分析企业的种种经营管理决策问题。

管理经济学主要包括两部分：理论和使用。微观经济学为它提供了基本理论框架，许多定量分析学科为它提供了应用手段与方法。微观经济学是西方经济学的重要组成部分，主要研究在市场经济制度下，资源配置过程中企业所起的作用，从理论上回答生产什么与生产多少、怎样生产、为谁生产以及多少资源用于未来发展、多少资源用于现时需要等问题。管理经济学则是在此基础上的进一步推广，重点放在企业管理实践过程以及经济分析对这一过程所起的作用上，研究同企业决策有关的经济理论及其应用，使之对企业管理决策更有帮助、更加实用。经济学更加着重于实证研究（研究是什么样的问题），管理经济学则是着重于规范研究（研究应该怎样去做的问题）。

管理经济学同定量分析的学科关系也很密切，比如，最优化技术（包括传统最优化方法与线性规划）、风险与不确定情况下的决策方法、与回归分析、预测技术等，这些技术是管理经济学的重要组成部分，已经成为领导决策的重要工具和方法。

管理经济学的研究内容主要有：（1）需求理论及其预测。需求是指一定时期内和一定条件下顾客愿意购买某种货物或劳务的总量。企业获利能力的大小受需求量的影响，对需求的分析是企业经营管理决策的重要依据。研究需求理论就要分析市场供求关系和发展趋势，探求价格与需求量之间的关系，了解消费者的心理变化，研究收入和购买数量之间关系的需求曲线等。（2）价格理论。研究市场结构与定价的关系，分析影响定价的各种因素，科学地分析产品的功能，功能分析与功能评估的方法，以及联合产品定价、转让性定价等。（3）风险理论。研究在企业经营活动中可能发生的各种风险，以及它对企业决策的影响；制定风险管理计划，尽量将风险降到最低限度；寻求评价风险的方法等。（4）成本理论。研究成本的构成及降低成本的途径。为此，要对投入要素最小成本结合、机会成本、历史成本、增量成本、沉没成本以及长期成本、短期成本等进行分析。此外，管理经济学还要研究生产理论、资本投资理论与投资决策、市场竞争机制理论以及政府对企业的管制与反托拉斯政策等。

管理经济学研究的是管理决策这一系统运行的经济性，其核心问题是谋求最佳经济效率，其根本目标是，在对有关经济变量关系的研究中探寻企业在市场经济条件下生产经营活动的规律性，从而为企业制定正确决策提供依据。

3. 管理经济学与决策

经济学提出了三个问题，分别是生产什么、生产多少和怎样生产。在解决这三个问题时，管理经济学起到了什么样的作用呢？实际上，这三个问题的解决就是一个决策的过程。所谓决策，就是在许多可行方案中选择最佳方案。诺贝尔奖获得者赫伯特·西蒙（Herbert Simon）认为，决策工作主要由四部分组成：

（1）寻找决策的时机；

（2）确定可能的行动方案；

（3）评价每个方案的收入和成本；

（4）选择最优方案（企业价值最大）。

所以，管理经济学的作用就是为决策提供了相关的分析工具和分析方法，对每一个方案进行评价，并从中选取最优的方案。从这个意义上来说，决策是最优行为的需要。市场营销副总裁力求销售收入最大；生产经理力求成本最低或产量最大；分公司总裁的目标是使利润最大。管理目标受相关参数的约束。例如，不生产产品也能使生产成本最低，但这不符合企业利润最大化的目标，生产经理的目标一般是在满足生产目标的基础上成本最低，市场营销副总裁的目标是在给定广告预算的条件下使销售量最大。

同时我们知道，管理决策目标受其他相关参数的约束。因此，管理的实质就是在有约束条件下的最优化。管理决策中的约束条件包括：法律上的、道德上的、契约上的、财务上的和技术上的。而管理经济学在经营管理中的作用就是在这些约束条件限制下做出最优决策。实际上所有的选择和决策都要受到一定的限制，这正是管理经济学这一工具的用武之地。尽管有些限制，经理们仍能把工作做好，作为回报，他们就可以得到高工资、股票期权和其他福利。

管理经济学的最优化原理不仅适用于追求利润的企业，也适用于任何有目标的企业。

1.1.4 管理经济学与微观经济学

1. 微观经济学简介

一般来说，经济学可以分为两大类：微观经济学和宏观经济学。宏观经济学从宏观的角度来研究经济体系。它是对总产量、总就业、消费者价格指数、失业率和进出口的变化进行分析的技术。它要回答的是：投资、政府的开支、进出口、税收政策、产量、就业水平和价格水平的变化会对社会产生什么影响。它考虑的只是这些变量的总水平，但在这些总数据的背后，隐匿着千万家企业产量的变化、无数消费者消费决策的变化，以及每一种特定物品和服务价格的变化等（见图1-1）。

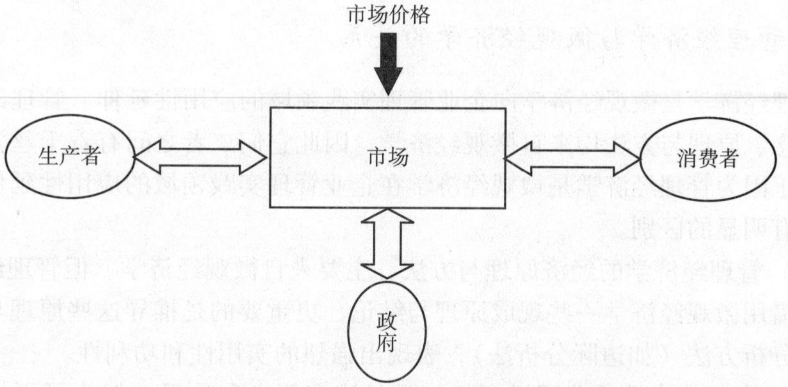

图1-1 生产者、消费者、政府相互作用

尽管宏观经济学的问题和政策在报纸和电视上常受到人们的关注，但微观的经济问题也是重要的。因为在经理们所面临的日常问题中，更多的是这类问题。微观经济学研究单个行为个体的经济行为：企业、个人及其在市场中的相互作用。

微观经济学分为三个层次：

（1）分析单个生产者和单个消费者的经济行为。单个消费者如何获得最大的效用以及单个生产者如何获得最人的利润。

（2）分析单个市场价格的决定。单个市场中所有的消费者和所有的生产者最优经济行为的共同作用而产生的价格。

（3）分析所有单个市场的价格的同时决定。这是所有单个市场相互作用决定的。

微观经济学对企业的生产计划、定价方针、风险对策等很多企业管理问题，都可提供理论指导。例如，某企业计划生产甲、乙两种产品，每件产品的工时定额、材料定额、单件利润以及企业现有工时、材料的总量如表1-1所示，要求拟订的生产计划获利最大。

表1-1 企业生产产品描述

使用资源	甲产品	乙产品	企业资源总量
工时定额	5	10	60
材料定额	4	4	40
单件利润	6	8	

在这种情况下，企业应生产哪种产品，各生产多少，这是运用微观经济学借鉴问题的一个例子，也是那些想得到最大利润的企业经理们面临的一个问题，不能简单地从单件利润的高、低做出决策。微观经济学，就是有助于解决上述问题的现代管理决策强有力工具的理论基础，并且有助于我们加深对这些强有力工具的理解。

2. 管理经济学与微观经济学的关系

管理经济学是微观经济学向企业管理实践领域的应用性延伸。管理经济学的诸多概念、原理与方法均来自微观经济学，因此它们二者之间有着千丝万缕的联系。但正因为管理经济学是微观经济学在企业管理实践领域的应用性延伸，所以二者又有明显的区别。

（1）管理经济学的经济原理与方法，主要来自微观经济学。但管理经济学不是简单借用微观经济学一些现成原理与结论，更重要的是推导这些原理与结论所使用的分析方法（如边际分析法），表现出强烈的实用性和功利性。

（2）管理经济学承袭了微观经济学的诸多假定和前提，但为了更接近客观现实，又作了各种程度的放宽和突破。例如，微观经济学通常假定企业的唯一目标是追求利润最大化。但现实中的企业由于受多种因素的限制，其目标只能是有条件地谋求尽可能满意的利润、承担社会责任等多元化的目标。这使得管理经济学在以利润最大化准则分析企业行为的同时，还得兼顾其他目标函数。又如，微观经济学假定理论研究中的企业能够无偿地获得全部的市场信息，但现实中的企业几乎都是在信息不确定和信息不对称的条件下进行经营的。这又需要管理经济学广泛借用其他学科的概念和工具，以利于搜集必要的信息，并在不确定条件下选择最优方案。这又成为管理经济学向综合性和边缘性发展的动因。

（3）管理经济学同微观经济学一样，在分析企业行为时广泛借用多种经济模型，尤其是数学模型，但二者运用模型分析的目的不尽相同。微观经济学主要把有关数理经济模型作为分析经济系统运行机理的抽象化工具。管理经济学引进和使用这些模型则是同企业的决策行为密切相关的，管理经济学通过这些模型为决策者提供分析和观察问题的思路，帮助制订和评价多种行动方案。因此，同样的模型在管理经济学里具有更为具体和实际的目标和内容。

管理经济学是一门应用性学科，就不能局限于对经济理论本身的探讨，必然要研究企业管理经济决策的实践。如在传统计划体制下，企业决策对于资源投入，往往是多多益善，可效果常不能令人满意，从经济理论上讲，原因在于资源投入存在着边际收益递减规律。我们了解了这个规律，就会在管理决策时注意投入资源的优化配置问题，提高由粗放型管理转向集约型管理的自觉性。因此，管理经济学是沟通经济理论与管理实践之间的桥梁。

管理案例

西尔斯如何激发诚实?①

1992年6月，加利福尼亚州受理了对西尔斯汽车中心的指控，根据指控，西尔斯通过不必要的和未完成的修理工作，平均多收取客户230美元的费用。随后，新泽西州也受理了类似的指控。最后，西尔斯承认"的确发生了某种失误"，并同意付出2000万美元以解决法庭争端。西尔斯强调，在这之前，公司高层领导不知道存在这些问题，并没有指使也没有鼓励蒙骗顾客的行为。这一汽车修理的指控使西尔斯付出了巨额的代价。随着顾客意见的公开化，西尔斯股票的价格下跌了6个百分点，而同时，西尔斯汽车中心的销售额也大幅度下降。

要制止这些成本的上升，重要的是，西尔斯的管理者必须迅速采取措施，解决相应的问题。作为第一步，管理当局必须确定是什么因素促成了职员建议客户进行不必要的修理。只有在这一基础上，管理当局才能选择正确的政策，以便及时改变现状。如果管理当局认为，这些问题是由于少数不忠诚的雇员引起的，那么，可能的措施就是找出并解雇这些雇员。如果管理当局认为，事实是一些心怀不满的工人将他们的怨气发泄到顾客头上，那么，相应的措施也许是采用一种工作内容丰富化项目，以增加工人的工作满足感。果真如此，也许会有好转的希望。当然，可能和可行的措施还有许多。

经济学家假设西尔斯汽车中心的职员苏·劳拉，同其他的职员一样，都看重两种物品的价值——金钱和诚实，其效用函数为：

$$效用 = f(金钱，诚实)$$

金钱是一般购买力的代表，可以用它来购买各种各样的商品，比如食物、衣服以及住房。除了金钱以外，苏·劳拉还看重诚实，因为与其他人以诚相待使苏·劳拉心情舒畅。假设诚实可以按照一定的单位计量，苏·劳拉也愿意要更高的诚实数值。例如，5个单位的诚实会提供比4个单位的诚实更高的效用。

在西尔斯汽车中心的销售人员将依据总销售额获得相应数额的佣金。除此之外，他们也有销售特定产品和服务的定额，完不成这些定额将导致被解雇或者工资减少。而很显然，采取某些不诚实的做法可以增加个人的销售额，而且有利于完成销售定额（例如，在顾客没有减震器的情况下，告诉他们需要一个新的减震器）。

在客流量和佣金比率一定的情况下，即使对所有的顾客建议进行汽车检修，苏·劳拉所挣得的钱也有一个上限。如果她建议的检修次数减少，她的收入就会下降。如果她绝对诚实，不建议任何不必要的检修，那就很难完成销售定额，这

① 资料来源：杰姆斯·A. 布里克雷等：《管理经济学与组织架构》，华夏出版社2001年版，第24～26页。

会导致被解雇或者收入的减少。如图 1－2 显示出了苏·劳拉所面对的约束，这一约束表明，在报酬计划和商店条件已定的情况下，苏·劳拉所能得到的金钱和诚实的最大数量。如果苏·劳拉牺牲所有的诚实，她将挣得一个最高的月收入 $\$_{max}$。如果她做到绝对诚实，她的收入就要少得多。在这些约束条件下，苏·劳拉也可以沿着约束线作一些中间选择，但想每月获得超过最高月收入 $\$_{max}$ 则是不可能的。

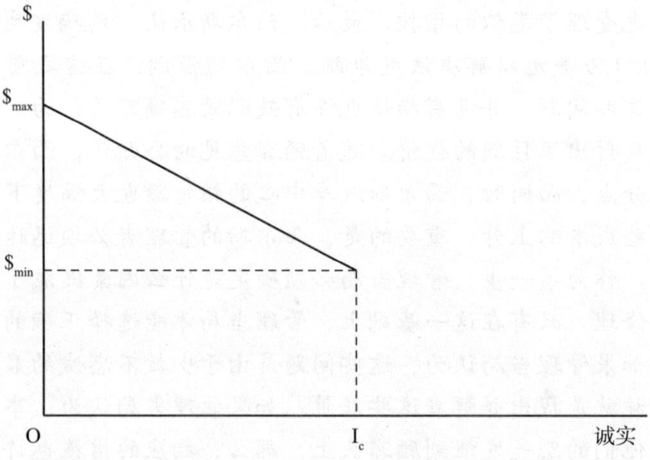

图 1－2　在西尔斯汽车中心一个职员所面临的约束

图 1－2 中的约束线表明了，在报酬计划和商店条件已定的情况下，一个职员所能得到的金钱和诚实的最大数量。如果该职员牺牲所有的诚实，为顾客建议许多不必要的检修，他将挣得最大的月收入 $\$_{max}$。建议的不必要检修越少，完成的销售就越少（说明他选择了较高的诚实水平），收入也就越少。因为该职员的佣金是与销售额挂钩的。I 代表绝对诚实。

按照能够达到的最高的一条无差异线，苏·劳拉选择了诚实和报酬的组合。这一组合正好确定了在她的无差异曲线和约束线的切点上。最后，苏·劳拉的选择是相对较低的诚实，因为根据西尔斯汽车中心的管理政策，要为诚实付出代价——如果苏·劳拉选择更多的诚实，她必须放弃更大数量的收入。

公司也可以通过改变报酬政策，改变苏·劳拉和其他销售人员所面临的约束。在西尔斯汽车中心的例子中，通过降低销售佣金（相应增加固定的小时工资），可以压低靠不诚实行为增加销售而获得的金钱收入，从而可以使约束条件更为平缓。而约束线斜率的变化导致切点的变化，从而引起选择的变化。

图 1－3 显示出，当销售佣金降低时，苏·劳拉的最优选择会如何变化。最后的结果是导致更为诚实的行为。可以说，苏·劳拉“购买了”更多的诚实，因为它相对便宜。与这一分析相一致，实际情况是，西尔斯汽车中心通过改变报酬政策，将一部分佣金转化为固定工资，以求解决前面提到的问题。他们还取消了销售定额，并采用了一种政策，对顾客满意度高的职员实行奖励。

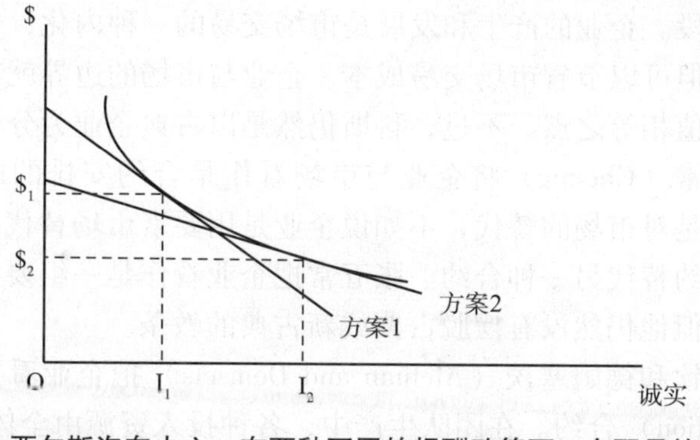

图1-3 西尔斯汽车中心，在两种不同的报酬政策下一个职员的最优选择

方案1反映了原有的报酬政策。根据这一方案，报酬是较高的销售佣金，相应的约束条件较为严格。根据方案2，报酬包括一部分工资和比率较低的佣金，从而约束条件更为平缓。于是，与实施第一个方案相比，在第二个方案下，职员会选择一个更高的诚实数值。

1.2 企 业

1.2.1 企业的定义

1. 企业是什么

在古典和新古典经济学看来，企业不过是一个组合各种生产要素生产并出售各种产品或提供服务的经济组织。企业的主人是自有资本的所有者，即资本家，企业的目标是为资本家赚足够多的钱，也就是实现利润的最大化，或成本的最小化。在行为理性、完全信息和零交易成本的假设下，企业被看作是一个生产函数。

然而古典的定义已经与现代公司的性质有些不符了。现代公司的掌权者是经营者，其目标仅仅是保持一个能使股东满意的、可以接受的最低限度的投资回报率，一旦盈利超过这个最低限度，企业就会牺牲利润增加经营者的效用。经营者的效用包括高额工资、庞大的企业规模、在职消费和社会声望等。其实，即便在古典企业（所有者兼经营者企业），利润也不是企业追求的唯一目标，利润最大化只是一种理论假设。在现代企业，资本家成了企业股份的所有者，或者如美国的伯利和米恩斯（Berly and Means）所说，是企业“消极财产”（positive property）的所有者，而经营者成为事实上的所有者。

英国的科斯（Coase）曾经准确地看到，企业和市场是两种可互相替代的协调经济活动的手段。企业的产生和发展是市场交易的一种内化，这种内化尽管会带来管理成本，但可以节省市场交易成本。企业与市场的边界就在于管理成本和交易成本的边际值相等之点。不过，科斯仍然是以古典企业为分析对象的。

香港的张五常（Cheung）将企业与市场看作是合约安排的两种方式。他指出，与其说企业是对市场的替代，不如说企业是用要素市场替代产品市场，或者说，是用一种合约替代另一种合约。张五常把企业看作是一组要素合约的观点是有积极意义的，但他仍然没有摆脱古典或新古典的教条。

美国的阿尔钦和德姆塞茨（Alchian and Demsets）把企业看作是一种团队生产（team production）合约。在团队生产中，各种投入资源由全体成员共同拥有，产品由全体成员协作生产出来。由于技术的不可分性和计量成本（metering cost）的存在，每个成员的贡献都难以计量和分解，这样就产生了成员的偷懒问题。一种减少偷懒的方法是，有人专门作为监督者，检查团队成员的投入绩效。但谁来监督监督者呢？市场竞争固然可以对监督者形成约束，但市场竞争并不是完全有效的。另一种约束是让监督者拥有剩余索取权和向其他投入要素支付报酬的权利，成为雇主，其他成员成为雇员。

美国的詹森和麦克林（Jensen and Meckling）肯定了阿尔钦和德姆塞茨把合约作为自主交换的一个媒介物的思想，赞赏他们强调监督在团队生产中的作用，但认为他们有关联合投入生产的观点太狭隘了，以致存在误导。在詹森和麦克林看来，合约关系才是企业的本质，不仅对雇员来说是如此，对供应商、客户和债权人等来说也是如此。所有的合约都存在代理成本和监督问题，这与它们之间是否存在联合生产无关。企业和其他组织一样，完全是一种法律假设，是人工构造的产物，可以看作是一组个人间合约关系的联结（nexus），并以存在着组织的资产和现金流量可占用的剩余索取权（residual claims）为特征，这种索取权不需要经过其他签约人的同意就可售出。事实上，詹森和麦克林研究的正是现代意义上的企业。

美国的威廉姆森（Williamson）在缔约人（contracting man）有限理性和机会主义的行为假设下，把企业看作是与一定的交易合约相适应的治理结构。通常合约有三种类型：古典合约、新古典合约和关系合约。描述交易的维度有三个：不确定性、交易频率（分为偶尔进行的和经常进行的）、投资专用性（包括非专用性、混合型和特质型）。暂时撇开不确定性（假定为适中）不谈，大体说来，古典缔约活动适用于所有标准化的交易（无论交易发生频率如何）；新古典缔约活动适用于偶尔进行的、非标准化的交易；而关系性缔约活动则适用于经常进行的和非标准化的交易。对于非专用性的交易（古典缔约活动），市场治理是较为有效的；对于偶尔进行的混合或高度特质性交易（新古典缔约活动），需要有第三方参与帮助解决争端、评价绩效的三边治理；对于混合和高度特质性的经常性交易（关系性缔约活动），需要有专用性治理结构，其中混合型的经常性交易需要双边治理，高度特质性的经常性交易需要一体化治理或企业治理。如果考虑到不确定性的增加，双边治理常常为一体化治理所取代。原因是由于信息不对称和信息披露的不真实，投资专用性程度越高，被套牢（hold-up）的可能性越大；为降低风险，就越需要保护，一体化治理（如纵向一体化）是一种有效的保护方式。

美国的克莱因（Klein）则从准租金的角度分析了套牢现象，认为如果一项有准租金的资产强烈地依赖于另一些专用性资产时，会导致资产的一体化。美国的格罗斯曼和哈特（Grossman and Hart）、哈特和穆尔（Hart and Moore）以及哈特（Hart）把企业看作由其拥有或控制的资产组成。当然，这些资产仅限于物质资产，可以是机器设备等有形资产，也可以是商标、信誉、营销网络等无形资产。我国的周其仁则把（市场里的）企业看作是人力资本与非人力资本的一个特别合约。

以上简要地回顾了现代经济学家们对企业的各种定义，包括交易成本观点、代理观点、合约观点和产权观点等。现概括如下：（1）企业是一组要素合约；（2）企业是一种团队生产方式；（3）企业是一组个人间合约关系的联结；（4）企业是一定交易合约的治理结构；（5）企业是物质资产或非人力资产的组合；（6）企业是人力资产与非人力资产的特别合约。

本书认为，企业是一个通过一系列合约（包括市场合约和非市场合约）将一定的资源（包括人力资源和非人力资源）组合起来，为了自身的利益最大化而生产经营的经济单位（或组织）。这一定义隐含着四层含义：（1）合约是企业产生和延续的手段（而不是企业本身）；（2）企业是由一定的资源构成的（因而资源的提供者有收益权）；（3）企业有自身的经济利益（尽管常常是由资源提供者的利益决定的）；（4）企业是一个生产经营性的单位（因而，非生产经营性单位，如政府部门、政党、社会团体等，不能称为企业）。这个对于企业的定义不仅适用于古典企业（所有者兼经营者企业）、现代企业，也适用于知识型企业和虚拟企业。

2. 企业定义

经济学中对企业有很多不同的定义。一般认为，“企业是一种把生产要素（如资本、劳动）结合起来生产出产品和劳务的经济组织”，它是追求利润最大化的经济单元。古典经济学把企业看作一个生产函数，认为它的功能就是把生产要素转化成一定的产出，企业的存在和发展是技术因素的结果，并不深究它的内部结构，没有给出明确的企业定义。直到科斯（R. H. Coase）于1937年发表的《企业的性质》一文开创了这一理论领域，人们才对企业有了更深一层的理解。现代经济学的发展，逐步将企业的定义由这种一般性描述引向深入，开始从企业起源、性质、组织结构等方面对企业加以界定，但目前为止争论仍然较大。以下是一些经济学家或学派对企业及其性质的定义，供比较分析。

（1）马克思：没有对企业明确的定义，但基本上是把企业看作“人格化的资本”，即追逐剩余价值的机体，是一种利用协同劳动的组织性生产方式。据此揭示出资本主义企业内部资本与雇用劳动之间的剥削关系。（马克思认为：企业

的存在取决于协作关系，企业的规模取决于生产的技术水平）

（2）亚当·斯密：企业是社会分工发展的产物，分工的集中和专业化有利于生产力水平的提高。企业规模越大，分工会越细，而且专业化的程度也越高。

（3）新古典经济学派：企业是一个追求利润最大化的市场行为主体。“企业是一个‘黑匣子’，它必须满足与投入和产出有关的边际条件，从而最大化利润，或者更准确地说，最大化现值。”（忽视了企业内部的组织结构和权利结构）

（4）科斯：企业是“一种可以与市场相互替代的协调生产的手段”“一系列的契约被一个契约替代了”，其显著特征就是作为价格机制的替代物①。

（5）阿尔钦、德姆塞茨：企业是以“团队生产”为依托的合约结构。企业是一个班组，在这里生产需要多人联合完成。企业是一种高度专门化的代理市场。“企业：一个收集、整理和出售投入品信息的专业市场制度”②。

（6）张五常：企业是在合同安排下组织活动的一种方式，这种合同安排是与普通产品市场的安排不同的。企业是根据契约所规定的对生产资料的有限的使用权而不是根据市场价格来指挥生产活动的组织，它实际上是以生产要素契约形式替代了产品契约③。

总之，经济学家基于交易成本观点、代理观点、合约观点和产权观点等对企业做出各种不同的定义，简要概括如下：（1）企业是一组由企业家支配的要素组合；（2）企业是一种团队生产方式；（3）企业是一组个人间合约关系的联结；（4）企业是一定交易合约的治理结构；（5）企业是人力资产与非人力资产的特别合约。

3. 企业的性质

在市场经济中，企业是最重要的市场活动主体。因此，它们必须具备以下几个基本特征：

（1）独立自主经营。因为只有是独立自主经营的，才可能对市场的信号灵敏地做出反应，根据市场的变化迅速做出调整，更好地进行决策。

（2）自负盈亏。作为市场的主体，只有自负盈亏的企业才能成为独立的利益主体，才能在物质利益的驱动下积极主动地按照市场的变化及时调整自己的生产和经营。

（3）产权清晰。这是最根本的，只有产权明晰，产权所有者才会关注和保护企业财产的利用，使自主经营和自负盈亏真正落到实处。

（4）管理科学，只有科学化的管理才能充分利用企业的人力、物力等资源，达到最优配置，发挥最大效用。

---

① ［英］罗纳德·哈里·科斯著，盛洪、陈郁译：《论生产的制度结构》，上海三联书店 1994 年版，第 349 页。

② A. A. 阿尔钦、H. 德姆塞茨：《生产、信息费用与经济组织》，1972 年。

③ 陈郁编：《企业制度与市场组织　交易费用经济学文选》，上海人民出版社、上海三联书店 1996 年版，第 240 页。

所以，企业只有在满足这四个条件的基础上才能积极自主地参与竞争，使市场竞争机制得以充分发挥，使市场真正能够在配置社会资源方面起到应有的作用。

对企业性质的认识有着重要的意义。企业性质给我们的启示是深刻的。企业是一种有效的决策、监督、控制和协调机制，企业家作为承担企业职能的产物，是决策的制定者，其作用是不可替代的。

1.2.2 企业的责任

在市场经济条件下，企业是具有相对独立性的经济实体，同时又是社会的一个细胞。因此，一方面，企业的生存和发展与社会上的人密不可分；另一方面，企业又承担着一定的社会经济责任。

与企业生存关系密切的社会集团主要有：投资者、客户、债权人、员工、政府。这些不同的集团具有不同的利益。只有当企业满足所有集团的要求时才会调动起他们的积极性。

（1）投资者。投资者（股东）是一个企业的基础，投资者在企业投资是希望得到合理的回报。因此，企业必须有足够的利润，来满足投资者的要求。

（2）客户。企业发展的基础，归根结底取决于它拥有多大的客户群体。企业和客户之间的关系体现在：第一，企业生产的产品，满足了客户在这项产品上的需求，企业必须保证不断提高自己产品的性能和质量，这是吸引客户的关键；第二，企业需要不断地开发新的产品，例如增加产品的功能和特色，满足消费者不断变化的需要；第三，客户资源是企业的战略资源，在日益激烈的市场竞争中，保留现有客户资源并不断发掘新的客户资源对企业的发展是至关重要的。

（3）债权人。债权人是指向企业借出资金的人。债权人分为两种：一种是向企业赊销原材料或者供应品；另一种则是借钱给企业。对于债权人，企业必须到期偿还债务并支付利息。如果无法偿还债务，企业的信用会受到影响，严重则可能破产。

（4）员工。企业的责任体现在：第一，企业能满足员工的基本生存需要。员工是为生产或销售产品提供劳务的，企业满足了员工希望有丰厚的报酬、满意的福利和良好的工作环境等基本的需求；第二，企业满足了员工对学习的需求。企业为员工提供了不断学习的机会，通过培训、带薪深造等途径使员工在工作技能和个人素养上都有所提高；第三，员工是企业赖以生存的重要资源。员工与企业是相互依赖、相互影响的，企业只有留住老员工并不断吸引优秀的人才，才能在竞争中处于优势。

（5）政府。企业必须遵守政府的法令，并照章纳税。政府用来管制企业的法令有很多，例如有关产品质量的法令、反不正当竞争的法令、防止污染的法令等。如果企业不遵守这些法令，不照章纳税，就会受到政府的制裁，甚至被勒令停业。

（6）社会公众。企业对社会公众承担着重要的社会责任。企业应该与社会良好相处，在社会上建立良好的形象和口碑是企业发展的一个条件。为此，对企业的要求是：按公平、合理的价格出售产品；保持环境的清洁等。

1.2.3 企业的目标

1. 企业的基本目标

企业是经济组织，因此把各种各样的要素通过生产和经营完成形态和功能上的转换，并获得盈利是它存在的意义。因此对于一个企业来说它的效益一定要大于成本，如果一家企业成本大于效益，它就很难在竞争激烈的市场上获得持续的发展，最终结果就是破产。所以追求利润最大化，是企业最重要的经济职能。从企业在社会经济活动中所起的作用和承担的经济责任出发，企业运行的基本目标是追求利润最大化，管理经济学正是服务于企业的这一目标。

追求利润最大化会对经济发展带来三个有利因素：

（1）有利于实现资源的有效配置。所谓资源的有效配置，也就是在产量一定的情况下使成本尽可能低或在成本一定的情况下产量尽可能大。实现利润最大化，就能有效地使用资源，使有限的稀缺资源产出尽可能大。企业追求利润最大化，其直接结果是能够达到微观层次上的资源的有效配置，进而也给宏观层次上的资源的有效配置提供了基础条件。

（2）有利于企业更好地担负起自己的责任。任何一个与该企业有关联的社会团体，其利益的满足无一不是以企业盈利为基础。如果企业不能盈利，企业担负的责任只能是空中楼阁。

（3）为企业增强独立商品生产者的地位和活力提供了可靠的物质基础。企业的活力，也就是企业持续发展的能力，要以企业能盈利为前提。在激烈的市场经济下，如果哪个商品生产者不能以收抵支、以资抵债，那么它只有宣告破产。

2. 企业的短期目标

尽管企业的基本目标是利润最大化，但管理经济学所研究的企业毕竟是现实中的企业。而现实中的企业往往会根据某一阶段的情况、市场变化情况、企业在市场中的地位等选择不同的目标，例如以市场占有率为目标、以技术改造或新产品开发为目标、以满足投资者的预期回报为目标等。也就是说，企业的短期目标实际上是多样化的。

3. 企业的长期目标

企业的长期目标是实现企业长期利润的最大化，即考虑到货币的时间价值和经营风险的企业价值最大化。

$$PV = \frac{\pi_1}{1+i} + \frac{\pi_2}{(1+i)^2} + \cdots + \frac{\pi_n}{(1+i)^n}$$

$$= \sum_{t=1}^{n} \frac{\pi_t}{(1+i)^t}$$

式中，PV表示企业所有预期利润现值的总和，π_t 是指第t期内每一期的利润，i为贴现率，t为时间的期数。公式中考虑了时间因素，即同样是一元钱，时间不同，价值也不同，今天投资1元，利率为10%，明年就为1.1元，因此，明年1.1元的现值就是1元。

t也可以理解为企业生存的年数。由于将来的利润并不完全确知，公司的价值用将来各期能够挣得的预期利润来计算。将来可能利润的变动越大，买主愿意为将来的风险利润付出越少。一个企业的价值是它所能卖得的售价。这个价格等于企业将来预期利润的现值，将来利润相关的风险越大（小），企业的价值就越低（高）。

企业价值最大化的优点：

（1）促使管理人员坚持长期行为，如果企业的目标是利润最大化，管理人员行事就会只根据眼前的利益大小。如果目标是企业价值最大化，管理人员做决策的时候就不仅会考虑目前的盈利，也会考虑眼前的决策对企业未来的发展有哪些影响。

（2）促使管理人员在决策时考虑收益的时间性。根据利润最大化目标，决策者在选择最优方案时，只选择投资总收益最大的方案，而不考虑收益在时间上的差异。但企业价值最大化原则要求决策者在选择最优方案时不仅要考虑总收益，还要考虑多长时间才能获得收益。

（3）促使管理人员在决策时考虑经营的风险性。利润最大化目标是不考虑风险因素的，企业价值最大化目标则要考虑经营的风险性。因为经营风险越大，资金成本就越高，企业价值就会越小，这就促使决策者在选择方案时，必须在收益和风险之间进行权衡。

上面讨论了企业的短期目标和长期目标，并且两者的关系是短期目标要服从长期目标。

1.2.4 企业的行为约束

（1）三种基本约束。企业的行为受企业目标引导，而企业目标能否实现则要受内部和外部诸多因素的制约。为了确保企业目标的实现，企业在确定目标时，必须考虑可能对自己构成约束条件的内外部因素。

对于任何企业，都存在三种基本类型的约束：

需求约束：指社会消费者或产业用户对某种产品有支付能力的最大购买需求量。显然，这种约束在明确产品品种的前提下规定了特定行业的企业合理的最大产出的数量。在这个约束条件的限度范围内，产品的销售量将同产出量保持一致；超出限度，将有一部分产出量无法实现销售，生产将会出现过剩。在越是发达的市场经济社会里，需求对企业生产行为的制约作用就越是明显和有效。企业也特别重视对市场需求的研究和分析。

资源约束：指企业生产投入端所拥有的现实的物质条件。例如企业生产某种产品所必需的原料、材料、零部件、半成品，拥有特殊生产技能的劳动力，适于完成特定作业的机器设备，等等。

预算约束：指企业为购买各种投入而进行资金偿付的最大能力。它可以从短期和长期两个方面来认识。从长期或狭义的角度看，预算约束是企业一个会计年度内可支配的全部资金拥有量，包括即期的货币存量、销售收入和借款等各种现金流入量，但一般不包括流动性很差的固定资产存量。从长期或广义的角度看，预算约束则是企业已得到的全部投资和销售收入。

（2）市场竞争：包括来自同行业企业、替代产品、潜在进入企业、投入品供应者和产品购买者的竞争力量。

（3）政府干预：包括法律法规、政策调节和经济参与等。

管理案例

管理决策分析——迪斯尼是怎么处理委托—代理问题的？①

由前所述我们已经知道，沃尔特·迪斯尼公司在1984年由派拉蒙公司的总经理迈克尔·艾斯纳出任最高行政主管。公司的董事会同意付给艾斯纳750000美元的年薪和750000美元的签约报酬。如果公司净收入超过股票总额的9%还可以拿到超出部分的2%作为红利。另外，艾斯纳有购买迪斯尼200万股股票的权利，即他可以在5年合同期内的任何时间以每股14美元的价格购买公司股票。

问：(a) 1984年底，股东的股票净额为11.5亿美元，如果迪斯尼公司1985年的净收入是1亿美元，那么艾斯纳可拿到多少红利？如果净收入是2亿美元呢？(b) 1987年，迪斯尼的股票价格升到每股20美元，艾斯纳的股票购买权的价值是多少？(c) 艾斯纳1986年获得的红利是260万美元，1987年是600万美元，1988年，包括行使的股票购买权在内，他的收入达到4100万美元，是当时美国总经理中的最高纪录。1993年，他的总收入大约是2.02亿美元，再次创下纪录。迪斯尼的所有者有没有给艾斯纳提供一个足够大的激励，使他为提高公司的利润而努力？(d) 一个股东若在艾斯纳任职之初投资100美元购买公司股票，那么在1994年他股票的实际价值会升到1460美元。这是不是公司所有者对于艾斯纳的高额收入没有很大异议的原因？(e) 据称，艾斯纳说过：“你必须假装你在运用自己的钱。”如果管理者以这种方式来管理企业，并且对风险及其他相关因素与所有者有相同的看法，还会存在严重的委托—代理问题吗？

① 资料来源：百度文库，https://wenku.baidu.com/view/8d5a31b7f121dd36a32d8282.html。

解：(a) 因为11.5亿美元的9%是1.035亿美元，所以，如果迪斯尼的净收入是1亿美元的话，艾斯纳不会拿到红利；如果净收入是2亿美元的话，他可以拿到0.02×(2亿-1.035亿)=193（万美元）。(b) 2000000×(20-14)=12000000(美元)。(c) 是的。(d) 是的。(e) 不会。

1.3 市场供求及其运行机制

在社会主义市场经济条件下，企业的一切经营活动都必须面向市场，因此，企业管理者就必须十分了解市场，并使自己的管理决策能够随时适应市场的变化。本节主要探讨市场的供求法则及其运行机制，目的是让读者懂得市场运行的规律，以便能更好地掌握市场的变化，正确进行企业决策。

1.3.1 市场

1. 什么是市场

市场是这样一个“场所”，它是买方和卖方交换最终的商品或服务、生产的资源，或者更一般意义来说，任何有价值的东西的特殊场所。这里的“场所”，可以是确定的地点和时间，比如商业银行只在工作日上午9点到下午5点营业，每周日的集市，商品交易所时间内的一个交易终端。“场所”也可以是非实质的地点和时间，比如报纸上的分类广告，或者互联网上的一个站点。你应该把市场的概念看得很广，特别是由于技术的进步为买方和卖方的接触创造了新的方式。

经济学中的经济主体人（也叫经济行为人）主要有三类，那就是：个人或家庭、企业或厂商、政府。在经济分析中，只有个人或家庭以消费为主要行动，虽然他们常常也是提供资源服务的单位，而企业或厂商则以生产和销售为主要行为，因此前两类经济行为人又通常称为消费者和生产者，这三类经济人可以概括为消费者、生产者和政府。三类经济主体人具有不同的特征，经济学假定经济主体人，特别是消费者和生产者，只关心和追求自身的利益，在各自追求自身目标最优化的前提下，他们的各自的行为准则完全是在各自追求自身目标最优化的前提下做出的，并在自愿的基础上形成既相互依赖又相互对立的关系，如图1-4所示。

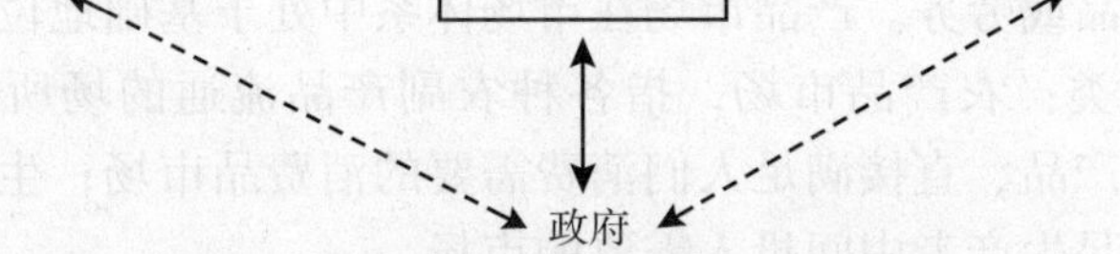

图1-4 经济行为主体及其之间的关系

从图1-4中可以看出，三类经济行为主体之间存在着多方面的对立互补关系：企业↔市场↔家庭；政府↔市场↔企业（或消费者）；政府↔企业（或消费者）。其中虚线表明某种非直接关系。

在这里，政府作为经济行为主体与其他两个经济行为主体的区别在于：政府不应该为个人所有，政府有权按照一定的程序取得消费者和生产者的财产，有权按政治方式决定生产和分配，特别是政府处于为整个经济的运行确立框架和制度的位置。

市场是能降低交易成本的“场所”。作为卖方，必须花费资源寻找买家，并且要搜集市场上关于该产品的价格以及质量的信息，还有潜在买家的信息，最终完成交易。作为买家，也必须花费宝贵的时间以及其他的资源寻找卖方，以及搜集产品的价格和质量信息，最终达成交易。交易发生时的成本称为交易成本，交易成本是指在交易过程中，花费的超过实际应该支付价格的成本。而市场的作用就是来降低交易成本，这就是市场的方便之处。

2. 市场的类型

传统意义的市场指货物买卖的场所。现代意义的市场包括一切以公开价格进行的交易活动，可以是有形的，也可以是无形的。根据不同的划分标准可以对市场进行如下划分：

根据市场中行为主体的力量关系的对比可以将市场划分为两部分，分别是买方市场和卖方市场。

买方市场是指交易主要由买方左右，市场主要是在买方占优势的情况下运行的。其主要表现形式是：

（1）市场上商品丰富，供给量超过了需求量，买方有挑选商品的余地。

（2）卖方处于次要地位，并要为促进商品的销售而彼此间展开竞争。

卖方市场是指交易主要由卖方左右，市场主要是在卖方占优势的情况下运行的。其主要表现形式是：

（1）市场上商品短缺，供给量远远不能满足需求量，价格有上升的内在倾向。

（2）交易条件有利于卖方而不利于买方，买方处于从属地位，并要为购买商品而彼此间展开竞争。

3. 产品市场与要素市场

这是根据市场上产品的性能及其所存在的有机联系来划分的。

（1）产品市场又称为商品市场，是指有形物质产品或劳务交换的场所，企业在这里出售其产品或劳务。产品市场在市场体系中处于基础地位。我国的产品市场一般又分为三类：农产品市场，指各种农副产品流通的场所；工业消费品市场，指提供最终产品、直接满足人们消费需要的消费品市场；生产资料市场，指提供资本品以满足生产者中间投入需要的市场。

（2）要素市场是指生产要素进行交换的场所。要素市场主要有三种类型：劳动市场、资金市场和土地市场。

管理案例

柠檬市场[①]

“柠檬市场”（the “lemons” market）是乔治·阿克洛夫（George Akerlof, 1970）引入信息经济学研究中的著名概念[②]。主要用来描述当产品的卖方对产品质量比买方有更多的信息时，低质量产品将会驱逐高质量商品，从而使市场上的产品质量持续下降的情形。尽管在西方经济学教科书中，常用旧车市场作为“柠檬市场”的典范，[③] 但由于产品质量信息不对称的情况是一种广泛存在的现象，特别在过度竞争时尤甚。因为所谓过度竞争，是指在垄断程度低的产业中，生产企业过多，许多企业的利润很低或陷于亏损状态，但生产要素和企业却不能顺利地从该产业退出，使低的或负的利润率长期持续。这在小企业集群的发展中十分容易出现，这是因为在小企业集群中并联的元件[④]众多并在某一空间区域中高度集中，而且由于这些小企业处于高度的专业化分工状态，其固定资产的专用性程度较高，一旦出现全行业衰退或企业亏损，经营者也很难使设备转用或转卖，所以企业主往往只将经营维持下去，或偷工减料极力降低成本，使市场上的产品质量不断退化。此时，企业主之间正常的信任和承诺关系网络也就会在顷刻间土崩瓦解。人文环境的恶化，更加剧了偷工减料之风的蔓延，这两者相伴而生，互相强化，恶性循环，最终导致整个小企业集群的毁灭。从中国台湾、意大利等工业组织发展历史上看，这种情况在小企业集群密集的地区是屡见不鲜的。在我国当前的情况下，生产要素市场尚待健全，破产和兼并的法律和市场机制都不完善，企业退出具有很大的障碍，过度竞争就更容易出现。

下面我们以浙江永康五金类小企业集群的保温杯生产为例来说明过度竞争所导致的“柠檬市场”。小五金是永康市的传统产业。号称“五金之乡”的永康，产权明晰的小企业集群在该市工业组织结构中占了70%的比重，加上世代相传的“跑四方”的工匠手艺，形成了该市五金产业跻身于国内五金产品市场的优势，号称“只要在全国任何一个角落吹出一股五金产品的需求之风，在永康的小企业集群中就会掀起相应的制造之浪”。但由于缺乏相应的人文环境和调控手段，导致市场机制失灵的“柠檬市场”现象也此起彼落。近年来，衡器、煤气灶配

---

① 资料来源：仇保兴：《发展小企业集群要避免的陷阱——过度竞争所致的“柠檬市场”》，载《北京大学学报（哲学社会科学版）》1999年第1期，第25~29页。

② “柠檬”一词在美国俚语中表示“次品”或“不中用的东西”。

③ ［美］平狄克·鲁宾费尔德等著：《微观经济学》中译本，中国人民大学出版社1997年版，第486页。

④ 这里的“并联元件”指的就是小企业集群内部生产同类产品的企业，因其在产品生产链上处于并联状态，故得名。

件、铜火锅、电炊具、电动工具、铝杆拖把、健身器材、保温杯等产品都曾各领风骚一二年，短的甚至只有4个月的生命周期。其中保温杯的生产最为典型，直到1995年4月，该市的不锈钢保温杯生产还仅限于几家小批量生产，5~6月生产厂家数量逐步增加，到9月之后，由于供销渠道畅通，制造成本与市场销售价之间的利差（高峰期销售利润几乎占了销售价的50%）的推动，产品供不应求，大量五金制品的小企业纷纷转产，突击上马生产保温杯，在11~12月的高峰期间，有1300家专事保温杯生产及与其配套的厂家，全市保温杯生产线扩张到2000多条，1995年一年保温杯单项的产值估计在15亿~17亿元间。但好景不长，在12月之后，产量开始急剧下降，2个月之后（即1996年2月）月产值仅为高峰期的1/8。在永康当地被称为新一轮“昙花一现”的产业。不少国内的经济学家将这种现象归结为产品同构、技术档次低和个体私营企业业主的“赚一票”的短期行为等。但笔者认为这些分析都有失公允，根本的原因应该是质量信息的分布不对称性所导致的“柠檬市场”效应。乔治·阿克洛夫认为在一般商品销售市场上，产品质量的不确定性是不利选择①的根本原因。当市场商品以不同质量交换时，买卖双方都将以同样方式按照产品质量将产品进行分类，但是，只有卖方能够观察到他们所销售的每个单位产品的质量，而买主在购买前最多只能观察到产品质量的分布，也就是说，买方在购买产品前并不能确切了解每个单位产品的具体质量，最多只能够了解这类产品质量的平均分布。由于没有其他方式使买方确定每个单位产品的具体质量，这样，低质量产品往往将伴随着优质产品一起销售。从买方市场看，在这样的市场中进行选择是不利的。这种市场失灵的原因可以被解释为：高质量的产品和低质量的产品之间存在着外在性。当买主对出售低质量产品进行决策时，将对买主有关平均质量的认识产生影响，因为，最可能提供出售的产品总是卖主最想放弃的产品，而在这种最想放弃的行为中，往往包含卖主最想传递给买主的有关产品的质量信息（包括虚假的质量信息），从而使高质量产品的卖主受到损害而逐步退出市场，从而形成“柠檬市场”上产品质量的恶性循环。

4. 市场结构

市场结构是决定企业经营所在经济环境的市场特定的集合：（1）市场中经营企业的数量和规模；（2）产品差异程度；（3）新企业进入的可能性。

微观经济学家们分析了许多不同的市场结构下的经营企业。根据同一市场上不同企业的力量对比关系，经济学家们将市场划分为：完全竞争、完全垄断、垄断竞争和寡头垄断。接下来我们将对这几个概念进行简要的描述。

在完全竞争市场中，市场由众多进行均质商品交易，如小麦、铜、金融证券等的购买者和销售者组成。在完全竞争市场中没有哪个购买者或销售者有能力来

① 所谓不利选择是指在商品消费市场上，由于产品质量信息分布的不对称性，使信息量少的一方处于不利的状态。

影响现行市场价格，经营的经理们是没有市场力的价格接受者。在市场需求和供给决定的价格上，生产多少是由使利润最大化决定的。由于没有进入障碍，在市场决定的价格下，任何经济利润都将会由于新企业的进入，驱使价格降到平均生产成本水平。许多农产品和其他一些在国内或国际性交易所交易的商品，市场很接近完全竞争的特征。

在完全垄断市场中，当有一个新兴公司进入时，它会受到一些保护，从而生产一种没有相近替代品的产品。垄断者是价格设置企业。垄断企业享有市场力的程度，是由消费者找到垄断者产品不完全替代品的能力决定。当其他替代品价格相对较低的时候，消费者更愿意去买替代品。由于进入障碍的存在，垄断企业不用担心会有新进入的企业瓜分利润从而肆意地提高价格。实际是在现实世界中真正完全垄断的例子很少见。

即使在以垄断竞争为特点的市场中，依然存在许多相对于整个市场规模来说较小的企业，在没有进入障碍保护下生产有差异的产品。完全竞争与垄断竞争的唯一不同点是产品的差异，这使得垄断竞争者具有一定程度的市场力；一定程度上它们是价格设置者，而不是价格接受者。而在完全竞争的市场中，缺少进入障碍，使得任何经济利润都将由于有新的进入者而最终变为零。垄断竞争的一个重要实例就是牙膏市场。许多品牌的牙膏是很接近的，但不是完全的替代品。牙膏制造商通过不同的成分配比，以及伴随大量的、用来制造品牌效应的广告，来使产品多样化。

不管是上述的哪一种市场结构，经理们都不必考虑竞争企业对价格变化的反应。垄断者没有竞争对手；垄断竞争市场的竞争者相对于整个市场来说较小，以至于它的价格变化，通常不会引起竞争对手用改变它们自己价格的办法实施报复；当然完全竞争市场的企业是价格接受者，不能使它们的价格偏离市场决定价。相反在寡头垄断市场的情况下，只有少数几家企业占据着大部分甚至全部的市场，因此，任何企业的定价政策将会对市场中的其他企业的销量产生重要影响。这种寡头企业间的相互依存意味着市场中任何一家企业采取的措施将会影响其他企业的销量。寡头垄断市场结构根据竞争程度、产品差异程度和进入障碍水平，会有很大变化。汽车制造商、商用喷气飞机制造商、农用拖拉机制造厂（比如通用汽车、波音和John Deere公司）就是典型的寡头垄断。

1.3.2 市场需求

市场的构成要素有两个：需求和供给。在讨论市场需求之前，我们需要先对这两个概念做一个界定。

1. 需求量

在一定时期内和一定条件下，消费者有能力且愿意购买的某种产品或劳务的数量，称为该产品的需求量。在这里，“一定时期”一般指1年；“一定条件”指影响需求的因素（如产品价格、消费者收入等）既定不变。“愿意购买并能够买得起”指消费者不但有购买欲望，而且还要有支付能力。只有购买欲望，表示消费者有一种需要和要求，但还不能成为需求，要成为需求，消费者还必须具有支付得起一定价格的能力。

2. 影响需求的因素

在市场上，产品的需求量是波动的，并非固定不变的，它受很多因素的影响。影响因素也会因为产品的不同而不同。但概括起来，主要有以下几方面。

（1）产品的价格。价格对需求量具有重要的影响。它是最重要的也是最敏感的因素。一般来说，价格与需求量是反比的关系。

（2）消费者的收入。这里指的是消费者的平均收入水平。一般来说，需求量和消费者收入是正比关系。随着消费者收入的提高，需求也会加大，反之，则会降低。但这不是绝对的，有些商品的需求量也会随着收入的提高而降低。一般来说，收入的增加会降低低端产品的需求量，比如人们会更愿意买彩色电视而不是黑白电视。

（3）相关产品的价格。相关商品包括替代品和互补品。如果A产品和B产品互为替代品，说明它们对消费者有相似的用途，可以相互代替使用，如咖啡和茶。当A产品价格上涨时，人们就会把需求转移到B产品上去，从而使B产品的需求量增加；反过来，A产品价格下跌，会引起B产品需求量的减少。所以，一种产品的需求量与其替代产品的价格是按相同方向变化的。如果A产品和B产品是互补品，说明它们共同使用才能更好地发挥各自的效用。如汽车和汽油。互补品之间具有负相关关系。A产品的价格上涨，会引起B产品的需求量减少，从而也使B产品的需求量减少；反过来，A产品的价格下跌，将引起B产品的需求量的上升。所以一种产品的需求量是与其互补品的价格按相反的方向变化的。

（4）消费者的偏好。偏好主要是人们对某种类别的产品的喜爱。比如，人们对于苹果手机的需求量很大，因为大多数人都比较喜欢这个牌子。人们的选择和爱好不是固定不变的，而是不断变化的。

（5）广告费用。广告对于人们对某产品的需求量也会有重要影响。一般来说，二者是正比关系。但这里有一个合理的限度。起初，随着广告费的投入，需求量会增大。但是，随着投入的不断增加，需求量的增加会逐渐减少甚至停滞不前，这时候再投入就十分不划算了。

（6）消费者对价格的预期。产品的需求量也受消费者对于价格预期的判断的影响。一般来说，价格与需求量之间是正比的关系。

以上只是影响产品需求量的一般因素，需求量的影响因素还有特殊因素。例如，自行车、手表等的需求量与人口有关等。

管理案例

为什么猪肉和食用油的价格变化会出现不同的结果?[①]

新闻中经常会报道两类新闻。新闻一就是某某天猪肉价格又上涨了。记者在菜市场中采访猪肉档主的时候，最常见的现象就是档主在抱怨，肉价涨了，买肉的人少了，以往一天能卖两头猪的，现在只能卖一头。而采访买菜的居民的时候，居民们都说，猪肉涨了，那就少吃点猪肉，多吃点鸡蛋什么的。为什么会这样呢？为什么猪肉价格涨了，人们就买的少了呢？

新闻二就是某某天国内食用油集体调价了，结果人们一方面怨声载道；另一方面又赶快买点囤在家里，预防后面再涨。记者采访的时候，居民的反应就是，涨价也没有办法，该买还是要买的。这又是为什么呢？为什么食用油价格涨了，人们却没有减少购买呢？

其实，这两个现象反映的就是经济学中一个最基本的规律：价格变化所引起的需求的变化，取决于需求的价格弹性。所谓的需求弹性就是指：影响需求量的某些因素（自变量）的值每变动1%，所引起需求量变动的百分比。那需求的价格弹性就是指：价格的值每变动1%，所引起的需求量变动的百分率。在经济学中，需求的价格弹性常用 $Ep[Ep=(\Delta q/Q)/(\Delta p/P)]$ 来表示。我们根据需求的价格弹性来分析上面的两个现象。

现象一中提到的猪肉，我们知道，猪肉存在大量的可替代品，如鸡蛋、牛肉、羊肉、鱼肉、鸡肉等。如果猪肉价格涨，人们可以少吃点猪肉，而多吃点鸡肉或鸡蛋，照样可以满足身体所需的营养。就算这几种肉类价格都上涨，人们也可以少吃，甚至暂时不吃肉。因此猪肉的价格弹性就比较大。因此价格的变动就会引起需求量的更大的变动。所以猪肉一涨价，马上就滞销。这是人们在根据经济学原理，自动调节购买品种，来满足自己的需求。

现象二中提到的食用油，我们也知道，在我们的日常生活中，食用油是必需品，不管是做饭、炒菜，几乎家家户户每天都要用到。而且替代品也有限，食用油的种类也只有花生油、调和油、葵花籽油、玉米油等。这几种油价格上涨，人们也还是要食用。顶多减少一点用量，况且平均下来，食用油占生活支出的比例非常有限。因此食用油是属于价格缺乏弹性的商品，即便价格上涨，对需求量的影响也是非常有限的。

因此，面对这两个现象，相应的处理措施是不一样的，猪肉价格基本属于市场定价，政策干预很少。猪肉价格上涨，国家会尽量调控更多的替代品来满足人民群众的生活需要，而不会直接控制猪肉价格。而食用油的价格则不同，国家会存在一定的控制措施，不能任由其自由升跌。每次食用油的价格调整都要向国家

① 资料来源：任志安、廖信林：《经济学教学案例》，南京大学出版社2012年版，第15~16页。

的相关部门申请，目的就是控制好这些必需品的价格，给人民群众的生活营造一个稳定的环境。

通过上面的两个分析，我们知道影响商品需求的主要因素是商品的价格弹性，而影响价格弹性的因素又在于商品本身的特性，如是否必需品、有否替代品，以及在人们生活中的地位和作用。猪肉涨价就卖的少了，而食用油涨价却没怎么少卖，这些现象背后都存在经济学的原因。而且通过分析我们知道了，任何生活中反映出来的经济现象也都不是偶然和没有因果的，现象背后必然存在经济学的规律在起作用。更多地认识和学习经济学，会有助于我们更好地认识社会的经济现象，更透彻地分析现象背后的原因，对我们认识问题和解决问题，会提供更大的帮助。

3. 需求函数与需求曲线

产品的需求量的影响因素有很多，用数学方式看，需求量与影响因素之间是函数关系。函数表达式可记为：

$$Q_x = f(P_x, P_y, T, I, E, A)$$

式中，Q_x 为对某种产品的需求量；P_x 为某种产品的价格；P_y 为替代品（或互补品）的价格；T 为消费者的爱好；I 为消费者的个人收入；E 为对价格的期望；A 为广告费。

但这种需求函数仅仅是最一般的表示式，并没有表达出需求量与影响因素之间的明确函数关系。所以，在决策时，对于具体问题，要计算出具体的函数公式来计算它们之间的函数关系。

例：某电器厂洗衣机的具体的需求函数估计为：

$$Q = -200P + 200I + 0.5A$$

式中，Q 为顾客对该厂电视机的需求量；P 为洗衣机价格；I 为居民的平均收入；A 为广告费用；-200、200、0.5 是这个需求函数各自变量的参数。

此式说明：价格每增加 1 元，对电视机的需求量将减少 200 台；居民的平均收入每增加 1 元，将增加需求量 200 台；广告费每增加 1 元，将增加需求量 0.5 台。如果计划年度 P、I、A 的值分别预计为 300 元、800 元和 10000 元，那么，计划期某电视机厂电视机的预计需求量应为 10.5 万台。即

$$\begin{aligned} Q &= -200 \times 300 + 200 \times 800 + 0.5 \times 10000 \\ &= 105000\text{（台）} \end{aligned}$$

需求曲线是假定在除价格之外其他因素保持不变的条件下，反映需求量与价格之间关系的表示式，记为 $Q = f(P)$。以上述电视机的需求函数为例。假定在上式的主变量中，除了价格可以变动外，其他因素都是保持不变的。那么就可以写成：

$$Q = 165000 - 200P$$

这个方程就是电视机的需求曲线方程。用图 1-5 表示，这条需求曲线是一条倾斜的直线。需求曲线上的各点反映了洗衣机的价格与其需求量之间的关系。例如，当价格为 400 元时，电视机的需求量为 8.5 万台；如果价格降到 300 元，需求量就增加到 10.5 万台；如价格再下降到 200 元，需求量就增加到 12.5 万台。

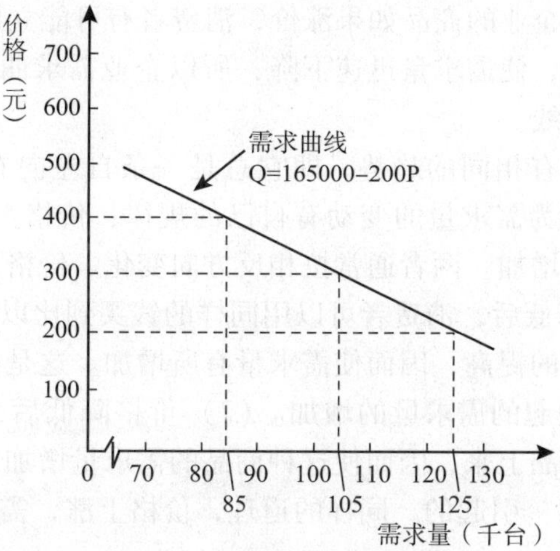

图 1－5 电视机的需求曲线

需求曲线既可以用方程来表示，也可以用图来表示，还可以用需求表来表示。用表格形式列出需求量与价格之间的关系，上述需求曲线的需求表如表 1－2 所示。

表 1－2 需求量与价格之间的关系

价格（元）	200	300	400	500
需求量（台）	125000	105000	85000	65000

需求曲线有三种，分别是单个消费者需求曲线、行业需求曲线和企业需求曲线。单个消费者需求曲线表示单个消费者愿意购买某种产品的数量与其价格之间的关系。行业需求曲线表示市场上全体消费者愿意购买某种产品的总数与其价格之间的关系。行业需求曲线可由行业内各个消费者的需求曲线横向相加求得。如果一个行业只有两个消费者，这种需求曲线的关系如图 1－6 所示。

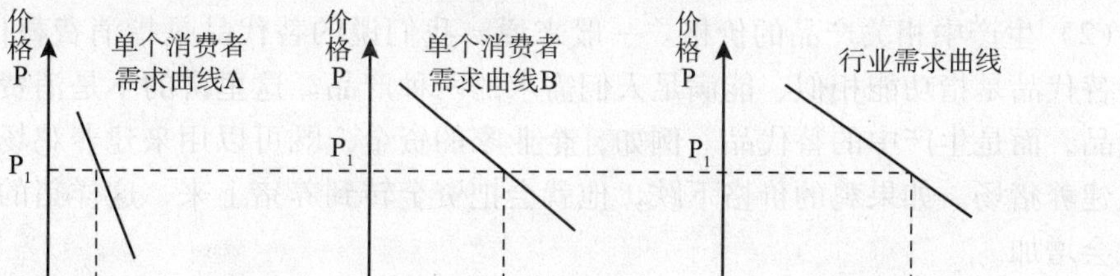

图 1－6 需求曲线

企业需求曲线表示某企业的全体顾客愿意向该企业购买某种产品的数量与价

格之间的关系。由于企业的商品如果涨价，消费者有可能立即把购买力转向其他生产同类产品的企业，使需求量迅速下降，所以企业需求曲线的斜率（绝对值）一般小于行业需求曲线。

任何需求曲线都有相同的趋势，即它总是一条自左向右向下倾斜（斜率为负）的曲线。这是因为需求量的变动有自己的规律：价格上涨，需求量就减少；价格下降，需求量就增加。两者通常按相反方向变化。价格下降时需求量增加的原因是：（1）价格降低后，消费者可以用同样的钱买到比以前更多的东西，这意味着消费者实际收入的提高，因而使需求量有所增加。这是由于价格变化所产生的“收入效用”而引起的需求量的增加。（2）价格降低后，人们会把对替代品的需求转移到这种商品上来，因而使这种商品的需求量增加，这是由于价格变化所产生的“替代效用”引起的。同样的道理，价格上涨，需求量就会减少。

1.3.3 市场供给

1. 供给量

供给量是指在一定时期内、一定条件下，生产者愿意并有能力提供某种产品或劳务的数量。在这里，“一定时期”一般指一个季度或一个月等，“一定条件”指影响供给量的诸因素既定不变；“愿意并有能力提供”指生产者既要有向市场提供产品或劳务的愿望，又要有生产这种产品或劳务的能力，二者缺一不可。需要注意的是，生产者实际卖出的产品或劳务的数量并不叫供给量。

2. 影响供给的因素

供给量的影响因素有很多，大体可以分为以下几个：

（1）产品的价格。一般情况下，产品价格提高后，产品的供给量就会随之增加。这是由于价格提高后，原有的生产者想要获取更大的利润，就会扩大生产规模，同时高额的利润也会吸引新的企业加入这个行业里来投资生产，从而使得企业和行业的供给量有所增加。反之，产品价格下降后，供给量随之减少。

（2）生产中相关产品的价格。一般来说，我们说的替代品是指消费替代品。消费替代品是指功能相似、能满足人们需求的两种产品。这里讲的不是消费中的替代品，而是生产中的替代品。例如，企业家的资金，既可以用来建养鸡场，又可以建养猪场。如果鸡的价格下跌，他就会把资金转到养猪上来，这样猪的供给量就会增加。

（3）产品的成本。在价格一定的情况下，成本越低则意味着企业的利润越大。因此，企业会扩大生产规模，提供更多的产品。反之产品成本越高，供给量越少。

产品的成本高低大体上是由三个因素决定的：生产技术的高低、原材料的价格和工资率水平。如果技术水平提高了，或原材料降价了，或工人工资率下降了，都能使产品成本降低。如果原材料涨价，或工人工资水平提高了，就会使产品成本提高。所以，这些因素的变动都会通过成本的变动而影响供给量。

（4）生产者对价格的预期。如果生产者预期未来产品的价格会上涨，他就会增加生长量；反之，就会减少生产。

以上是影响供给量的主要因素。此外，还有一些其他因素也会影响产品的价格，比如政府的税收、补贴等。

3. 供给函数和供给曲线

供给函数就是供给量与其影响因素之间关系的函数表达式，其最一般的形式可记为：

$$Q_x = f(P_x, P_y, C, E, \cdots)$$

式中，Q_x 为产品 X 的供给量，P_x 为产品的价格，P_y 为生产中可替代产品的价格，C 为某产品成本，E 为生产者对产品价格的期望。

价格是影响供给量的因素中最灵敏，也是最重要的因素。如果想要研究价格与供给量之间的关系，就要假定其他因素不变，绘制供给曲线。供给曲线是反映价格与供给量之间关系的表示式，其一般形式可记为 Q = f(P)。可以用图形来表示，如图 1－7 所示。

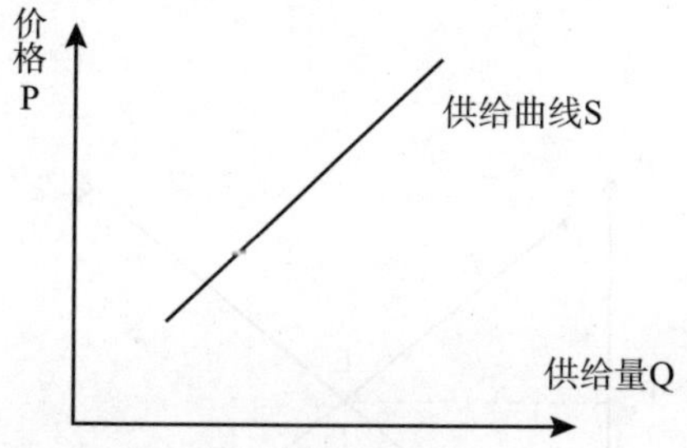

图 1－7　供给曲线

供给曲线有两种，分别是企业供给曲线和行业供给曲线。它们分别表示企业和行业对某种产品的供给量与价格之间的关系。行业供给曲线是由行业内诸企业的供给曲线横向相加而得（见图 1－8）。

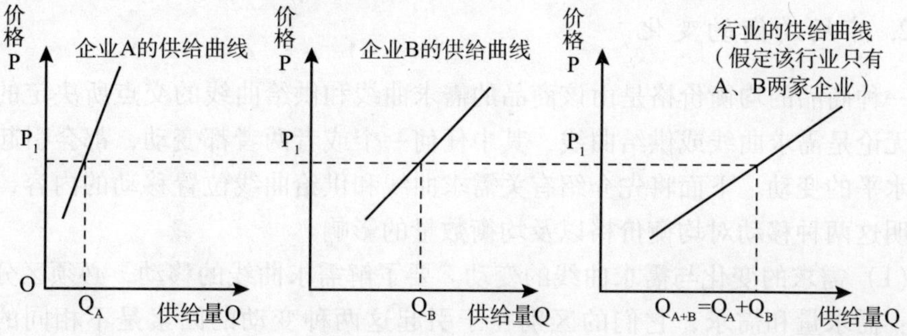

图 1－8　行业供给曲线

供给曲线也有自己的规律：它总是一条自左到右向上倾斜（斜率为正）的曲线。这也是因为供给量的变动有自己的规律：价格上涨，供给量就增加；价格下降，供给量就减少；两者总按相同方向变化。供给量随着价格上涨而增加的原因是：产品价格上涨后，能产生以下效果：（1）亏损的企业盈利后会重新生产该产品；（2）盈利的企业会进一步扩大生产，增加供给量；（3）企业会把原来用于生产替代品的资源转为生产这种产品，也会使这种产品的供给量增加；（4）会吸引新的企业加入这个行业中来，从而增加该产品的供给量。

1.3.4 市场均衡

1. 市场均衡的含义

根据上面的分析，需求曲线上的各点表示消费者在特定价格下愿意购买某种产品的数量；供给曲线上的各点表示生产者在特定价格下愿意生产某种产品的数量。当供给量大于需求量时，产品过剩，价格会下降；当供给量小于需求量时，产品不足，价格会上涨；当供给量等于需求量时，只要没有新的影响因素发生，价格也就不会变动，此时整个市场达到了均衡。即在均衡点处，供给 = 需求，如图 1 - 9 所示。

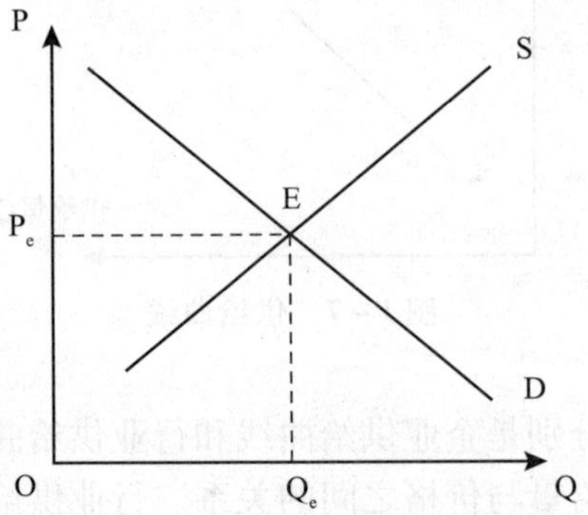

图 1 - 9　市场均衡

2. 市场均衡的变化

一种商品的均衡价格是由该商品的需求曲线和供给曲线的交点所决定的。因此，无论是需求曲线或供给曲线，其中任何一个或者两者都变动，都会引起均衡价格水平的变动。下面将先介绍有关需求曲线和供给曲线位置移动的内容，然后再说明这两种移动对均衡价格以及均衡数量的影响。

（1）需求的变化与需求曲线的变动。要了解需求曲线的移动，必须区分两个概念：需求量和需求，它们的区别在于引起这两种变动的因素是不相同的，而且，这两种变动在曲线图中的表示也是不同的。

①关于需求量的变动。需求量的变动是指在其他条件不变时，商品的需求量随着价格的变动而变动。在曲线图中，需求量随价格的变动沿着既定的曲线变动。

当商品的价格从 P_1 下降到 P_2 时，此时会引起商品需求数量由 Q_1 增加为 Q_2，商品的价格—需求数量组合沿着既定的需求曲线 $Q=f(P)$ 运动。这种变动仅仅是表示了需求数量的变化，而没有表示整个需求状态的变化。因为，这些变动的点都在同一条曲线上，如图 1-10 所示。

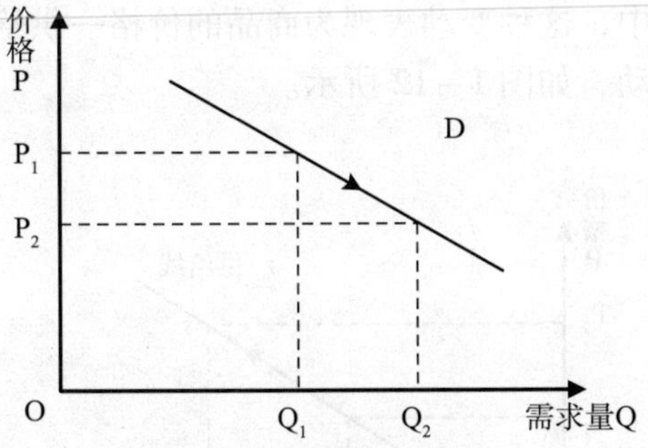

图 1-10　需求量的变动

②关于需求的变动。需求的变动是指在某商品价格不变的条件下，需求数量与其他因素比如消费者的收入水平变动、替代品的价格变动、消费者的价格预期变动等之间的关系。在曲线图中，需求的变动表现为需求曲线上的点沿着曲线的移动。

例如在图 1-11 中，D 是原来的需求曲线，假定消费者收入有了增加，那么，在价格水平为 P_1 时，需求量就会由 Q_1 增加到 $Q_{1'}$；价格水平为 P_2 时，需求量就会由 Q_2 增加到 $Q_{2'}$。连接这两个点即得到收入增加后的需求曲线 D′。同理，D″是收入减少后的需求曲线。可见，需求曲线也会随非价格曲线变化而变化（如果需求曲线的方程是线性的，这种位移是平行位移），这种变化就是需求的变动。

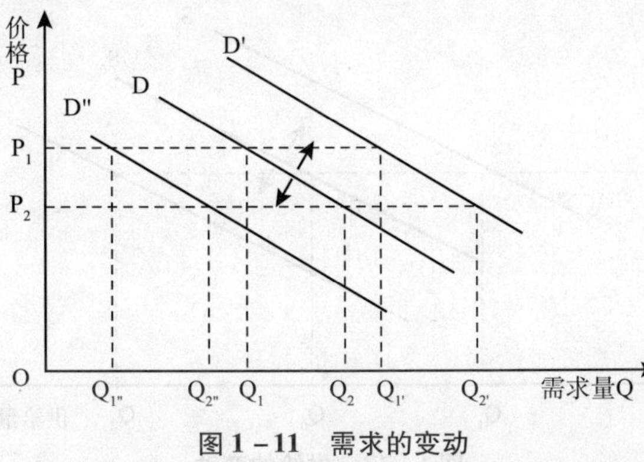

图 1-11　需求的变动

显然，需求的变动所引起的需求曲线位置的移动，表示整个需求状态的变化。

（2）供给的变化与供给曲线的变动。在我们研究供给曲线之前，我们也先要清楚两个概念之间的区别和联系：供给量的变动和供给的变动。类似于以上关于需求量的变动和需求的变动的区分，供给量的变动和供给的变动都是供给数量的变动。二者的主要区别是引起而这变化的原因不同，而且二者在曲线图中的表现方式也不同。

供给量的变动是指保持其他的因素不变的时候，商品的供给量与价格之间的函数关系。在曲线图中，这种变动表现为商品的价格—供给量组合点沿着同一条既定的供给曲线的运动，如图 1－12 所示。

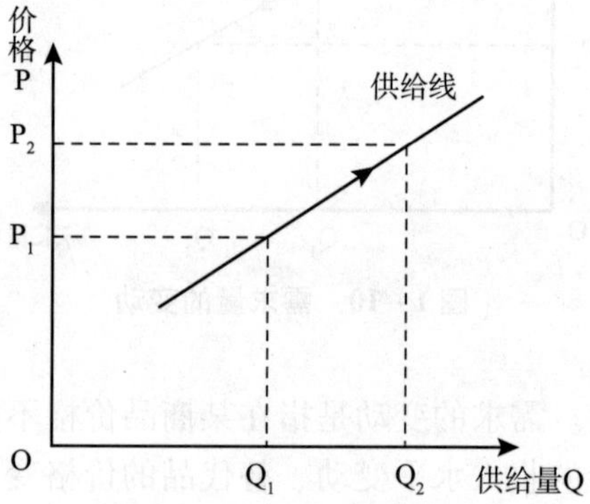

图 1－12　供给量的变动

供给的变动是指在商品价格不变的条件下，由于其他因素变动所引起的该商品的供给数量的变动。这里的其他因素变动可以指原材料的价格变动、劳动力的价格变动等。在几何图形中表现为供给曲线的位置发生移动，如图 1－13 所示。

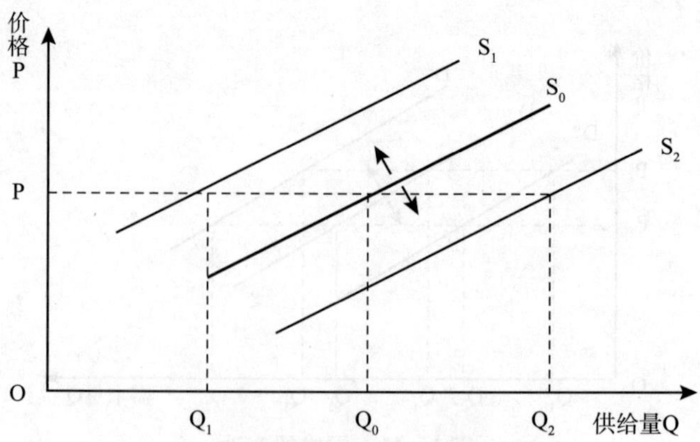

图 1－13　供给的变动

(3) 需求的变动和供给的变动对均衡的影响。

①需求变动对均衡的影响。假定由于消费者收入增加以及相关商品价格变化等因素的作用，使需求发生变化，也就是需求曲线发生位移。若需求增加，则需求曲线向右平移，说明在供给不变的情况下，需求的增加会导致均衡价格和均衡数量都有所增加。类似地，在供给不变的情况下，需求的减少会导致均衡价格和均衡数量都减小。

②供给变动对均衡的影响。假定由于产品成本降低或政策优惠等因素的作用，使供给增加，则供给曲线向右平移，说明在需求不变的情况下，由于供给的增加，使均衡价格下降，均衡数量提高。类似地，在需求不变的情况下，供给的减少会导致均衡价格上升，均衡数量下降。

③供给与需求同时变动对均衡的影响。在企业管理决策中，最常见的是需求和供给同时变动，情况就变得复杂了。两者可呈同向变化，也可反向变化，每种情况的变化程度可能相等或不等，具体情况如表1-3所示。

表1-3　　供给与需求同时变动对均衡的影响

方向	程度	供求变动	价格趋势	数量趋势
反向变动	程度相等	需求增加与供给减少程度相等	上升	不变
		需求减少与供给增加程度相等	下降	不变
	程度不等	需求增加大于供给减少	上升	上升
		需求增加小于供给减少	上升	下降
		需求减少大于供给增加	下降	下降
		需求减少小于供给增加	下降	上升
同向变动	程度相等	供求增加程度相等	不变	上升
		供求减少程度相等	不变	下降
	程度不等	需求增加大于供给增加	上升	上升
		需求增加小于供给增加	下降	上升
		需求减少大于供给减少	下降	下降
		需求减少小于供给减少	上升	下降

3. 供求均衡分析法的应用

均衡分析方法的主要应用方向：

(1) 制定价格。价格高并不意味着利润高，还需要考虑销量等其他因素。

$$销售收入 = 价格 \times 销售量$$

由公式我们可以看出，销售收入是由价格和销售量决定的。当价格定得过高的时候，销售量必然下降，市场占有率也会下降，销售收入不一定高；如果定价过低，销量和市场占有率升高了，但销售收入不一定高。这是所有企业都要面临的问题，如何在保证销售量和市场占有率的前提下，使企业获利最大。这就涉及"均衡"问题。肯定存在一个价格，使得企业的获利最大。高于或者低于这个价格，企业所获得的利润都将会降低。而管理经济学就是为企业的管理者提供一种分析方法，帮助管理者制定最合适的价格。

（2）产量（规模）决策。不同的企业规模也会影响投入与产出关系，因为企业规模的大小会影响到成本等问题。生产规模较小的企业可能会专注于商品的质量，通过提高产品的质量来提高价格，通过高价格来进行获利。而对于生产规模较大的企业来说，他们会更加在意降低成本，通过提高生产率来进行获利。具体到某一个企业，就需要管理者分析出最适合该企业发展的规模，这时候就需要用到均衡分析的方法。

（3）要素组合。企业在生产活动中，生产要素的投入是必不可少的。其中有些要素可以相互替代。由于投入时要投入多种不同的要素，而各个要素的价格有不同，所以各个组合的方案也会不同。如何从众多方案中选取那个最优的，就需要用均衡分析的方法了。

实例1　黄瓜的价格变动与季节变动之间的关系。

在图1－14中，假定S_1、S_2、S_3分别为黄瓜1月、4月和8月的供给曲线。由于1月温度太低，不适宜黄瓜的生长，所以生产成本相对较高一些，因此，供给曲线在最左侧；8月天气热，黄瓜的生长成本最低，因此供给曲线在最右侧。由于不同季节供给曲线位置不同，使不同季节的价格不同，分别为P_1、P_2和P_3；销售量也不同，分别为Q_1、Q_2和Q_3。

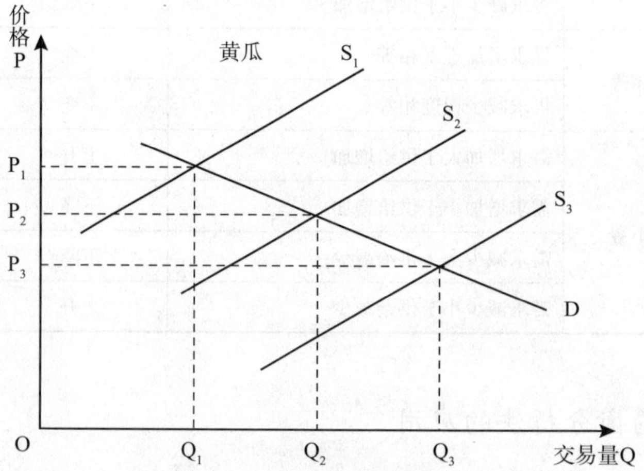

图1－14　黄瓜供给曲线

实例2　轮胎需求量与汽车价格之间的关系。

首先我们先分析汽车的需求量与汽车销售量之间的关系。在图1－15中，因汽车需求增加，使其需求曲线从 D_1 移到 D_2，结果使汽车价格从 P_1 上升到 P_2，销售量从 Q_1 增加到 Q_2。再分析汽车销售量对轮胎价格的影响。由于汽车和轮胎是互补的产品，汽车销售量增加，必然会增加对轮胎的需求，因此在图 1－16 中，轮胎的需求曲线就会从 D_1 外移到 D_2，从而使轮胎的价格从 P_1 提高到 P_2。通过以上分析可知，汽车价格降低时，轮胎需求量会增加。

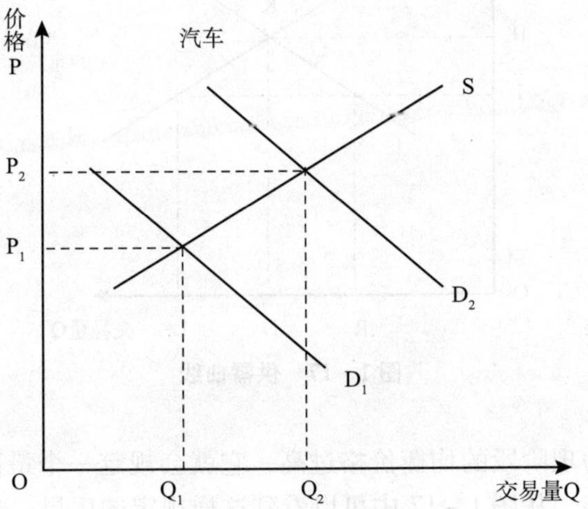

图 1－15 汽车需求曲线

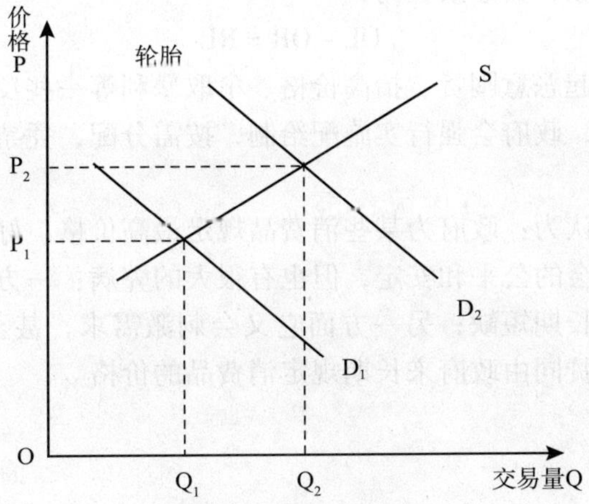

图 1－16 轮胎需求曲线

实例 3 政府制定的法定价格对某些产品的影响。

无论是中国还是外国，政府都会对市场进行一定的干预，对某一些产品制定法定的价格，高于或者低于均衡价格。此时，经济工作者必须了解和分析因实行法定价格而可能带来的后果，以便拟订对策。

通货膨胀或者某种物资短缺时，一些基本的生活物资会涨价。这时，为了保障人民起码的生活水平，政府就会出面干预，对一些基本消费品（如蔬菜、豆油、大米等）规定低于均衡价格的最高价格。在图1－17中，假定某消费品在正常市场条件下，供给曲线为S，需求曲线为D，均衡点为K，均衡价格为OH，均衡交易量为ON。

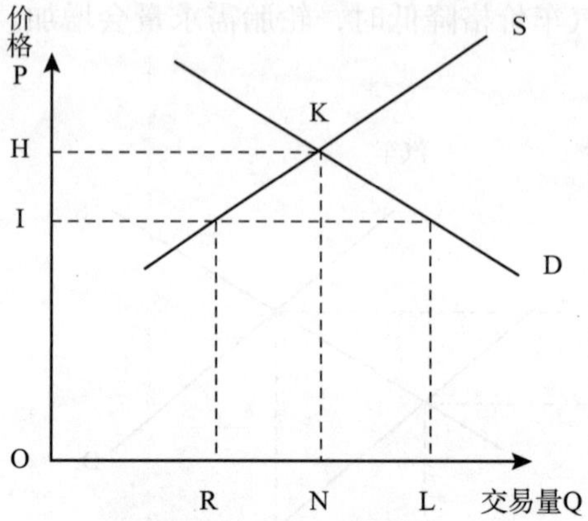

图1－17　供需曲线

如果政府认为现阶段的均衡价格过高，它就会规定一个最高价格，高于这个价格就会触犯法律。从图1－17中可以看到这样规定的后果。如果价格为OI，则相应的供给量为OR，而需求量就会增加到OL，当供给量少于需求量的时候就会出现商品短缺的现象，其短缺数为：

$$OL - OR = RL$$

商品短缺会引起恶意囤货、抬高价格、牟取暴利等一些反常的现象。为了保证公民的正常生活，政府会强行实施配给制，按需分配，凭票供应，以免出现不公平的情况。

有些经济学家认为：政府为某些消费品规定最高价格，好处是可以保障穷人的生活，有利于社会的公平和安定，但也有很大的弊病：一方面，它不利于刺激生产，会造成产品长期短缺；另一方面它又会刺激需求，甚至造成资源的浪费。所以经济学家都不赞同由政府来长期规定消费品的价格。

第2章 需求决策分析

管理案例

俄罗斯是如何影响铝市场的?

供给和需求的基本原理可用来认识很多市场，而不仅仅局限于铜产品市场。现在让我们来研究一个十分有趣的案例。在苏联解体（1991年）之前，苏联的铝工业主要为军事服务。当冷战局势缓和时，对铝的需求自然就减少了，因而俄罗斯和其他新独立的国家开始向世界市场出售铝。在4年之内，俄罗斯的出口上升了600%，推动供给曲线向右移动，如图2-1所示。结果造成了铝价的急剧下降，从1990年的每磅80美分跌落到1993年11月的47美分。

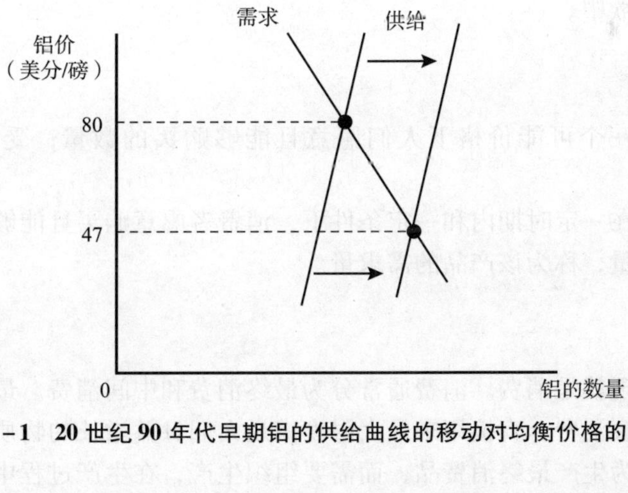

图2-1 20世纪90年代早期铝的供给曲线的移动对均衡价格的影响

由于铝价下跌，1993年底，美国大约有20%的铝生产能力被闲置，约5000名工人失业。由于美国铝制造商的强烈抱怨，促使联邦政府和俄罗斯政府协商。1993年1月，世界各主要铝生产国会聚布鲁塞尔商讨解决铝市场供过于求问题的方案，结果之一是俄罗斯同意在以后两年内每年减少15%的产量，以期望供给曲线向左移动从而使价格回升。事实上，1994年2月的铝价确实回升到56美分，并在1994年2月猛增至90美分。

由于俄罗斯和其他新独立的国家向世界市场销售大量的铝，使供给曲线向右移，均衡价格因而从80美分下降到47美分。

尽管对于铝制造商及工人来说，这是一段艰难的时期，但对于可低价购进铝的消费者来说却是一个福音，毋庸置疑，生产及使用铝的企业的管理者都极其关注铝市场的起落。为了很好理解价格的起伏升降，他们需要了解我们前面讨论过的供给和需求的基本原理。其他行业的管理者也是如此。对于供求，在以后的章节中会有更多的讨论①。

2.1 消费者需求分析

2.1.1 需要、需求与消费

1. 需要

需要是指个体由于缺乏某种生理或心理因素而产生内心紧张，从而迫切希望与周围环境之间达成某种平衡的状态。

消费者需要是包含在人类的一般需要之中的，其反映的是消费者某种生理或心理体验的缺乏状态，并直接表现为消费者对获取以商品或服务形式存在的消费对象的需求与欲望。

2. 需求

需求：每一个可能价格下人们愿意且能够购买的数量；受需求决定因素影响。

需求量：在一定时期内和一定条件下，消费者愿意购买且能够购买的某种产品或劳务的数量，称为该产品的需求量。

3. 消费

需求的实现就是消费。消费通常分为最终消费和中间消费。最终消费又分为个人消费和社会消费。直接用来最大限度满足人们日益增长的物质和文化需要的是最终消费；为生产最终消费品，而需要组织生产，在生产过程中有生产资料的消费，这就是中间消费，中间消费是最终消费的派生消费。最终消费又有个人消费和社会消费之分。

消费既是经济活动的起点，又是经济活动的终点，因而要特别注意尊重消费

① 对本案例的进一步研究，可参见“纽约时报”1994年2月13日和1994年12月6日；“费城研究者”1994年3月2日、18日；“商业周刊”1994年3月28日；WEFA组织“产业分析服务月度修正”1994年2月和“华尔街日报”1994年6月9日。

者的利益。消费者在市场上花的每一元钱，就等于一张“选票”，消费者喜欢某一种商品，花钱去购买它，就等于向这种商品的生产者投了选票，生产者可以看出社会的消费趋势，并据此来安排生产。这就是说：消费者可以凭借市场机制，来决定生产什么、怎么生产、为谁生产。在消费者与生产者的关系上，生产者听消费者的，否则产品没有销路，生产者达不到生产的目的。

2.1.2　效用

1. 效用的含义

在经济学中，把人们从消费商品中得到的满足称为效用（utility），是消费者对所消费商品组合的满意程度，或者说是使用价值的主观量度。一种商品是否具有效用，取决于消费者是否有消费这种商品的欲望，以及这种商品是否具有满足消费者欲望的能力。

2. 效用的性质

效用具有两大性质：其一，效用是消费者对物品的一种主观心理感受，本身并不包括是非的价值判断；其二，效用既然是消费者偏好的主观量度，也就会因人因事而异，因时因地而异。

3. 总效应和边际效应含义

总效用是指在一定时间内消费各种商品获得的满意程度。若以 q_1，q_2，…，q_n 表示所消费的各种商品的数量组合，那么消费这些数量的商品组合所获得的总效用（TU）就是 q_1，q_2，…，q_n 的函数，$TU = U(q_1, q_2, \cdots, q_n)$。若现假定只消费 q_1 和 q_2 两种商品，那么总效用函数为：$TU = U_1(q_1) + U_2(q_2)$ 或 $TU = U(q_1, q_2)$。

边际效用是指在追加一个单位商品消费所增加的总效用，以 MU 表示：

$$MU = \frac{\Delta TU}{\Delta q}$$

如果该商品的消费量是无限可分的，总效用函数就是连续函数，在 Δq 趋于零时，上面的增量形式就成了导数形式，商品 q 的边际效用就成了总效用函数对 q 商品消费变量求导数，即：

$$MU = \frac{dTU}{dq}$$

如果总效用函数是多元函数 $TU = U(q_1, q_2, \cdots, q_n)$，当假定其他商品的消费量不变，只考虑其中某一种商品消费量的微小变动引起的总效用的变动时，则某商品的边际效用就是总效用函数对该商品消费变量的一阶偏导数：

$$MU_i = \frac{\partial TU}{\partial q}$$

4. 边际效用递减规律

边际效用递减规律是指在一定时间内，在其他商品的消费数量保持不变的条件下，随着消费者对某种商品消费量的增加，消费者从该商品新增加的消费单位中所得到的效用增量即边际效用是递减的。通常被用来体现该规律的例子类似如下：在一个人饥饿的时候，吃第一个包子给他带来的效用是很大的。以后，随着这个人所吃的包子的数量的连续增加，虽然总效用是不断增加的，但每一个包子所给他带来的效用增量，即边际效用却是递减的。当他完全吃饱的时候，包子的总效用达到最大值，而边际效用却变为零。具体的，可以用表 2 - 1 来说明：

表 2 - 1　　吃包子的总效用与边际效用

包子数量	总效用（TU）	边际效用（MU）
0	0	—
1	12	12
2	18	6
3	21	3
4	22	1
5	22	0
6	20	-2

在特定时间内，人们消费某一种商品的边际效用，随着其消费量的增加而减少。边际效用是决定商品需求价格的主观标准，消费者每一次购买，在衡量"值不值"时，不是考虑商品的总效用，而是考虑所购买的最后一个单位的边际效用。消费数量少，边际效用高，愿意支付的需求价格也高；消费数量多，边际效用低，愿意支付的价格也低。换句话说，市场价格越高，需求的数量越少，市场价格越低，需求的数量越多。薄利就能多销源出于此。因此，以边际效用为代表的主观判断标准在每一次交易中起作用。对此我们可以作这样的理解，人们实际上并不是真的去计算商品的总效用是多少单位，而是在每一次交易时，心中总是在盘算合适不合适，这就仿佛在进行边际效用的计算，并以此来指导他们每次的交易。

2.1.3　无差异曲线

1. 消费者偏好

消费者往往会同时消费多种商品，对于不同的商品组合会有不同的喜欢程度，或者说有不同的偏好程度。对于这"偏好"，尽管说不出准确的数量大小，但可以有一定的偏好次序。偏好是指消费者对于不同商品或商品组合的喜欢程度。经济学假定偏好次序是满足三条偏好公理：

（1）次序性。偏好的次序性是指消费者总是可以比较和排列所给出的不同商品组合。换言之，对于任何两个商品组合A和B，消费者总是可以做出，而且也仅仅只能做出以下三种判断中的一种：对A的偏好大于对B的偏好；对B的偏好大于对A的偏好；对A和B的偏好相同（即A和B是无差异的）。偏好的次序性的假设保证消费者对于偏好的表达方式是完备的，消费者总是可以把自己的偏好评价准确地表达出来。

（2）传递性。可传递性指对于任何三个商品组合A、B、C，如果消费者对A的偏好大于B，对B的偏好大于C，那么，在A、C这两个组合中，消费者必定有对A的偏好大于C。偏好的可传递性假设保证了消费者的偏好是一致的，因而也是合理的。

（3）不满足性。如果两个商品组合的区别仅在于其中一种商品的数量不同，那么，消费者总是偏好于含有这种商品数量较多的那个商品组合。这就是说，对任何一种商品，消费者总是认为多比少好。

2. 无差异曲线含义及其特点

无差异曲线又称为等效用曲线，是用来表示消费者偏好相同的两种商品的所有组合。在无差异曲线上，从某个消费者的偏好次序出发，所有的点都达到了同样令人满意的程度，没有差别，即效用是相等的。表2-2给出了某消费者对食物和衣服偏好的一系列无差异组合。

表2-2　食物与衣服无差异组合

商品组合	食品	衣着
A	6	1
B	3	2
C	2	3
D	1.5	4

表2-2中给出的无差异数据在坐标轴中连成一条平滑的曲线，这便称为无差异曲线，如图2-2所示。

图2-2无差异曲线上的每一点都代表着食物和衣着的一种组合，对于该消费者来说，同一无差异曲线上所有的点都是一样的可取、一样的喜欢。这样的无差异曲线有无数条，离原点越远的无差异曲线代表的满意程度越高。

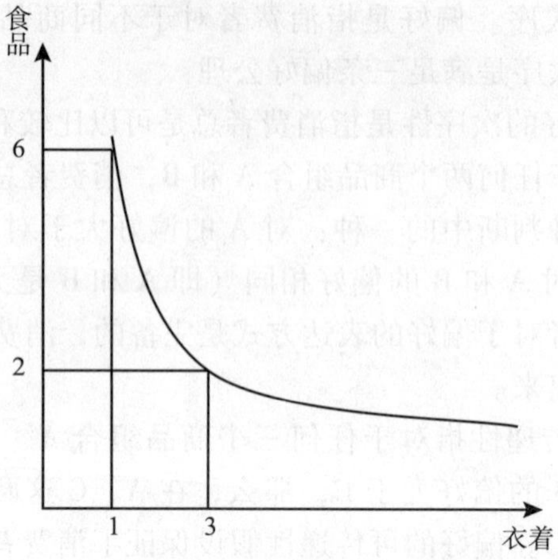

图 2-2　食物与衣服无差异组合

无差异曲线具有以下三个基本特征：

第一个特征，由于通常假定效用函数是连续的，所以在同一坐标平面上的任何两条无差异曲线之间，可以有无数条无差异曲线。可以这样想象：我们可以画出无数条无差异曲线，以致覆盖整个平面坐标图。所有这些无差异曲线之间的相互关系是：离原点越远的无差异曲线代表的效用水平越高；反之，代表的效用水平越低。

第二个特征，在同一坐标平面图上的任何两条无差异曲线不会相交。这一点可以用图 2-3 来说明。

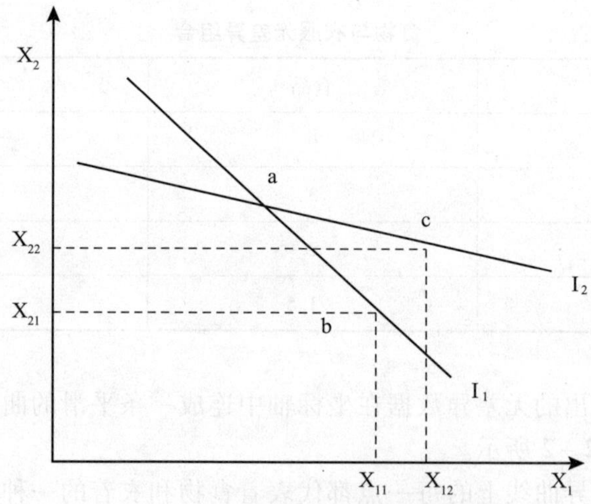

图 2-3　错误的无差异曲线示意图

图 2-3 中，两条无差异曲线相交于 a 点，这种画法是错误的。其理由在于：根据无差异曲线的定义，由无差异曲线 I_1 可得，a、b 两点的效用水平是相等的，

由无差异曲线 I_2 可得 a、c 两点的效用水平是相等的。根据可传递性假定，必定有 b 和 c 这两点的效用水平是相等的。但是，观察和比较图中 b 和 c 这两点的商品组合，可以发现 c 组合中的每一种商品的数量都多于 b 组合，于是，根据偏好的不满足性假设，必定有 c 点的效用水平大于 b 点的效用水平。这样一来，矛盾产生了：该消费者在认为 b 点和 c 点无差异的同时，又认为 c 点要优于 b 点，这就违背了偏好的次序性假定。由此证明：对任何一个消费者来说，两条无差异曲线相交的画法是错误的。

第三个特征，无差异曲线是凸向原点的。这就是说，无差异曲线不仅向右下方倾斜，即无差异曲线的斜率为负值，而且，无差异曲线是凸向原点的形状向右下方倾斜的，即无差异曲线的斜率的绝对值是递减的。

3. 商品的边际替代率

由于无差异曲线代表着同样的令人满意程度，增加一种商品的消费数量，要保持同样的满意程度，就要减少其他商品的消费数量。若消费 X、Y 两种商品，为了保持同样的满意程度，每增加一个单位 X 而必须放弃 Y 的数量，叫作商品 X 对商品 Y 的边际替代率，记作 MRS_{XY}（见图 2-4）。

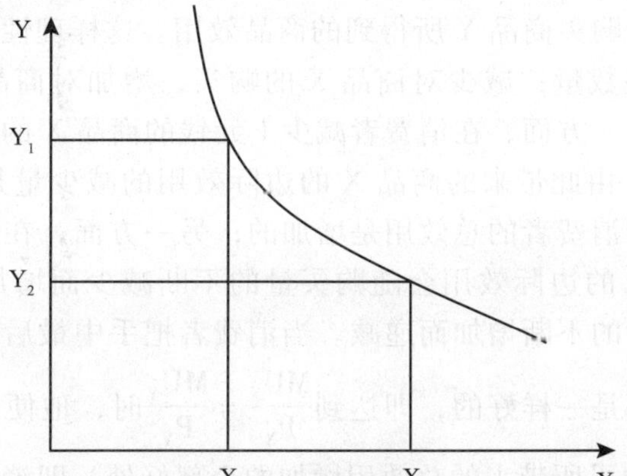

图 2-4 无差异曲线

$$MRS_{XY} = -\frac{(Y_2 - Y_1)}{(X_2 - X_1)} = -\frac{dy}{dx}$$

在同一条无异曲线上，效用无差异，消费者愿意增加 dx 的 X 商品，放弃 dy 的 Y 商品，前后的效用相等，即：

$$dx \cdot MU_X = -dy \cdot MU_Y,$$

从而有 $-\frac{dy}{dx} = \frac{MU_X}{MU_Y}$，所以 $MRS_{XY} = \frac{MU_X}{MU_Y}$。

这说明，X 商品对 Y 商品的边际替代率就等于该处无差异曲线的斜率的绝对值，也等于此时这两种商品的边际效用之比。我们可以观察到 X 替代 Y 商品的数量是越来越少的，这一现象称为“边际替代率递减法则”。

2.1.4 消费者均衡

1. 消费者均衡

消费者均衡是研究消费者如何把有限的货币收入分配在各种商品的购买中以获得最大的效用。也可以说，它是研究单个消费者在既定收入下实现效用最大化的均衡条件。这里的均衡是指消费者实现最大效用时既不想再增加也不想再减少任何商品购买数量的一种相对静止的状态。

下面以消费者购买两种商品为例，具体说明消费者效用最大化的均衡条件。在购买两种商品的情况下的消费者效用最大化的均衡条件为：

$$P_X \cdot x + P_Y \cdot y = I$$

$$\frac{MU_X}{P_X} = \frac{MU_Y}{P_Y}$$

当$\frac{MU_X}{P_X} < \frac{MU_Y}{P_Y}$时，这说明对于消费者来说，同样的1元钱购买商品X所得到的边际效用小于购买商品Y所得到的商品效用。这样理性的消费者就会调整这两种商品的购买数量：减少对商品X的购买，增加对商品Y的购买。在这样的调整过程中，一方面，在消费者减少1元钱的商品X的购买来相应地增加商品Y的购买时，由此带来的商品X的边际效用的减少量是小于商品Y的增加量的，这意味着消费者的总效用是增加的；另一方面，在边际效用递减规律的作用下，商品X的边际效用会随购买量的不断减少而增加，商品Y的边际效用会随其购买量的不断增加而递减。当消费者把手中最后一个单位货币不管购买哪种商品时都是一样好的，即达到$\frac{MU_X}{P_X} = \frac{MU_Y}{P_Y}$时，他便达到了由减少商品X购买和增加Y购买所带来的总效用增加的全部好处，即消费者此时获得了最大效用。

反之，当$\frac{MU_X}{P_X} > \frac{MU_Y}{P_Y}$时，消费者同样会通过调整两种商品的消费数量来使效用最大化。只有当$\frac{MU_X}{P_X} = \frac{MU_Y}{P_Y}$时，此时，消费者在既定收入下效用最大，他不会再调整两种商品的消费来增加效用。当消费者把手中最后一个单位货币不管购买哪种商品时都是一样好的，此时选择最佳（见图2-5）。

2. 消费者均衡的变动

上面的分析是建立在商品的价格和消费者的收入不变的假定之上。若仍假定消费者的偏好次序不变，但商品的价格发生变动，或消费者的收入发生变动，消费者的最优选择点也会发生变动。

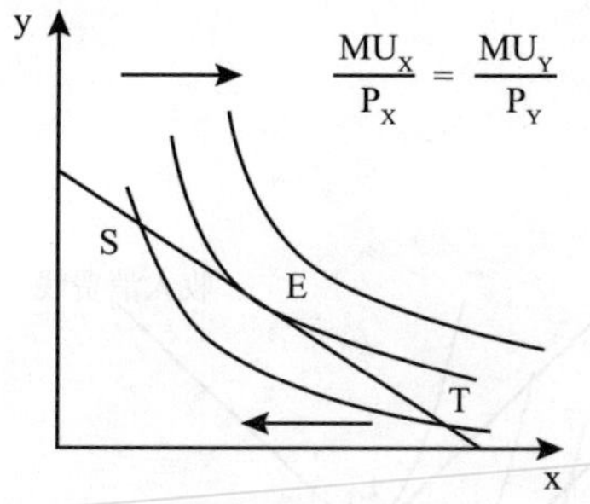

图2-5 消费者最优消费的条件示意图

(1) 价格变动对消费者选择的影响——价格消费曲线。为研究价格对消费者选择的影响，先假定消费者的收入不变，他只消费两种商品X、Y，其价格分别为P_X、P_Y；消费者的效用函数为U(x，y)，收入水平为I。当其他因素不变，只有一种商品（如商品X）的价格发生变化时，消费者预算线的斜率会发生变化，在每一个价格水平对应的预算线上，都存在相应的消费者均衡点，如图2-6所示。

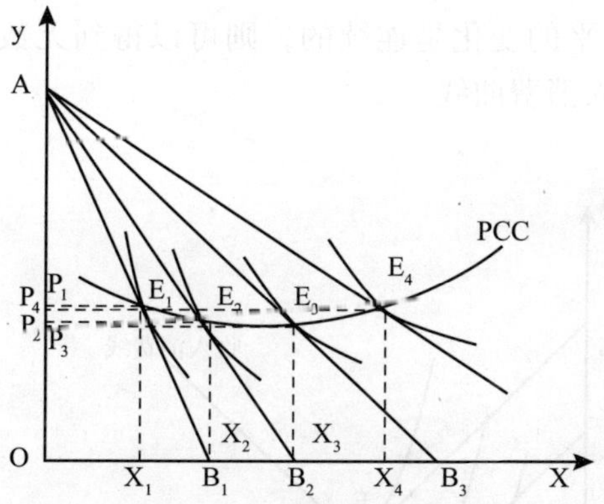

图2-6 价格消费曲线

当商品的价格从P_1降到P_2，预算线便从AB_1移到AB_2，消费者的最优选择点也从E_1移到E_2，对商品X的需求量从X_1增加到X_2，若商品X的价格进一步下降到P_3，预算线移至AB_3，选择点将移至E_3，对商品的需求量增加到X_3。由E_1，E_2，E_3，…所形成的轨迹，反映了消费者在不同的价格下，对X商品需求量的变化，称作价格消费曲线PCC（price consumption curve）。

(2) 收入变动对消费者选择的影响——收入消费曲线。在其他条件不变而仅有消费者的收入发生变化时，也会改变消费者效用最大化的均衡量的位置，并由此可以得到收入消费曲线。收入消费曲线是在消费者的偏好和商品的价格不变的条件下，与消费者的不同收入水平相联系的消费者效用最大化的均衡量的轨迹。以图 2－7 来说明收入消费曲线的形成。

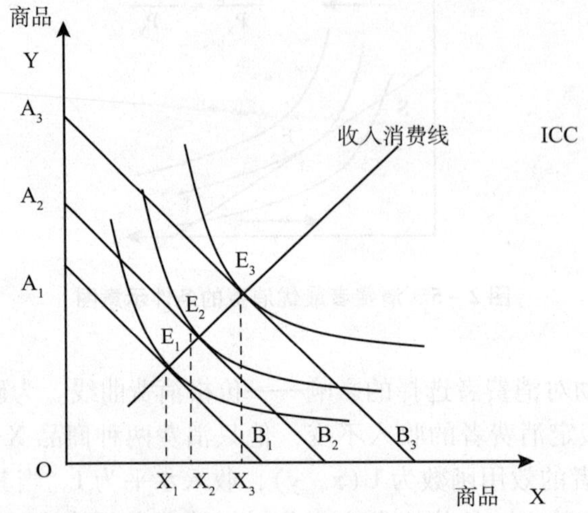

图 2－7　收入消费曲线

在图 2－8 中，随着收入水平的不断增加，预算线由 A_1B_1 移至 A_2B_2，再移至 A_3B_3，于是，形成了三个不同收入水平下的消费者效用最大化的均衡点 E_1、E_2 和 E_3。如果收入水平的变化是连续的，则可以得到无数个这样的均衡点的轨迹，这便是图中的收入消费曲线。

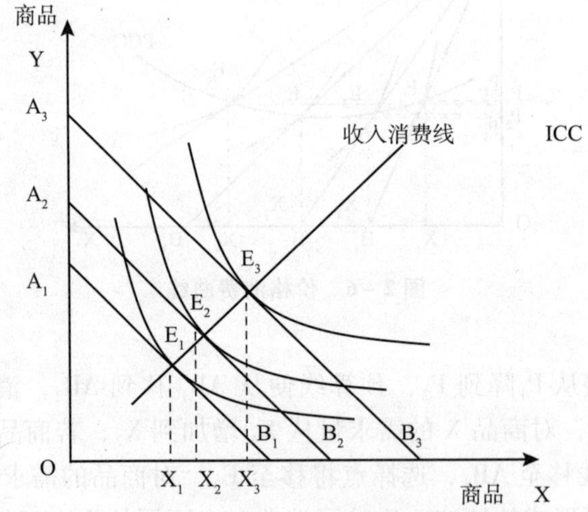

图 2－8　收入消费曲线

2.1.5 需求函数

1. 个人需求函数

消费者的行为决定其购买决策。消费者的选择行为受三个主要因素影响：商品的价格、消费者的收入和消费者的偏好。因此，单个消费者的个体消费函数可以表示为：

$$Q_x = f(P_x, I, P_y, T)$$

这里，Q_x：某个消费者在一定的时间内（1年、1月、1天、1小时或其他某个单位时间）对X商品的需求量；P_x：X商品的单价；P_y：Y商品的单价，Y商品是泛指除X商品以外的所有其他商品；I：消费者的收入；T：消费者的偏好。

2. 企业需求函数

企业的关注点是市场对其产品的需求函数，市场需求函数是由市场上所有消费者（包括个人和企业）在一定时期内、不同价格下对某商品的需求总量。理论上由所有消费者消费曲线横坐标加总，实际中是通过对市场调查的数据进行统计分析得到的（见图2-9）。

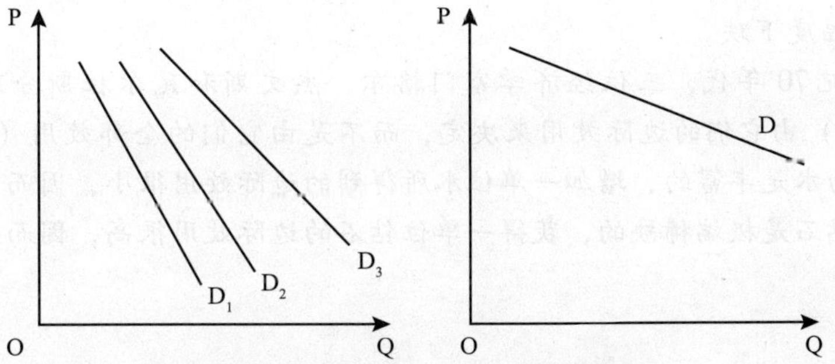

图2-9 个体消费函数和市场消费函数

在市场上，某一种商品的需求函数，不仅受商品自身的价格、相关商品的价格、消费者的收入、消费者偏好等因素的影响，而且还受社会消费风气、销售时间、地点、商品声誉、广告等因素的影响。对某一商品x的市场需求函数一般表示为：

$$Q_x = f(P_x, P_y, T, I, E, A, N, S, t, s, Cf, \cdots)$$

其中，P_x：商品的预期价格；P_y：相关商品的价格；N：目标市场人口数；S：社会消费风气；t：销售商品时间；s：销售商品地点；Cf：商品的信誉。

管理案例

钻石和水的价值悖论[①]

亚当·斯密在《国富论》(1776) 第一卷第四章中提出了著名的价值悖论:“没有什么东西比水更有用,但它几乎不能购买任何东西……相反,一块钻石有很小的使用价值,但是通过交换可以得到大量的其他商品。”

令人遗憾的是,亚当·斯密没有准备回答这个悖论,他仅仅创造了一个奇特的二分法,水有使用价值,而钻石有交换价值。然而,亚当·斯密以前的教授海彻森和其他学院的老师已经在几年之前就解决了这个悖论。商品的价值或价格首先由消费者的主观需求决定,然后再由商品的相对稀缺性或丰富程度决定。简而言之,由需求和供给决定。较丰富的商品,价格较低;较稀缺的商品,价格较高。

让人吃惊的是,亚当·斯密在他写作经典的《国富论》前10年发表的一篇讲演中就解决了水和钻石的悖论。钻石和水的价格的不同在于它们的稀缺性不同。亚当·斯密说:“仅仅想一下,水是如此充足便宜以至于提一下就能得到;再想一想钻石的稀有……它是那么珍贵。”斯考特思教授补充说,当供给条件变化时,产品的价值也变化,亚当·斯密注意到一个迷失在阿拉伯沙漠里的富裕商人会以很高的价格来评价水。如果工业能成倍地生产出大量的钻石,钻石的价格将大幅度下跌。

19世纪70年代,三位经济学家门格尔、杰文斯和瓦尔拉斯分别说明价格(交换价值) 由它们的边际效用来决定,而不是由它们的全部效用 (使用价值) 决定。因为水是丰富的,增加一单位水所得到的边际效用很小,因而水的价格很便宜;而钻石是极端稀缺的,获得一单位钻石的边际效用很高,因而钻石的价格是昂贵的。

2.2 需求弹性分析

通过前面的学习我们知道,一种商品的市场需求受许多因素的影响,我们可以用需求函数来描述商品需求与影响需求的各个自变量之间的关系。那么,当这些自变量发生变化时,需求将如何变化?不管这些变量是不是可能被企业控制,准确地了解需求对这些变量变化的反映是企业适时地调整决策的重要依据。

---

① 资料来源:http://jingji.100xuexi.com/SpecItem/SpecDataInfo.aspx?id=1d8f9d1b-0e1f-4246-9113-af6c308b3716。

经济学用弹性来衡量一个变量对于其影响因素变化的敏感程度，本章着重分析需求的价格弹性、需求的收入弹性和需求的交叉价格弹性这几种主要的需求弹性。

2.2.1 需求价格弹性

1. 需求价格弹性的概念

需求价格弹性，是假定需求函数中，所有其他因素都保持不变，仅当商品本身价格发生变化时，价格在原来基础上变动1%时，需求量变动的百分比，记作 E_{dp}。

$$E_{dp} = \frac{\Delta Q_d / Q_d}{\Delta P / P} = \frac{\Delta Q_d}{\Delta P} \cdot \frac{P}{Q_d}$$

这里，Q_d 和 P 分别代表需求量和商品价格，ΔQ_d 和 ΔP 分别代表需求量的变动和价格的变动。若商品的价格和需求量可以连续变动，则当 ΔP 趋于0时，需求弹性公式可以写为：

$$E_{dp} = \frac{dQ_d}{dP} \cdot \frac{P}{Q_d}$$

按照需求法则，需求量与价格变动呈反方向变动，E_{dp} 在一般情况下为负值，一般称需求价格弹性大是指其绝对值大，弹性小是指其绝对值小。弹性大，意味着当价格作相对变动时，需求量会有较大的相对变动；弹性小，意味着价格在相对变动时，需求量的相对变动较小。它反映了需求对价格变动的敏感程度。

2. 需求价格弹性的分类

由于不同的商品需求对于价格变动的敏感程度是不一样的，可根据不同需求价格弹性的大小，将商品分为六类：

（1）缺乏弹性（$-1 < E_{dp} < 0$）（见图2-10）。

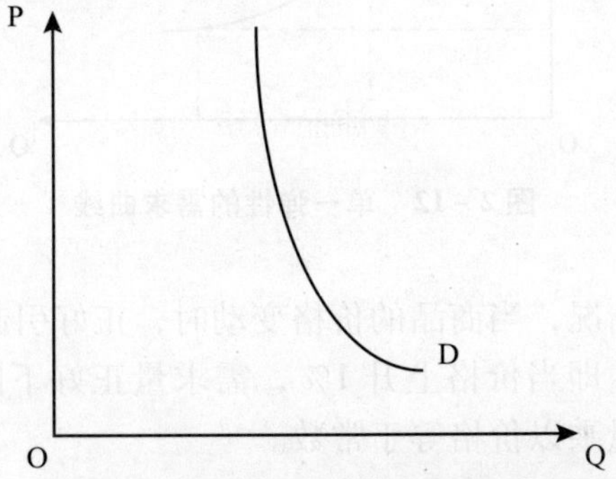

图2-10 缺乏弹性的需求曲线

这类商品在价格发生变动时，需求量会反向变动，变动的量相对较小，这类商品称为缺乏弹性。反映在曲线上，需求曲线是一条相对陡的曲线。这说明价格相对变动1%时，需求量的相对变动不到1%。日常生活中的必需品就缺乏弹性，如米、油等，不会由于涨价而少消费很多，也不会由于涨价而增加多大消费。缺乏替代品的商品往往缺乏弹性。

（2）富有弹性（$-\infty < E_{dp} < -1$）（见图2－11）。

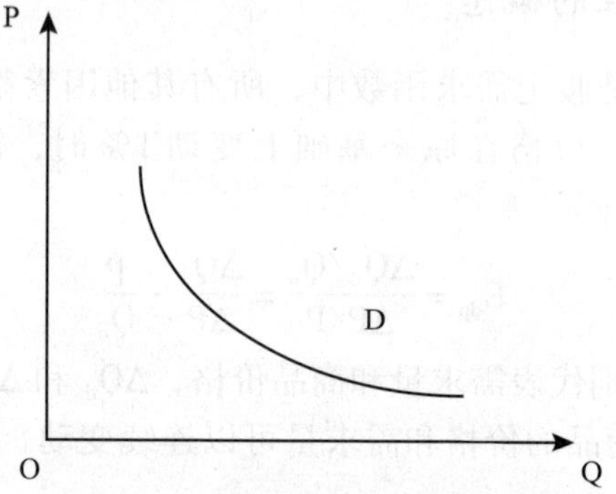

图2－11　富有弹性的需求曲线

这类商品在价格变化时，引起需求量的变动较大，称为富有弹性。日常生活中的奢侈品就往往富有弹性。在我国的现阶段，如汽车、别墅等属于此类，如降价，需求量会有较大幅度增加，若涨价，需求量就会下降很多。另外，很容易被其他商品替代的商品也富有弹性。

（3）单一弹性（$E_{dp} = -1$）（见图2－12）。

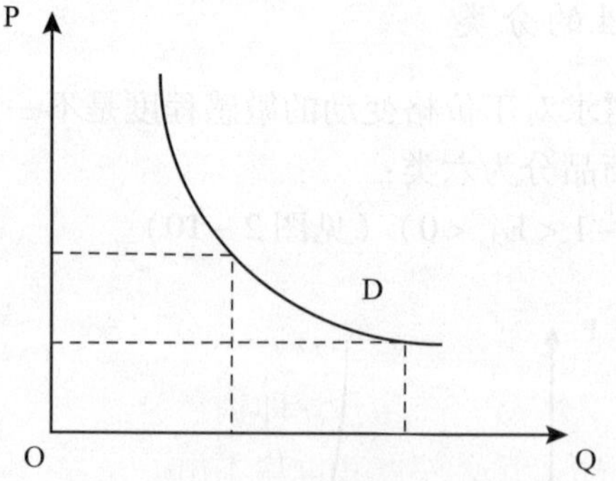

图2－12　单一弹性的需求曲线

这是一种特殊的情况，当商品的价格变动时，正好引起对商品需求量的相同程度上的反方向变动。即当价格上升1%，需求量正好下降1%。这时的需求量是一条双曲线，需求量乘以价格等于常数。

（4）完全无弹性（$E_{dp} = 0$）（见图2－13）。

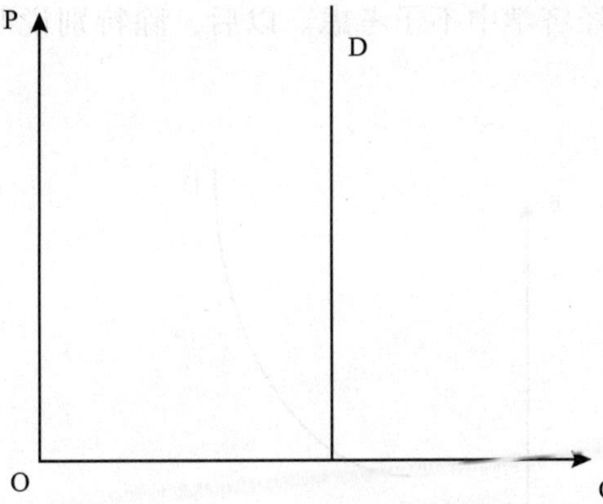

图2-13 完全无弹性的需求曲线

这类商品是指商品的价格无论如何变动，需求量都固定不变，称作需求完全无弹性，需求曲线是一条垂直于横轴的直线。这种情况较为少见，对于食盐的需求接近这一情况，对于特殊的战略物资的需求也接近于完全无弹性。

（5）完全弹性（$E_{dp}=-\infty$）（见图2-14）。

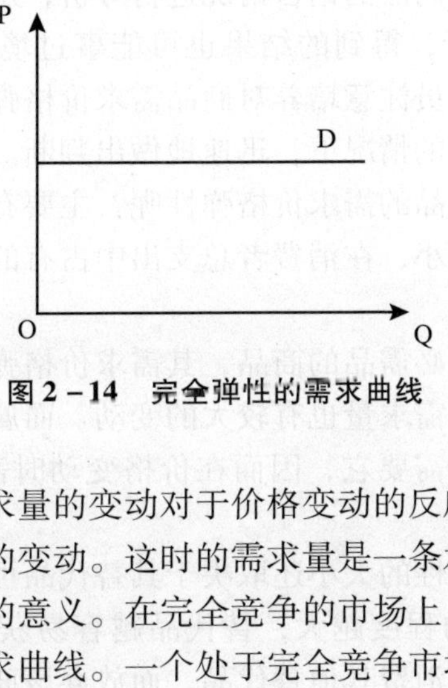

图2-14 完全弹性的需求曲线

完全弹性是说商品需求量的变动对于价格变动的反应非常敏感，价格的极小变化，会导致需求量极大的变动。这时的需求量是一条水平线。当然这是一种特殊的情况，但具有理论上的意义。在完全竞争的市场上，生产者所面对的需求曲线就是一条完全弹性的需求曲线。一个处于完全竞争市场上的商品生产者，若以低于市场价格来出售其产品，产品会立即销售一空，反之，若他企图以高于市场价格来出售其产品，那么就会一点儿也售不出去。

（6）例外情况（$E_{dp}>0$）（见图2-15）。

除了前面的五类情况外，还有一些例外的情况。某些商品不遵守需求法则，如珍珠、宝石等，价格越昂贵，佩戴它越可以显示地位和身份，需求量也越大，若价格十分低廉，就会失去作为装饰品的作用，需求量反而要小。再如，古玩、古画、文物、邮票等价格越高，越被认为珍贵，越表明它是真品，对它们的需求量就越大。需求曲线的斜率为正，因而需求价格弹性大于零，但此类情况一般在管理经济学中不予考虑。以后，除特别说明以外，需求价格弹性均为负值。

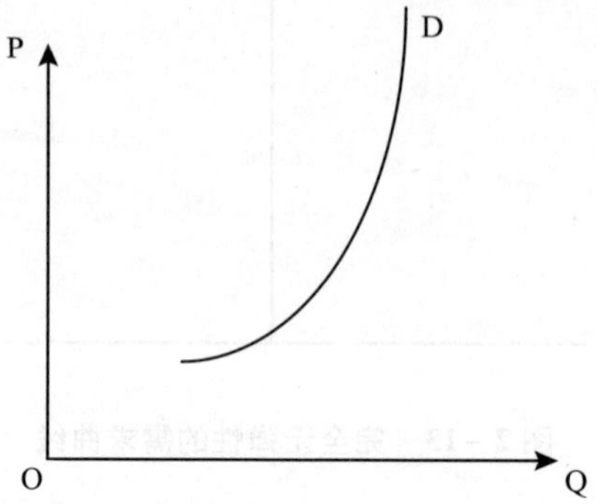

图 2-15　例外情况的需求曲线

3. 决定需求价格弹性的经济因素

不同商品的需求价格弹性格不相同，需求价格弹性对于经营决策有着十分重要的意义。当然可以对该商品的销售情况进行分析，从而得到该商品的需求价格弹性，但这是事后的分析，得到的结果也可能事过境迁，失去了及时决策的意义，这就需要经济管理人员注意培养对商品需求价格弹性的直接判断能力，以便能在缺乏经济学论证数据的情况下，迅速地做出判断。

有些什么因素影响商品的需求价格弹性呢？主要有消费者对该商品的需要程度，替代品可获得性的大小，在消费者总支出中占有的比重，商品定义的宽窄等因素。

一般来说，属于生存必需品的商品，其需求价格弹性比较小。由于人们离不开它，不会因价格变动而需求量也有较大的变动。而属于享受需要的奢侈品，人们可能需要它，也可以不需要它，因而在价格变动时需求量的变动也就比较大，需求价格弹性也就大。

某种商品需求价格弹性的大小还取决于其替代品可获得性容易程度。若可替代的商品越多，可替代的程度越大，替代品越容易获得，则该商品的价格上升时，消费者就很可能转向消费其他替代品，而放弃该商品的消费。反之，当该商品的价格下降时，消费者放弃其替代品，更多地消费该商品，该商品的需求价格弹性就大。比如，同样作为生存的必需品的食盐和食糖，食盐几乎没有替代品，而食糖可以用淀粉、水果、蜂蜜等来替代，因此，食盐的需求价格弹性比食糖需求价格弹性就小得多。

某类商品的消费支出占总消费支出的比重，也是影响该商品需求价格弹性的因素之一。占消费支出份额小的商品，消费价格弹性也就比较小。反之，需求价格弹性也就比较大。例如，水果蔬菜，当价格变动时，需求量变动相对较小。化妆品、汽车等价格变动时，需求量的变动就会相应的大一些。

对于商品本身定义的宽窄，也影响其需求价格的大小。定义越窄，需求价格弹性就越大，这意味着很容易找到它的替代品，若定义越宽，需求价格弹性就越小。如某商品仅指可乐，那么，它的需求价格弹性就比较大，因为若可口可乐涨价，人们可以去消费百事可乐，若是泛指一切饮料，那么，饮料的需求价格弹性就比较小。

观察商品价格变动所引起需求量的变动，其结论可能随观察时间变化。例如，对于香烟，当香烟的价格刚刚上调时，香烟的嗜好者们纷纷下决心从此戒烟，香烟的需求量于是大减，需求价格弹性似乎很大。但过了一段时间，香烟的嗜好者们仍挡不住诱惑，对香烟的需求量又几乎恢复到以前的水平。这样看来，香烟的需求价格弹性并不大。

需求价格弹性的大小也与商品的耐用性相关。一般来说，耐用的商品需求价格弹性大；反之，需求价格弹性就小。

当然，同样的商品在不同的国家、不同的时期、不同的地方、不同的人，需求价格弹性是不相同的，因此，在对商品进行弹性分析时要十分注意，不能简单地照搬照用。

2.2.2 需求收入弹性

1. 需求收入弹性的概念

我们已经知道，消费者的收入对消费有着十分重要的影响，那么收入的变动对消费的变动有着什么样程度的影响呢？这就要用需求收入弹性来衡量，假定在需求函数中的其他因素都保持不变，仅当收入发生变动时，商品的需求量的相对变动与收入的相对变动之比就是该商品的需求收入弹性，记作 E_{di}，即：

$$E_{di}=\frac{\Delta Q_d/Q_d}{\Delta I/I}=\frac{\Delta Q_d}{\Delta I}\cdot\frac{I}{Q_d}$$

这里，I 是消费者的收入，ΔQ_d 和 ΔI 分别代表消费者对商品需求量的变化和消费者收入的变化，同样，若需求量和收入是可以连续变化的，可以表示为：

$$E_{di}=\frac{dQ_d}{dI}\cdot\frac{I}{Q_d}$$

一般来说，当消费者收入增加时，人们就会增加对各种商品的需求量。某种商品的需求量是随着消费者收入增加而增加，即需求量与收入呈正向变动时，这类商品称为正常品，正常品的需求收入弹性大于0。但是也有一些商品，消费者的收入提高后，消费量反而减少，因而需求收入弹性为负值。例如，当人们收入水平比较低的时候，常以粮食、蔬菜作为主要食品，在人们收入大幅度提高后，鱼、肉、蛋、奶在食品中的比重会大幅度提高，粮食、蔬菜的消费量反而减少。

2. 需求收入弹性的分类

根据需求收入弹性的大小可将商品分成五类：

(1) 缺乏收入弹性 ($0<E_{di}<1$)(见图2-16)。

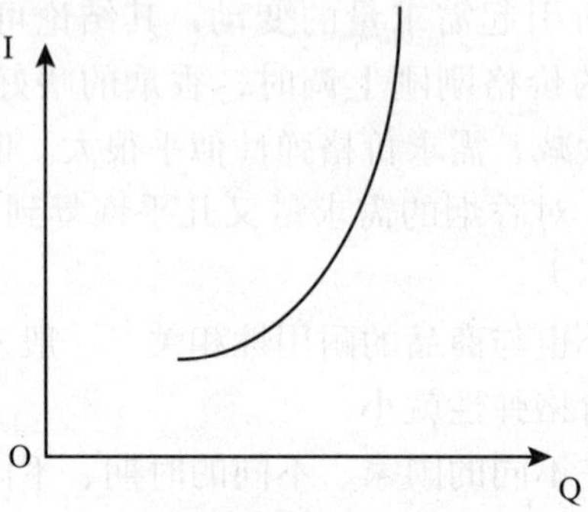

图2-16 缺乏收入弹性

收入弹性不足的商品是指，当消费者的收入发生变动时，对该商品的需求量也会发生变动，而且是同方向变动的，但变动的百分比要小于收入变动的百分比。日常生活中的一般必需品就属于这一类。例如，食用油，当消费者的收入增加时，食用油的消费量会有所增加，但是，增加的百分比要小于收入增加的百分比。

(2) 富有收入弹性 ($E_{di}>1$)(见图2-17)。

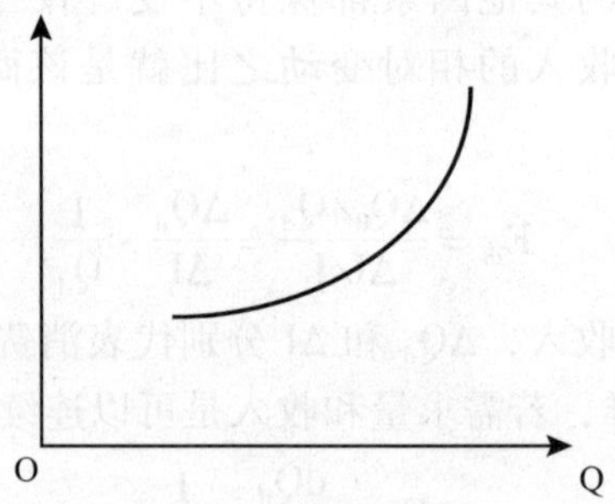

图2-17 富有收入弹性

这类商品是指消费者收入增加时，消费者对该商品的需求量迅速增加，需求增加的百分比大于收入增加的百分比。高档消费品和耐用消费品属于这一类商品。例如，高档的家用电器、室内装修等，在人们收入增加时，需求量会更加迅速地增加。

(3) 收入无弹性 (E_{di} >1) (见图 2-18)。

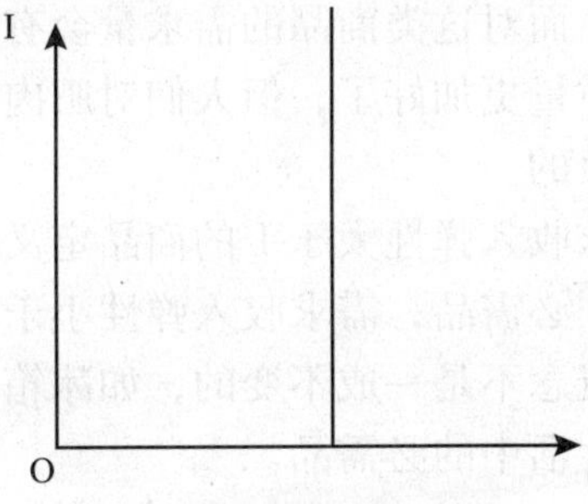

图 2-18　收入无弹性

这类商品是生活中很特殊的一类商品，其特点是在消费者收入变化后，此类商品的消费量完全没有变化，即收入无弹性，这意味着消费者对这类商品的需求量是基本固定的，如食盐就属于此类商品。

(4) 单一收入弹性 (E_{di} =1) (见图 2-19)。

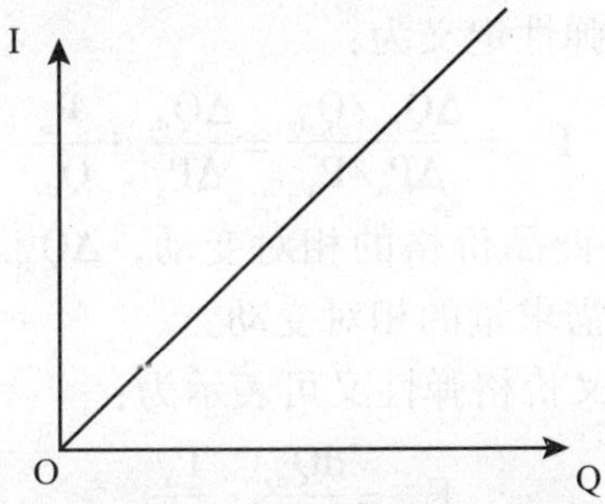

图 2-19　单一收入弹性

这类商品也有点特殊，单一收入弹性意味着这类商品的消费支出占消费者总收入的百分比总保持不变。统计数据表明，衣服就是接近单一弹性的一种商品。

(5) 负收入弹性 (E_{di} <0) (见图 2-20)。

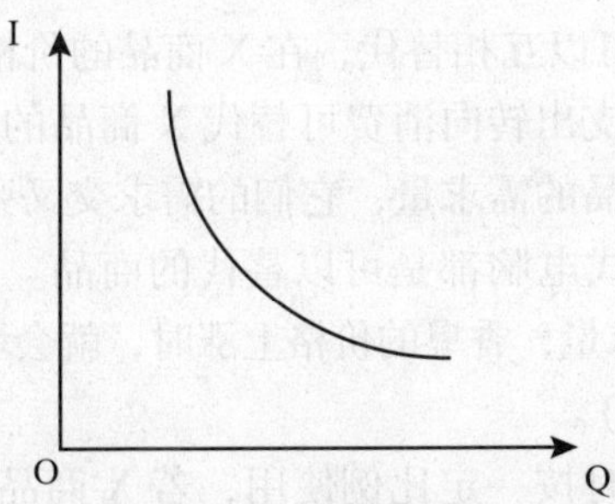

图 2-20　负收入弹性

当然，在日常生活中，还有一些商品在消费者收入增加后，对其需求量反而减少，需求收入弹性为负，这类商品属于低档消费品。人们收入提高了之后，会转而消费比较高档的商品，而对这类商品的需求量会有所减少。例如肥肉，人们收入提高后，尽管肥肉的质量更加好了，但人们对肥肉的需求量普遍减少，因此肥肉的需求收入弹性就是负的。

一般来说，我们将需求收入弹性大于 1 的商品定义为高档品；需求收入弹性介于 0 和 1 之间的商品归作必需品；需求收入弹性小于 0 的商品称为低档品。高档品、必需品和低档品的概念不是一成不变的，如冰箱、洗衣机、电脑等曾被称作高档品，但如今已成为生活中的必需品。

2.2.3 需求交叉价格弹性

1. 需求交叉价格弹性概念

需求交叉价格弹性可以衡量一种商品价格变动对另一种商品需求量的影响程度。即当一种商品价格变动 1% 时，另一种商品的需求量相应变动的百分比。X 商品对 Y 商品的需求交叉弹性定义为：

$$E_{xy}=\frac{\Delta Q_{dy}/Q_{dy}}{\Delta P_x/P_x}=\frac{\Delta Q_{dy}}{\Delta P_x}\cdot\frac{P_x}{Q_{dy}}$$

这里，$\Delta P_x/P_x$ 表示 X 商品价格的相对变动，$\Delta Q_{dy}/Q_{dy}$ 表示在 X 商品的价格发生变动时，引起 Y 商品需求量的相对变动。

在 ΔP_x 趋于零时，交叉价格弹性又可表示为：

$$E_{xy}=\frac{dQ_{dy}}{dP_x}\cdot\frac{P_x}{Q_{dy}}$$

E_{xy} 的大小测量了 X 商品价格变动对 Y 商品需求量影响的程度。

2. 需求交叉弹性的分类

不同商品之间的需求交叉弹性是不一样的，根据 E_{xy} 的正负号可以将商品之间的关系分为三类：

（1）替代品（$E_{xy}>0$）。

若 X，Y 这两种商品可以互相替代，在 X 商品的价格上涨时，消费者至少会将原来准备消费 X 的一部分支出转向消费可替代 X 商品的 Y 商品。这样，在 X 商品涨价时，就会增加对 Y 商品的需求量，它们的需求交叉弹性 $E_{xy}>0$。例如，香皂和沐浴液，笔记本电脑和台式电脑都是可以替代的商品。当台式电脑的价格上涨时，会增加对笔记本电脑的需求量，香皂的价格上涨时，就会增加对沐浴液的需求量。

（2）互补品（$E_{xy}<0$）。

当 X，Y 商品必须同时按一定比例使用，若 X 商品的价格上涨，消费者自然就会减少对 X 商品的需求量。由于 Y 商品必须和 X 商品同时按比例使用，当 X

商品的需求量减少了，对 Y 商品的需求量也就必然要减少，$E_{xy}<0$。一般把必须同时按一定比例使用的商品称作互补品。例如，汽车和汽油，咖啡和咖啡伴侣等。在汽车的价格上涨时，会减少对汽油的需求量，在咖啡价格上涨时，也同样会减少对咖啡伴侣的需求量。

（3）独立品（$E_{xy}=0$）。

若 X 和 Y 这两种商品没有任何关系，X 商品的价格上涨，对于 Y 商品的需求量没有影响，或影响甚微，需求交叉弹性 $E_{xy}=0$。需求交叉弹性等于零，说明这两种商品在使用上是彼此独立的。例如，手机和电脑，在手机价格上涨时，对电脑的需求量不会发生什么变化。

2.2.4　弹性的计算

1. 点弹性的计算方法

在需求量 Q_d 和价格 P 可以看作连续变量时，价格发生微小变动，需求价格弹性为点弹性，可以表示为：

$$E_{dp}=\frac{dQ_d}{dP}\cdot\frac{P}{Q_d}$$

2. 弧弹性的计算方法

若需求量和价格不是连续变量，或每次价格的变动都是一个较大的量，只能测定在某一范围内的需求价格弹性，也就是只能测定需求曲线上两点之间的弧弹性。如图 2-21 所示，假如价格从 P_a 涨到 P_b，相应的需求量就会从 Q_{da} 降到 Q_{db}，要计算这个范围内的需求价格弹性。这时，价格变动和需求量的变动 ΔP 和 ΔQ_d 是明确的，但是 P 和 Q_d 应当用什么值来表示呢？是 P_a 和 Q_{da} 呢，还是 P_{db} 和 Q_b 呢？显然，采用不同的 P 和 Q_d 值，测定的弧弹性相差是很大的，因此常采用折中的办法来计算弧弹性。

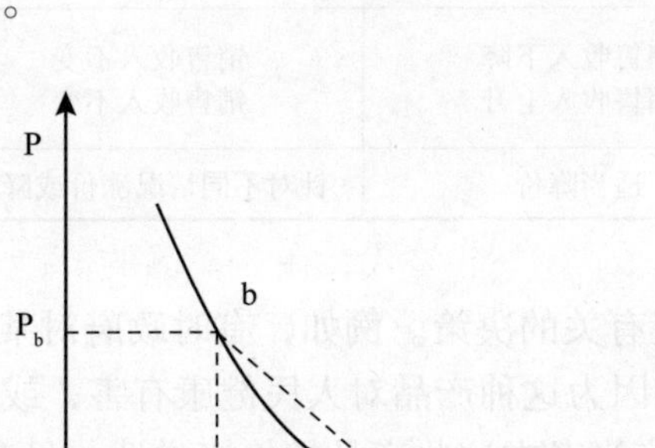

图 2-21　弧弹性示意图

（1）中点公式。最常用的一种折中方法就是采用 P_a 和 P_b，Q_{da} 和 Q_{db} 的平均值，实际上是以 ab 线段的中点近似需求曲线 ab 弧的中点，测定该点的点弹性近似曲线 ab 间的弧弹性，称作中点公式：

$$E_{dp} = \frac{\Delta Q_d}{\Delta P} \cdot \frac{(P_a + P_b)/2}{(Q_{da} + Q_{db})/2} = \frac{\Delta Q_a}{\Delta P} \cdot \frac{P_a + P_b}{Q_{da} + Q_{db}}$$

（2）低点公式。低点公式也是一种折中的计算方法，它是采用价格变动前后 P 和 Q_d 中较小的一个值，在图 2－21 中，采用 P_a 和 Q_{db}：

$$E_{dp} = \frac{\Delta Q_d}{\Delta P} \cdot \frac{P_a}{Q_{db}}$$

2.2.5 需求弹性在管理决策中的应用

1. 需求价格弹性的应用

（1）用于对价格和销售量的分析和计算。

例 1 某国为了鼓励本国石油工业的发展，采取措施限制石油进口，估计这些措施将使得石油数量减少 20%，如果石油的需求价格弹性在 0.8～1.4 之间，问第二年该国石油价格预期会上涨多少？

因为需求的价格弹性＝需求量变动/价格变动，所以，价格变动＝需求量变动/需求的价格弹性，所以，当价格弹性为 0.8 时，价格变动＝20%/0.8＝25%；当价格弹性为 1.4 时，价格变动＝20%/1.4＝14.3%。

所以，预期第二年该国石油价格上涨幅度在 14.3%～25%之间。

（2）用于企业的价格决策。需求价格弹性对企业销售收入的影响，价格与销售收入之间的关系如表 2－3 所示。

表 2－3　价格与销售收入之间的关系

价格变化	弹性需求	单元弹性需求	非弹性需求
价格上升 价格下降	销售收入下降 销售收入上升	销售收入不变 销售收入不变	销售收入上升 销售收入下降
企业策略	适当降价	针对不同情况涨价或降价	适当涨价

（3）用于政府制定有关的决策。例如，有时政府对某些产品征税，目的是限制这些产品的生产（或因为这种产品对人民健康有害，或因为这种产品主要使用稀缺的战略物资），就应当考虑这些产品的价格弹性，只有对价格弹性大的产品，这种征税才能收到预期的效果。

2. 需求收入弹性的应用

需求收入弹性反映了消费者收入变化对商品需求的影响程度。有的是生活中的必需品，有的则被看作是高档品，而有些则是低档消费品。它们的需求收入弹性不一样，从而对企业的发展决策产生影响。

随着生活质量的提高，人们会增加对高档品的消费。因此，如果预期居民收入会增加，企业应当扩大生产需求收入弹性较大的商品。而对于需求收入弹性小的生活必需品，消费量不会随着人们收入增加很多，企业一般应当维持原来的生产。对于低档消费品，在人们收入增加时，会减少对该商品的需求量，企业要及时收缩生产。

企业的决策人员预测国民经济或某一区域经济会出现一段时间的不景气，居民的收入将有所下降，那么高档消费品的需求量会迅速下降，生活必需品的需求量不会有多大变化，而低档品的需求量反而有所上升，企业应当根据预期的不景气时间的长短，及时地采取相应的措施，以避免不必要的损失。

（1）用于销售量的分析和估计。

例2 政府为解决居民住房问题，要制定一个住房长远规划。根据统计分析知租房需求的收入弹性在0.8～1.0之间，买房需求的收入弹性在0.7～1.5之间。未来10年，每人每年平均可增加收入2%～3%。那么10年后，人们对住房的需求量将增加多少？

（2）用于企业经营决策。通常来说，需求收入弹性大的商品风险较大，给企业带来的利润也较大；反之，需求收入弹性较小的商品风险较小，但其利润也相应较少。那么，企业同时经营需求收入弹性较大的商品和需求收入弹性较小的商品，可以取得较好利润，又可以承受较小风险。例如，一家生产电风扇的企业，可以同时生产经济型电风扇、豪华型电风扇、超豪华型电风扇。这三种类型的电风扇的基本零部件大体一样，可以保持产品的低成本，而在边饰上狠下工夫，以制造产品的差异，将超豪华型的风扇瞄准高收入的顾客，将豪华型的风扇瞄准中档收入的顾客，将经济型的风扇瞄准低收入的顾客。这样在人们收入变动的时候，企业既少风险，又有一定利润。

3. 需求交叉弹性的应用

当某一企业存在着相关（替代或互补）商品时，相关商品的价格变动也会影响到对该商品的需求量，这需要在不同的情况下采取不同的决策。

一个企业若同时生产多种产品，且其中有替代品或互补品，那么企业在制定商品价格时，要考虑商品替代品或互补品对定价的影响。就其一种产品而论，降低价格可能会给企业带来损失，但如其互补品的销量会因此迅速扩大，导致企业总的利润增加，这样的降价还是值得的。这里对于互补品的概念也要拓宽认识，以往较多地强调同时或按一定比例使用的商品被称作互补品，如照相机和胶卷等，其实，前后提供的商品或服务，也形成互补关系。如销售的电梯和随后提供的电梯安装以及今后长期提供的运行维护服务，也是一个互补的关系，电话的初装和通话服务同样构成了互补的关系。对于一个电梯制造厂既生产电梯，又可以提供电梯的安装和运行维护服务，那么电梯的价格、安装的费用、维护检修服务的费用就应当统筹考虑。如果说电梯的需求价格弹性比较大，安装电梯的需求价格弹性就要小一点，而电梯维护检修的需求价格弹性就进一步减小。有鉴于此，电梯的价格应定得相应低一些，以扩大电梯的销售量，从而增加了对其安装电梯的需求和对电梯检修的需求，而电梯的安装费用和电梯的维护检修费用就可以定得稍高一点，从总体上讲，企业的利润会有所增加。

利用需求交叉价格弹性也可以帮助企业来开拓市场。如果一个企业一时无力与名牌产品进行竞争，就可以去生产名牌产品的互补品，这样随着名牌产品的销售量增加，本企业的产品也就会跟着增加。

需求交叉价格弹性还可以作为从经济上划分不同部门的标志。需求交叉价格弹性的绝对值大，说明这两种产品之间的相关程度大，属于同一部门；需求交叉价格弹性的绝对值小，说明这两种产品互不相关，在经济上属于不同部门。

管理案例

艾瑞咨询：亚马逊借阅模式迈出新步伐 需求弹性和租借门槛定成败①

2011 年 7 月，亚马逊 Kindle 已经推出了针对学生用户的教科书电子版租借服务，时间从 30～360 天不等，用户可以延长或缩短借阅时间。亚马逊的教科书服务提供的付费方式非常多元化，包括纸质版的购买，可以选择新旧两种类型，相比较购买纸质版可以节约 80% 费用。教科书的特性，比如用户群体多为学生、阅读时间相对固定等特点，决定了借阅模式的可行性。以《College Algebra》(《大学代数》) 为例，Kindle 版本电子书单本售价 $107.21，精装本的售价为 $142.02，而单本的起租价为 $46.68，价格随借阅时间变化，显然，租借价格相比购买价格便宜许多。

日前，亚马逊推出 Kindle 电子书借阅服务，将借阅范围调整到大众书籍，通过租书时间长短付费。该借阅模式的优点在于降低了用户的阅读成本，但推行难点在于需求弹性是否足够大到可以忽略租借门槛。

在需求理论中，需求弹性表示在一定时期内一种商品的需求量变动对于该商品的价格变动的反应程度。显然，排除掉一切外在因素，根据需求弹性理论，单本购买方式和单本借阅方式对收入的影响取决于用户对于电子书的需求价格弹性，也就是指，用户对于电子书的价格敏感性程度，敏感度越高，则价格越便宜，用户购买的数量越多，企业获得的收入越高。从性质来看，大部分互联网服务需求价格弹性都较高，因此，借阅模式的收入在仅参考需求弹性情况下，会高于购买模式的收入。

① 资料来源：http：//www.iresearch.com.cn/View/192964.html。

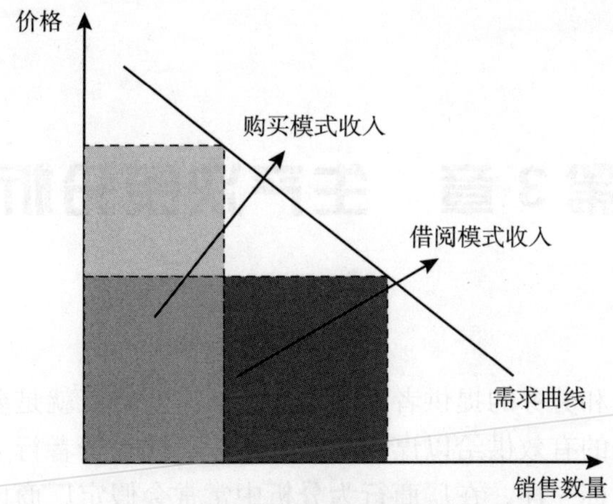

图 2－22　电子书不同消费模式收入变化示意图

但是，正如所有产品一样，单一的需求弹性并不能决定用户的购买行为，还有许多因素制约着用户的消费意愿，如借阅门槛因素和用户购买心理等。因此，对于还处在培养用户阶段的中国数字阅读行业，采用单本借阅模式还有一定的困局。首先，用户电子借阅的培育还需要时日，中国读者对于数字阅读付费习惯还处于开发阶段；另外，尝试新模式的成本需要逐步消化，企业在成本和收入上的差距短期内还会存在。

第3章 生产决策分析

企业作为商品和劳务的提供者和经营者，其本质特征就是要尽可能地合理组织生产，保障市场的有效供给以谋求利润最大化。同消费者行为理论假定消费者以效用最大化为目标一样，在厂商行为分析中常常会假定厂商以利润最大化为目标，这种决策在任何企业中都具有重要意义。不论企业生产什么样的产品，为达到利润最大化，企业经营者和管理人员必须解决生产效率最优问题，而研究生产效率就是研究生产的投入和产出之间的关系，即研究在产出一定时如何生产使投入成本最小，或在投入成本一定时如何生产使产出最大。本章将说明生产理论的基本内容，并指出企业的分析者、决策人员和经济学家们是如何使用它们的。

管理案例

日本丰田公司的生产决策分析[①]

日本丰田公司创立于1937年，汽车是其主要产品，经过60多年的发展，目前，丰田公司年产汽车400万辆左右，销往世界上150多个国家和地区。丰田公司是日本最大的汽车生产企业，也是仅次于通用公司和福特公司的世界第三大汽车生产企业。自20世纪70年代起，汽车企业的市场环境发生了很大的变化。首先，是原料价格不断上涨，爆发石油危机以后，与汽车产品相关的各种原材料价格大幅度变化。但是，由于汽油涨价，汽车市场的厂家规模收缩，汽车的售价不能因原料的价格上扬而调高，企业的盈利水平降低了。其次，市场向产品种类多、小批量的需求模式转化，更多的消费者愿意追求个人偏好的满足，大批量单品种的汽车生产开始向多品种化发展，为消费者提供更多的选择。同时销售商为了减少存货，订货批量变小。小批量短期交货订单对汽车企业的生产现场管理提出了更高的要求。再次，随着时代的进步，消费者对于产品质量的要求日益提高，安全性、社会性、产品责任等与质量相关的要求，使生产中返修工作量增加。石油危机引起的一系列变化冲击着丰田公司的大批量生产体制。有的订货合同取消了，不能取消的合同就尽量延后。在这种情况下，丰田公司积极调整生产，推行合理化生产方式，形成了独树一帜的生产管理模式。

① 摘自三亿文库：http：//3y. uu456. com/bp_8c0kw20nil48fsc2ak5e_1. html。

在降低仓储费用成本方面。丰田公司实行“适时适量地生产急需的产品”的生产方式。这种生产方式最大的特点在于，以销定产，向前确定各部件的生产批量，从而大幅降低了企业库存费用。

在改进生产方式方面。由于市场向多品种需求转化后，汽车的品种开始增加，各品种的生产批量大小不同，为了既满足品种需求又满足经济批量的要求，丰田公司实行“生产线多用化”，各品种汽车生产线更换使用或者串起来，使各生产线的品种和数量平均化。例如，A、B、C、D、E五种型号汽车的月销售量如果为4800辆、2400辆、1200辆、600辆和600辆，每月的生产日为20天，每天生产时间为480分钟，则其生产量分别为240辆、120辆、60辆、30辆和30辆。这五种车型如果分别在专用生产线上装配，单辆的生产周期为2~16分钟，而在调整后的一条平均化综合生产线上，单辆汽车的生产周期仅为1分钟。通过各型汽车数量的平均化、多品种小批量的需求得以在多品种、大批量方式下进行生产。

在提升生产效率方面。丰田公司采用了全自动生产线，为了提升新技术设备的效率、降低生产线“等待浪费”，丰田公司调整了员工与配置比例，增加每个员工负责的设备台数，减少生产线上的员工。20世纪80年代初，按丰田公司的附加值计算，其员工数量应为7万~8万人，但是，丰田公司实际上只有4.5万人，是应有数量的60%左右。每人每月的平均附加价值为150万~170万日元。劳动分配率，即人工费用在附加价值中所占的百分率为17%。日本企业劳动分配率一般在50%左右。与平均水平相比，丰田公司的人工效率是相当高的。丰田公司达到的人工效率不是依靠低工资实现的（丰田公司的工资水平比其他日本公司高20%左右），而是依靠提高劳动装备率，每人每年的劳动装备为同行的2~3倍。丰田公司投入技术设备是为了以最少的人从事生产，是丰田公司在高工资水平环境下，进行生产调整的目标之一。

思考：

1. 在市场向多品种、小批量的需求模式转变后，经济规模的重要性是否降低了？
2. 如何实现规模效益与品种效益的统一？
3. 合理确定资本投入和劳动投入的标准是什么？
4. 汽车制造厂如何降低成本？

3.1　企业生产

3.1.1　企业生产过程

生产是人们利用现有劳动工具作用于劳动对象创造或增加社会使用价值的过程，任何一家企业要从事生产活动，都需要有生产要素投入。而生产要素通常可以分为三大类，即自然资源、资本和劳动。

1. 自然资源

土地是最重要的自然资源，但自然资源不仅指陆地上的土地，它还包括天上、地下、海洋中一切能够利用的物质。它可以给生产提供场所、原料和动力。这里的自然资源不仅要看它的蕴藏是否丰富，还要看是否易于开采，如果蕴藏量很丰富，但不易开采和利用，仍不能成为经济学中所要研究的自然资源。

2. 资本

资本是指一切用于有效生产其他物品的资本品，它包括建筑物、机器设备、运输工具、原材料等一切人造的供生产和经营利用的东西。资本是企业的总财富或总资产，因此，除上面提到的有形资产以外，它还包括商标、信誉和专利等无形资产。

3. 劳动

劳动是指生产产品时所使用的全部体力和脑力体能，是一切具有经济意义的人类活动。它包括了体力和脑力劳动、熟练劳动和非熟练劳动，也包含了管理者的劳动。劳动的质与量在生产过程中起着决定性的作用，是诸要素中最活跃的要素。

3.1.2 企业生产函数

1. 生产函数

企业生产过程就是从生产要素投入到产品产出的过程。生产过程中生产要素投入量和产品产出量之间的关系可以用生产函数来表示。生产函数是一种技术关系，它表示在一定时期内，在技术水平不变的情况下，生产中所使用的各种生产要素的数量与所能生产的最大产量之间的关系。任何生产函数都以一定时期内的生产技术水平作为前提条件，一旦生产技术水平发生变化，原有的投入产出关系就会发生改变，从而会形成新的生产函数。新的生产函数可能是以相同的生产要素投入量生产出更多或更少的产量，也可能是以变化的生产要素的投入量进行生产。

假定L，K，…，T顺次表示某种产品生产过程中所使用的各种生产要素的投入数量，L代表投入的劳动，K代表资本，T代表技术投入，Q表示所能生产的最大产量，则生产函数可以写成以下形式：

$$Q = f(L, K, \cdots, T)$$

该生产函数表示在既定的生产技术水平下生产要素组合（L，K，…，T）在每一时期所能生产的最大产量为Q，是一种理论上的产量。

生产函数表示生产中的投入量和产出量之间的依存关系，这种关系普遍存在于各种生产过程之中。而生产决策分析就是通过对生产函数的分析，寻求最优的投入产出关系，以确定最优的投入要素的数量组合。这种决策分析包括两个方面：

（1）在总投入一定的情况下，如何实现总产出的最大化。此最优决策问题可以表示为：

$$\max \quad Q = f(L, K)$$
$$\text{s. t.} \quad rK + wL = \overline{C}$$

（2）在产量既定的情况下，如何实现成本的最小化。此最优决策问题可以表示为：

$$\min \quad C = rK + wL$$
$$\text{s. t.} \quad f(L, K) = \overline{Q}$$

2. 生产函数的分类

当企业生产的产品数量变动时，是所有投入要素同时变动，还是只有部分投入要素变动？依据此，可以将生产的时期分为短期和长期。长期是指企业可以调整全部生产要素的数量，各种投入量都可以变动的时期，相应的生产函数即为长期生产函数；短期是指企业来不及调整全部生产要素的数量，一种或多种投入要素的使用量固定不变的时期，相应的生产函数即为短期生产函数。在分析短期生产函数时，可以将生产要素分为固定投入要素和可变投入要素，其中固定投入要素是指短期内无法进行数量调整，使用量不能改变的投入，如厂房、机械设备等；而可变投入要素是指短期内可以进行数量调整，使用量随产量变化而变化的投入，如资本、劳动、原材料等。

3.2 一种可变投入要素的生产函数

在一定技术条件下，其他的投入要素固定不变，只有一种投入要素变动（如劳动L）时，企业只生产一种产品（其产量为Q），如何进行生产决策才能使其自身利润最大化？这种求解一种可变投入要素的决策问题，在企业短期生产决策中会经常遇到。为了能够更好地探讨这个问题，需要先从“总产量”“边际产量”“平均产量”这三者的相互关系谈起。

3.2.1 实物产量

1. 总产量

在一定技术条件下，其他投入要素保持不变，只有一种投入要素变动时所能生产的最大产量，简称总产量（TP）（total product）。当变动投入要素为劳动 L，固定投入要素为资本 K 时，总产量可表示为：

$$TP = Q = f(L, \overline{K})$$

从式中可以看出，总产量随可变投入要素的变动而变动。如一家企业经理办公室，每天需要收集很多公司营运情况相关的信息并制作成文件复印分送各有关部门，这需要很多助理来完成相关工作，假如必要的办公设备场所和设备已经备齐，如计算机、复印机等，可以视之为固定投入，而助理人员的投入视为变动投入，若只有 1 名助理人员，每天只能制作 6000 字的信息资料，若每天投入两名秘书，每天能制作 18000 字的信息资料，投入 3 名助理人员时，制作的信息资料可增加到 23000 字，而当同时 4 名助理人员投入时，制作的文件也只能达到 22000 字。将这些数据在二维坐标上表示出来，就得到了总产量曲线，如图 3－1 所示。

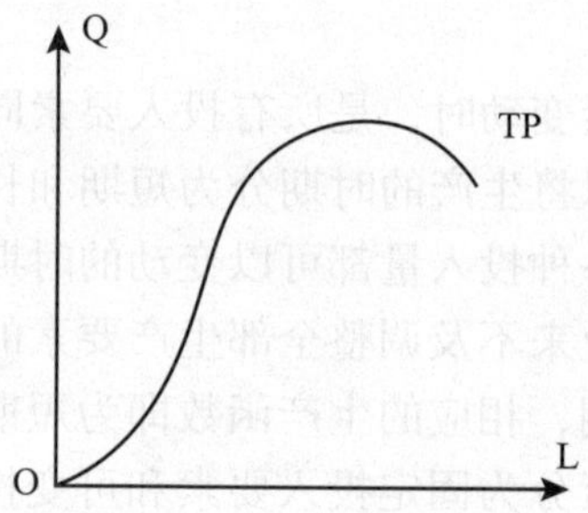

图 3－1　总产量曲线

一般情况下，总产量在要素投入刚开始时增加得比较快，以后总产量增加的速度会越来越慢，到后来可能停止增加，甚至下降。

2. 平均产量

在一定技术条件下，其他的各投入要素保持不变，平均每单位变动投入要素的产量，叫平均实物产量，简称平均产量 AP（average product），数值上等于总产量除以变动投入要素的数量。劳动是变动投入时，劳动的平均产量 AP_L：

$$AP_L = \frac{TP}{L}$$

资本是变动投入时，资本的平均产量 AP_K：

$$AP_K = \frac{TP}{K}$$

平均产量也随可变投入要素 L 的变动而变动，由原点向总产量曲线某一点引一条射线，该射线的斜率就等于该点对应的投入要素的平均产量。这里要注意的是要素的平均产量和日常所说的平均日产量，平均月产量是不一样的，那是对时间的平均，这里是对投入要素数量的平均。

3. 边际产量

在管理经济学中，我们通常更关心在一定技术条件下，其他投入要素保持不变，每增加一个单位变动投入要素所引起总产量的变动，总产量变动的量称作此时这种投入要素的边际实物产量，简称边际产量 MP（marginal product）。当变动投入是劳动时，劳动的边际产量为：

$$MP_L = \frac{dTP}{dL}$$

同理，当变动投入是资本时，资本的边际产量为：

$$MP_K = \frac{dTP}{dK}$$

显然，总产量曲线上任何一点对应的边际产量数值上就等于该点的切线的斜率，在投入刚开始的时候，切线的斜率为正且不断地增大，对应的边际产量也就不断递增，在到达总产量曲线拐点时，切线的斜率最大，此时对应的边际产量达到最大值。若继续增加变动要素的投入，总产量曲线的切线的斜率就要减小，对应的边际产量也就逐渐减小。若变动投入进一步的增加，对应的切线的斜率就会等于零，这时总产量达到最大值，边际产量等于零，而切线的斜率还可能变为负值，边际产量也就为负值。

4. 总产量、平均产量和边际产量的关系

从图 3－2 可以直观地看出：当边际产量大于平均产量时，平均产量递增；当边际产量小于平均产量时，平均产量递减；当边际产量等于平均产量时，平均产量最大，边际产量必定通过平均产量曲线最高点。边际产量为正时，总产量在增大；边际产量为零时，总产量达到最大；边际产量为负时，总产量就会减少。这些关系都可以用数学方法加以证明，并可以归结成以下两条：

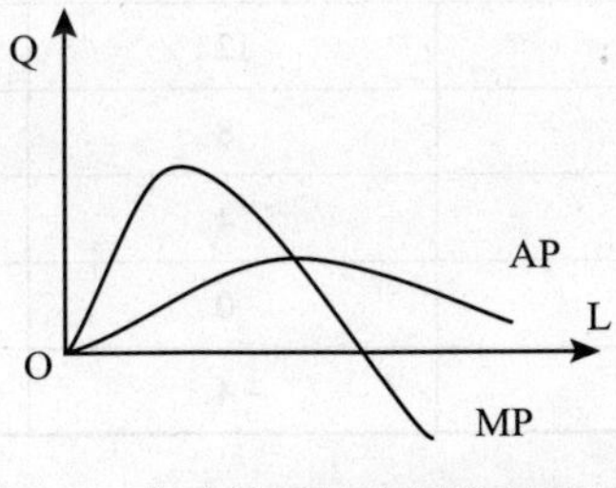

图 3－2　劳动的平均产量和边际产量

当 MPL > APL 时，APL 必然上升；当 MPL < APL 时，APL 必然下降；当 MP_L = APL 时，APL 达到最大值。当 MPL > 0 时，TP 上升；当 MPL < 0 时，TP 下降；当 MPL = 0 时，TP 为最大值。

三者之间的关系可以用一个简单案例说明。假定某一生产车间，拥有 4 台机

械设备用来制鞋。该车间如果只雇用1名工人，这名工人的生产能力肯定会受到限制，因为他不能将全部时间用来操作机械，在操作机械的同时他还必须做许多其他辅助性的工作，如原料及制成品的搬运、设备清理和维修等工作，这时他每日的产量假定为13个单位。而如果车间增加1名工人，使工人总数增加到2名，新增加的工人技能与之前工人技能相一致，但是由于两人的相互配合与协调，使得每位工人的生产能力都得到提升，总产量提高到每日30个单位。同理，如果生产车间的工人总数增加到3名，总产量将提升到每日60个单位；工人总数增加到4名时，每个人都能操纵一台机械设备，这时总产量将达到每日104个单位；工人总数增至5名时，尽管有一人没有机械操作，但由于可以做一些辅助性的工作，可以提高其他人的生产效率，这时产量将继续上升并达到每日134个单位。但继续增加工人数目，可能就会存在闲置的劳动力，产量不仅不会增加，还有可能会减少，这是因为车间内如果有大量的闲置工人的话，它们肯定会四处走动对积极劳动的工人产生影响使他们消极怠工，从而影响车间继续作业。

根据表3-1可画出总产量、边际产量和平均产量图，如图3-3所示。

表3-1　　印刷车间每天的总产量、平均产量、边际产量

工人人数	总产量	边际产量	平均产量
0	0	—	0
1	13	13	13
2	30	17	15
3	60	30	20
4	104	44	26
5	134	30	26.8
6	156	22	26
7	168	12	24
8	176	8	22
9	180	4	20
10	180	0	18
11	176	-4	16

由图3-3可以看出在总产量、平均产量和边际产量之间存在着三种关系。

（1）边际产量等于总产量曲线上某点的切线斜率。根据边际产量的定义，边际产量等于总产量曲线上某点的切线的斜率。因此，图3-3（a）中总产量曲线上的拐点A（斜率最大之点），也就是图3-3（b）中边际产量曲线的顶点A′；总产量曲线上的顶点C（斜率为零之点），也就是边际产量曲线上边际产量为零之点C′。

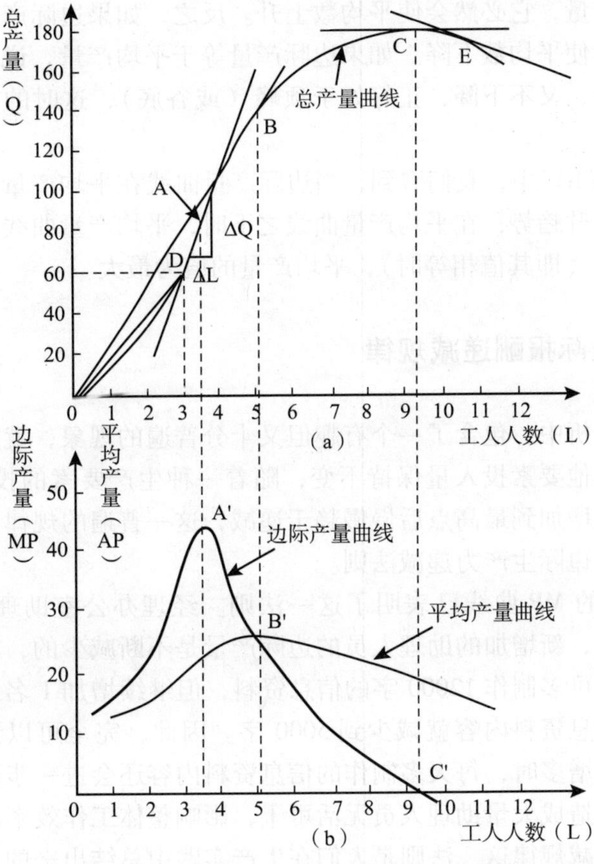

图3-3　总产量、边际产量和平均产量图

边际产量与总产量之间的这个关系告诉我们：当边际产量为正值时，总产量曲线呈上升趋势（斜率为正值），此时增加工人能增加产量；当边际产量为负值时，总产量曲线呈下降趋势（斜率为负值），此时增加工人反使产量减少；当边际产量为零时，总产量为最大（斜率为零），此时增加工人产量没有变化。

（2）平均产量等于总产量曲线上某点与原点的连接线的斜率。平均产量等于该点的总产量除以某点所投入的劳动量，而这也正是总产量曲线上该点与原点之间的连接线的斜率。例如，在图3-3（a）中，车间拥有3名工人时的平均产量，即等于原点与D点的连接线OD的斜率，也即等于20个单位（60/3）。

因此，在图3-3（a）中的B点，由于在这一点上总产量曲线的切线和其与原点的连接线重合（即两条线的斜率相等），所以在这一点，平均产量等于边际产量。表现在图3-3（b）中，平均产量曲线和边际产量曲线相交于B′。

（3）当边际产量大于平均产量时，平均产量呈上升趋势；当边际产量小于平均产量时，平均产量呈下降趋势；当边际产量与平均产量相等时，平均产量为最大。

这是因为边际产量是指新增1名劳力会使总产量增加多少。如果边际产量大于以前的平均产量，它必然会使平均数上升。反之，如果边际产量小于以前的平均产量，就必然使平均数下降。如果边际产量等于平均产量，说明平均产量在这一点上既不上升，又不下降，正好处于顶峰（或谷底），这时的平均产量为极大（或极小）。

在图 3－3（b）中，我们看到，当边际产量曲线在平均产量曲线之上时，平均产量曲线呈上升趋势；在平均产量曲线之下时，平均产量曲线呈下降趋势；在 B′点，两者相交（即其值相等时），平均产量的值为最大。

3.2.2 边际报酬递减规律

在上面的分析中，包含了一个有趣但又十分普遍的现象，就是在技术水平一定的条件下，其他要素投入量保持不变，随着一种生产要素的投入量连续增加，其边际产量会先增加到最高点后慢慢趋于递减，这一普遍的规律就叫作边际报酬递减法则，又叫边际生产力递减法则。

图 3－2 中的 MP 曲线已表明了这一法则。经理办公室助理人员不断增加，并到一定程度时，新增加的助理人员的边际产量是不断减少的，额外增加一名助理人员时，每天可多制作 12000 字的信息资料，但继续增加 1 名助理人员时，每天能多制作的信息资料内容就减少到 5000 字。因此，完全可以预知，如果助理人员的人数继续增多时，每天多制作的信息资料内容还会进一步减少，字数增加额有可能为负，造成大量助理人员无活可干，影响整体工作效率。

边际报酬递减规律这一法则是人们在生产实践中总结出来的，无论在哪个行业中该法则都具有普遍性。如农业行业，在农业生产中如果一味地只增加肥料的投入，而忽略其他资源的投入，如土地、劳动等资源，产量一开始会随着肥料用量的增加而增加，但到一定值时，肥料的用量继续增加，总产量反而会减少，这说明人们的生产活动最终会受到某一种或若干种资源的约束。

边际报酬递减规律产生的原因在于可变要素投入量达到一定的数量以前，固定要素的数量相对于变动要素而言显得较多，以至于固定要素的效率不能很好地发挥，而随着变动要素投入的不断增加，使固定要素的利用效率不断提高，而可变要素也会因有效的分工、适当的协作，劳动效率也会增加，从而可变要素的边际产量会随着投入的增加而增加。但到一定的界限以后，固定要素已经被充分的利用，若还要继续增加变动要素的投入，将没有更多数量的固定要素与之相匹配，变动要素的效率就必然下降，边际产量也就下降。

3.2.3 生产三阶段

为了分析一种可变投入要素的生产函数的要素生产效率，根据总产量、平均产量、边际产量随着变动投入变动的变化关系，可将生产函数分为三个阶段，如图 3－4 所示。

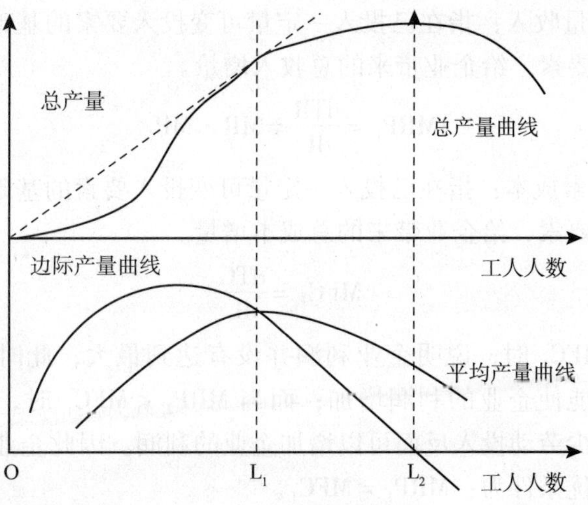

图3-4　生产三阶段

第一阶段，劳动投入从O到L_1。在这一阶段内，劳动的边际产量一直高于平均产量，每增加一个单位的劳动投入都能提高平均产量，TP也增长得比较快。相对于资本K而言，劳动投入缺乏，增加劳动投入可以使资本的作用得到充分的发挥。这说明这时增加劳动投入是有利的，作为生产者不应当在这一阶段组织生产，一定要增加可变要素投入（劳动），不断地提高产量。

第二阶段，劳动投入从L_1到L_2之间。劳动的边际产量小于平均产量，但仍大于零，因此，总产量仍一直在上升，但增长的速度已经减慢。这一阶段已完全处在边际实物产量递减阶段。随着可变要素投入（劳动）的增加，边际产量在减小，平均产量也在下降。

第三阶段，即边际实物报酬为负的阶段，劳动投入大于L_2，边际产量MP_L已由正变负，平均产量继续下降，总产量TP也在随着投入的增加反而减小。这说明劳动投入已经太多，人浮于事，人多手杂，越多越忙，劳动效率低下。

生产三阶段理论说明，在企业里，劳动力和资本之间应当始终保持合理的比例，资本相对过多（第一阶段）或劳动力相对过多（第三阶段），都会导致经济效益的下降。企业不应当在第三阶段组织生产，但也不应当停留在第一阶段，因为这时增加劳动投入，有利于固定投入的充分利用，能够提高劳动生产率。只有第二阶段是组织生产的合理阶段，至于哪一点最合适，还要在引进要素价格和产品价格进一步研究后才能确定。

3.2.4　单一可变投入要素的最优投入量的确定

当企业的其他投入要素（如厂房设施、机械设备、资金等）固定不变，只有一种投入要素（如劳动力）可变时，这种可变投入要素应该投入多少才能使企业生产达到最优，要回答这个问题，首先必须弄清两个概念。即：

（1）边际产量收入：指在已投入一定量可变投入要素的基础上，再增加一个单位的可变投入要素，给企业带来的总收入增量。

$$MRP_L = \frac{dTR}{dL} = MR \cdot MP_L$$

（2）边际要素成本：指在已投入一定量可变投入要素的基础上，再增加一个单位的可变投入要素，给企业带来的总成本增量。

$$MFC_L = \frac{dTC}{dL}$$

当 $MRP_L > MFC_L$ 时，说明企业利润并没有达到最大，此时如果再增加一定量的劳动投入还能使企业的利润增加；而当 $MRP_L < MFC_L$ 时，说明劳动投入过多，此时如果减少劳动投入反而可以增加企业的利润。因此企业利润最大化时可变要素投入量最优条件为：$MRP_L = MFC_L$。

管理案例

苹果为何一定要去印度生产 iPhone[①]

2017 年恰逢 iPhone 问世十周年，iPhone8 也将在金秋之时面世，在这 10 年间，iPhone 手机系列的每次出现给人们留下了深刻的创新印象，同时也创造了天文数字的利润。与苹果颠覆性的创新相比，苹果的商业策略会更加耐人寻味，事实上，苹果的伟大之处，不止于向世界提供了一两款优秀的手机，而是向整个人类社会提供了一种精品理念，他们对产品精雕细琢，几乎到了痴迷的程度，有时候甚至是自虐，同样，他们对供应链的掌控也到了令人发指的地步，这种关注细节的态度深深影响了员工和供应商们。

苹果垂涎印度市场的潜力，已经尽人皆知。印度有广袤的土地和密密麻麻的消费者，他们的火车利用率极高，车顶和窗户上都挤满了人，自 2015 年起，印度就取代中国成为全球智能手机增速最快的市场，在第一轮的智能手机市场培育过程中，三星低端手机独占鳌头，中国手机厂商也蜂拥而至共享利润，再加上印度本土推出 24 元的史上最廉价手机，这些已经让印度人民开始享受“移动互联网”的便利。在全球走俏的 iPhone 却始终未能征服这片土地，其在印度的市场份额不足 1%。因印度中央/地方政府关税政策混乱、重复收税的现象普遍，其结果导致 iPhone 在印度的定价最高（BBC 最新报道披露 iPhone7 Plus 在印度的零售价高达 1100 美元），这使得 iPhone 在印度也只能是少数人的宠儿。

为了充盈印度市场，降低 iPhone 的价格，苹果公司准备在印度本土建造工厂，这样可以有效避免高额的关税；同时由于印度有着丰富的廉价的劳动力资源，并且广袤的土地上适合建制大型的电子生产基地，iPhone 入住印度，可为印

① 搜狐网，http：//it. sohu. com/20170220/n481233668. shtml。

度直接创造5000个工作岗位，以及大量的相配套岗位需求，由于廉价的劳动力资源，iPhone可有效降低生产成本，以促进其在这个国家的销售。

3.3 两种可变投入要素的生产函数

企业生产周期比较长时，就不只是一种投入要素在变动，而会有两种或两种以上的要素变动，且这些要素之间往往是可以相互替代的。为简单起见，我们假定在一定技术条件下，企业需要资本K和劳动L这两种投入要素进行生产，且只生产一种产品（产量为Q），这时生产函数的一般表达式为：$Q=f(L, K)$，式中L为技术的使用量，而K为资本的使用量。这一生产函数里劳动L和资本K都是可变的。

3.3.1 等产量曲线

1. 等产量曲线

等产量线是指在相同产量下，投入要素所有各种可能组合的轨迹。等产量线给出了厂商进行生产决策的可行空间，为了得到特定的产出，厂商可以使用不同的投入要素组合。假设生产函数为 $Q=\sqrt{KL}$，生产10单位的产品，可能性组合如表3-2所示。

表3-2　　产量为10单位的投入要素组合

L	1	2	4	10	25	50	100
K	100	50	25	10	4	2	1

从表3-2中，我们可以看出，生产10单位产量Q有多种不同的劳动L和资本K的要素组合，并且在产量不变情形下，资本的投入量会随着劳动力投入的增加而减少，同样，劳动力的投入量也会随着资本的投入量的增加而减少，这表明劳动L和资本K两要素间是可以相互替代。同样，我们也可以得到生产20单位的等产量线，将产量10和20的等产量线进行绘制，如图3-5所示。

从图3-5中，可以看出等产量线具有以下特点：（1）等产量线之间互不相交，且凸向原点；（2）同一平面内，可以有无数条等产量线，同一等产量线代表产量相等，且距原点越远，等产量线所代表的产量就越大；（3）等产量线是从左上向右下倾斜的，在等产量线中，因为要保持产量不变，所以一种要素投入的增加是以另一种要素投入减少作为前提的。

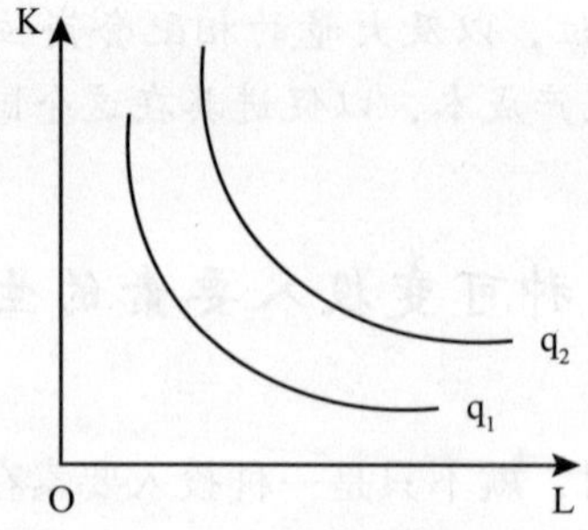

图 3-5　等产量线

它与消费函数中的无差异曲线相类似，所不同的是每一条等产量线对应着特定的产出水平，而无差异曲线所对应的效用水平只具有排序意义，无法像等产量线度量产量那样度量效用。

2. 边际技术替代率

（1）边际技术替代率。与等产量曲线相联系的一个概念是边际技术替代率，用它可以表示在一定既定的产量水平下（等产量线中）的要素之间的替代关系，其英文缩写为 MRTS，如图 3-6 所示。

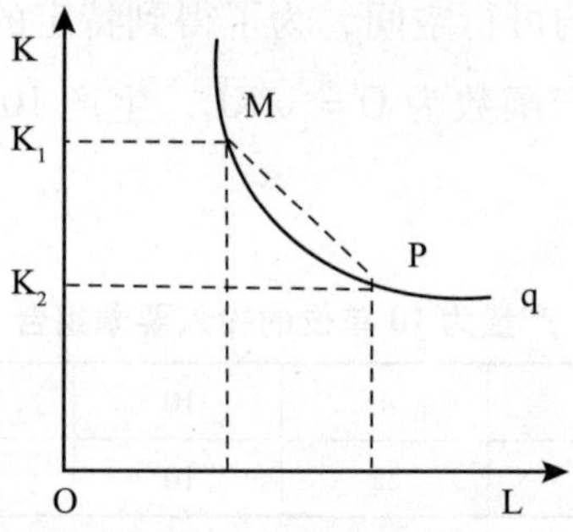

图 3-6　两种投入要素的边际技术替代率

在图 3-6 中，为了维持固定产量不变，企业可以沿着既定的等产量曲线由 M 点滑到 P 点，在这个过程中，劳动投入量会随着资本投入量的不断减少而增加，同样由 P 点朝向 M 点的过程中，劳动投入量也会随着资本投入量的不断增加而减少。从这两要素之间这种相互替代的关系，可以得到边际技术替代率的概念。

所谓边际技术替代率是指在保持产量水平不变的条件下，以一种要素投入替代另一种要素投入的比率。它反映了企业为保持原有产量水平不变时，增加一单位要素投入与放弃另一种要素投入之间的数量比例关系。在只有劳动和资本两种投入要素的情形下，劳动对资本的边际技术替代率的定义公式为：

$$MRTS_{LK} = -\frac{K_2 - K_1}{L_2 - L_1} = -\frac{\Delta K}{\Delta L}$$

由于劳动投入和资本投入的变动方向相反，所以边际技术替代率为负值，为了使其取正值时，需要在投入要素比率前加负号。若投入要素是连续可分的，即 ΔL 的变化趋近于零时，M 点就沿着等产量线不断地接近 P 点，劳动 L 对资本 K 的边际技术替代率就由差分形式变成了导数形式。数值上就等于等产量线上该点的斜率的相反数：

$$MRTS_{LK} = -\frac{dK}{dL}$$

边际技术替代率还可以表示为两要素的边际产量之比。这是因为，边际技术替代率的概念是建立在等产量曲线的基础上的，所以，对于任意一条给定的等产量曲线来说，当用劳动投入去替代资本投入时，在维持产量水平不变的前提下，由增加劳动投入量所带来的总产量的增加量和由减少资本所带来的总产量的减少量必定是相等的，即必有：

$$\Delta L \cdot MP_L = -\Delta K \cdot MP_K$$

整理得：

$$\frac{MP_L}{MP_K} = -\frac{\Delta K}{\Delta L}$$

$$MRTS_{LK} = -\frac{dK}{dL} = \frac{MP_L}{MP_K}$$

由边际技术替代率的定义公式可得：

$$MRTS_{LK} = -\frac{\Delta K}{\Delta L} = \frac{MP_L}{MP_K} \text{或者有} MRTS_{LK} = -\frac{dK}{dL} = \frac{MP_L}{MP_K}$$

可见，边际技术替代率可以表示为两要素的边际产量之比。

（2）边际技术替代率递减法则。在既定的产量水平下，两种投入要素之间的相互替代过程，普遍存在一种现象，即在既定产量不变的前提下，一种投入要素的不断增加，其每一单位所能替代的另一种生产要素的数量是递减的。这种现象就是所谓的边际技术替代率递减规律。

边际技术替代率递减的主要原因在于：在特定生产技术下，各要素投入之间的替代是有限的。简单地说，以劳动和资本两种投入要素为例，在劳动投入量很少和资本投入量很多的情况下，减少一些资本投入量可以很容易地通过增加劳动投入量来弥补，以维持原有的产量水平，即资本对劳动的替代是很容易的。但是，在劳动投入增加到相当多的数量和资本投入量减少到相当少的数量的情况下，再用劳动去替代资本就将是很困难的了。

前面提到，等产量曲线一般具有凸向原点的特征，这一特征是由边际技术替代率递减规律所决定的。因为，由边际技术替代率的定义公式可知，等产量线上某一点的边际技术替代率就是等产量曲线在该点的斜率的绝对值，又由于边际技术替代率是递减的，所以，等产量曲线的斜率的绝对值是递减的，即等产量曲线是凸向原点的。

（3）替代程度。通常的情况下，为维持同样的产量，两种投入彼此替代的程度是变化的，边际技术替代率递减就说明了这种变化。按照生产投入要素之间能够相互替代的程度可以把等产量线划分为三种类型，每种类型的等产量线代表着不同的生产函数。

第一种：两种投入要素之间完全可替代。也就是说在任何情况下，一种要素投入可以代替另一种要素投入的能力不变，即边际技术替代率为一常数，这使得等产量线就成了一条直线。例如，在做饭用油的时候，花生油和豆油是完全可以替代的。与之相对应的生产函数为线性生产函数，如图 3－7 所示。

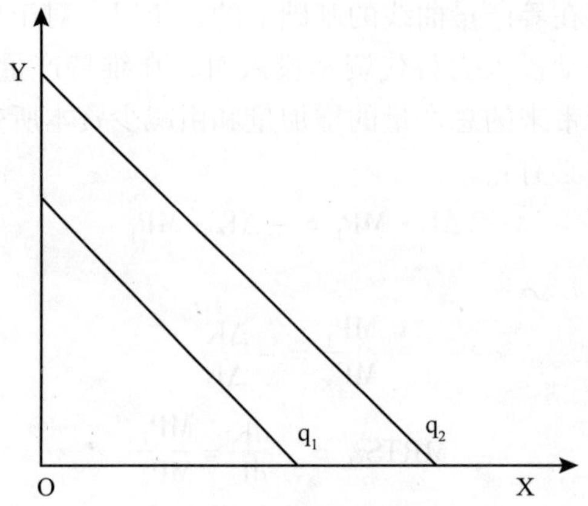

图 3－7　线性生产函数

从图 3－7 中可以看出，线性生产函数，X、Y 这两种可变的投入要素之间是可以完全代替的。与之相对应的线性生产函数可表示为：

$$Q = aX + bY$$

其中，Q 为产量，X、Y 分别代表两种不同要素投入量，a、b 为参数。该生产函数的边际产量 $MP_X = a$，$MP_Y = b$；边际技术替代率为：$MRTS_{XY} = \frac{MP_X}{MP_Y} = \frac{a}{b}$。

第二种：两种投入要素之间完全不能被替代。两种投入要素完全不能被替代，只能互补使用时，这时的等产量线为一直角线。这就意味着，只有当两种要素投入同时按固定比例增加，产量会得到提升；如果只增加某一种要素投入，而另一种要素投入不增加，产量将保持不变并不会提高。

在人们生产生活中有很多这样的例子，如眼镜的生产，一副镜架、两个镜片按固定比例组配才能构成一副眼镜，无论镜片多么的多，只要镜架只有一副；还有自行车的生产、汽车的生产等，这些例子可以被看作完全互补，不可替代的情况。与之相对应的生产函数是固定比例的生产函数，如图 3－8 所示。

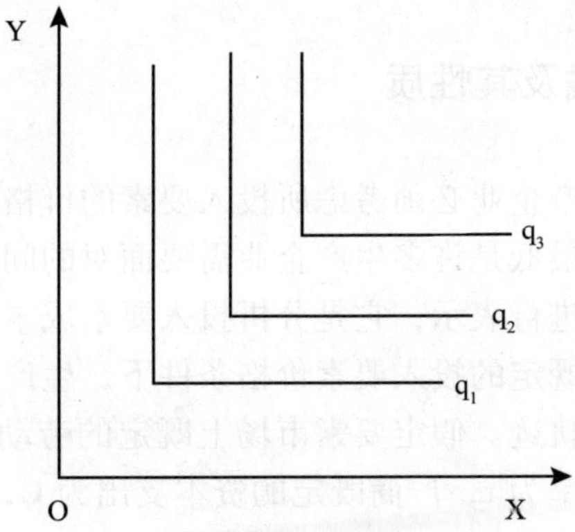

图3-8　固定比例的生产函数

从图3-8中可以看出，固定比例的生产函数，X、Y这两种可变的投入要素之间是互补的。产量的大小完全取决于短缺的生产要素投入量。与之相对应的线性生产函数可表示为：

$$Q=\min\{X, Y\}$$

第三种：投入要素之间的替代程度是不完全的。这主要是由于边际技术替代率递减规律造成的，对不能完全替代的投入要素来说，等产量线的斜率会随某一投入要素量的增加而递减。如柯布—道格拉斯生产函数，该生产函数形式如下：

$$Q=AL^{\alpha}K^{\beta}$$

式中，Q为产量，L和K分别为劳动和资本投入量，A、α和β为三个参数，$0<\alpha, \beta<1$。投入要素L和资本K的边际产量正好分别等于它们平均产量的α倍和β倍，$MP_L=\alpha AP_L$，$MP_K=\beta AP_K$。边际技术替代率为：$MRTS_{LK}=\frac{MP_L}{MP_K}=\frac{\alpha}{\beta}\cdot\frac{K}{L}$，在当用劳动L替代资本K时，随着投入的劳动L的不断增加，对资本K的替代数量越来越少，边际替代率是递减的，等产量曲线凸向原点，如图3-9所示。

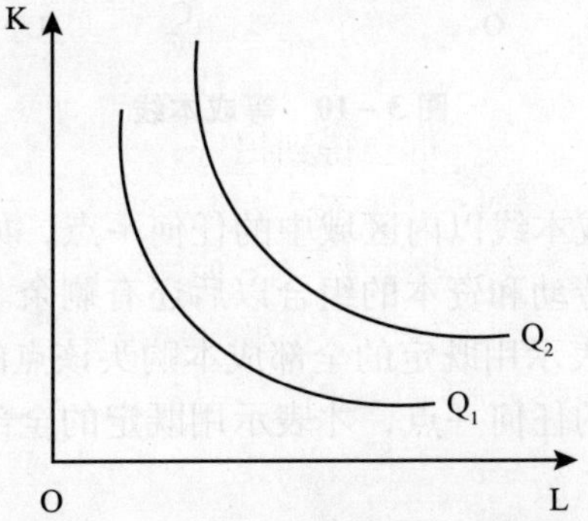

图3-9　柯布—道格拉斯生产函数

3.3.2 等成本线及其性质

对于既定产量，生产企业必须考虑所投入要素的价格，如何进行投入要素的组配以使企业生产成本最低是许多生产企业需要面对的问题之一。要素投入组合的成本可以用等成本线进行表示，它是分析投入要素成本的重要工具。等成本线是在既定的资金投入和既定的投入要素价格条件下，生产者可以购买到的两种生产要素不同的数量组合轨迹。假定要素市场上既定的劳动价格即工资率为 w，既定的资本的价格即利息率为 r，厂商既定的资本支出为 C，则成本方程为：

$$C = wL + rK$$

由成本方程可得：

$$K = -\frac{w}{r}L + \frac{C}{r}$$

由此可得等成本线，如图 3－10 所示。图中横轴上的点$\frac{C}{w}$表示既定的全部资金投入都购买劳动，所能购买的最大劳动数量，纵轴上的点$\frac{C}{r}$表示既定的全部资金投入都购买资本时，所能购买的最大数量，这两点的连线就是等成本线。它表示既定的全部资金投入所能购买到的劳动与资本两要素的各种组合。等成本线的斜率为$-\frac{w}{r}$，即为两种要素价格之比的负值。

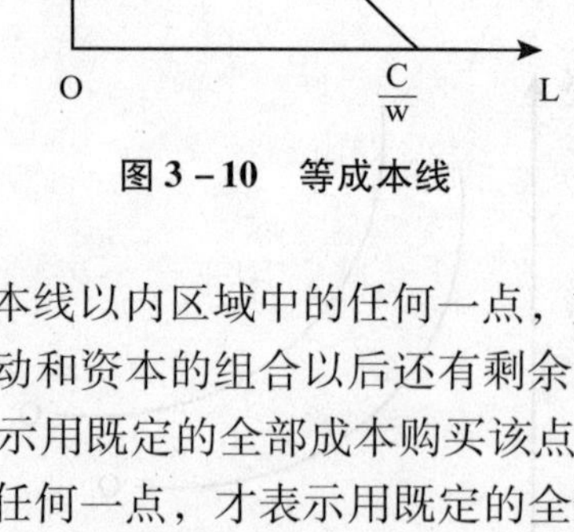

图 3－10 等成本线

在图 3－10 中，等成本线以内区域中的任何一点，如 A 点，表示既定的全部成本都用来购买该点的劳动和资本的组合以后还有剩余。等成本线以外的区域中的任何一点，如 B 点，表示用既定的全部成本购买该点的劳动和资本的组合是不够的。唯有等成本线上的任何一点，才表示用既定的全部成本能刚好购买到的劳动和资本的组合。

在成本固定和要素价格已知的条件下，便可以得到一条等成本线。所以任何关于成本和要素价格的变动，都会使等成本线发生变化。总成本 C 增加，等成本线平行向外移动；要素价格比$\frac{w}{r}$发生变化，等成本线斜率改变。

3.3.3 最优投入要素组合的确定

1. 成本确定情形下产量最大的要素投入组合

假设在一定的生产技术水平下，企业可使用的总资金投入不变，怎样选择合适的要素投入组合才能使企业总产量达到最大？为了便于回答这个问题，可以通过图形进行表述，如图3-11所示，q_1、q_2、q_3为三条不同产量水平的等产量线，L_2K_2代表总成本一定的等成本线。

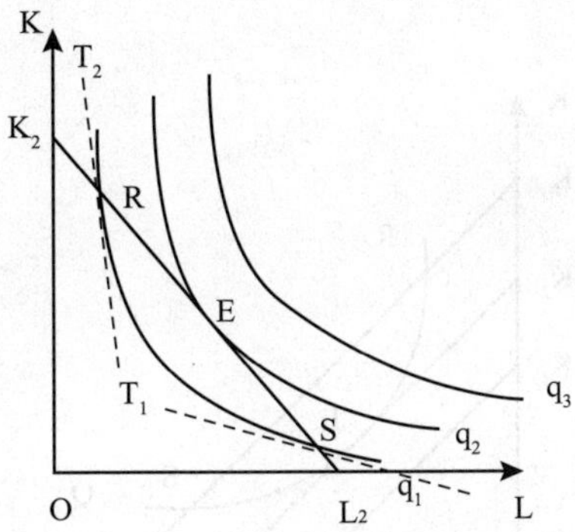

图3-11 最优要素投入组合

其中，等产量线q_3在等成本线L_2K_2的右上方，并没有与之相交，说明等成本线中所有的要素组合是无法达到等产量线q_3产量水平。而等产量线q_1和L_2K_2有两个交点R和S，说明q_1是可以达到的产量水平，但要素投入组合并没有达到最优状态，产量水平还可进一步增加。

这是因为，如果企业在R点组织生产，R点的劳动对资本的边际技术替代率是等产量线q_1在R处的切线T_1T_2斜率的绝对值，显然T_1T_2斜率的绝对值要大于等成本线L_2K_2斜率的绝对值，即：$MRTS_{LK}>\frac{w}{r}$，我们已经知道$MRTS_{LK}=\frac{MP_L}{MP_K}$，则有：$\frac{MP_L}{MP_K}>\frac{w}{r}$；$\frac{MP_L}{w}>\frac{MP_K}{r}$。这意味着用于增加劳动投入的单位成本所增加的边际产量要大于用于增加资本投入的单位成本的边际产量，企业当然要增加劳动的投入，而减少资本的投入，投入要素的组合应沿着等成本线从R点向S点方向靠拢，投入的总成本不会增加，而产量会进一步提高。

如果企业在S点组织生产，S点的劳动对资本的边际技术替代率是等产量线q_2在R处的切线斜率的绝对值，此时有：$\frac{MP_L}{w}<\frac{MP_K}{r}$。投入要素的组合点应从S点沿

着等成本线向 R 点的方向靠拢，投入的总成本同样不变，产量会进一步提高。

而当等成本线 L_2K_2 与等产量线 q_2 相交于一点 E 时，等成本线的斜率的绝对值正好等于等产量线的斜率的绝对值，劳动 L 对资本 K 的边际技术替代率正好等于劳动与资本的使用价格之比，即有：$MRTS_{LK}=\frac{w}{r}$；$\frac{MP_L}{w}=\frac{MP_K}{r}$。此时，E 点也就实现了投入要素的最优组合，最大产量为 q_2。

2. 产量确定情形下成本最小的要素投入组合

假定在一定生产技术水平下，企业的产量保持不变，如何选择适当的要素投入组合，使其资金投入的成本最低？同样，对于这个问题也可通过图形进行表示。如图 3－12 所示，L_1K_1、L_2K_2、L_3K_3 为不同资金融入情形下的三条等成本线，其中要素价格保持不变。而等产量线 Q 代表企业想要保持的产量水平。

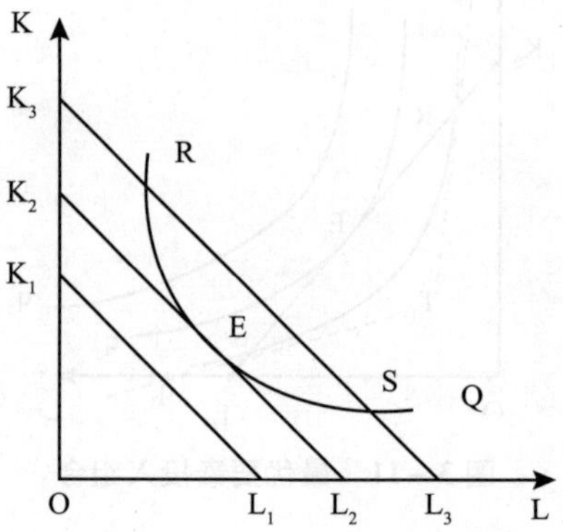

图 3－12　成本最小投入组合

从图 3－12 可以看出，L_1K_1 和等产量线 Q 没有交点，在等产量线的左下方，这说明，在资金投入为 L_1K_1 情形下，所有的投入要素组合都不可能达到 Q 的产量。而等成本线 L_3K_3 和等产量线 Q 相交，并且有两个交点 R 和 S，说明在资金投入水平为 L_3K_3 情形下是可以达到产量 Q 的水平，同样也是因为边际技术替代率的原因，无论在 R 点还是在 S 点，沿着等产量线向对方移动时，成本会随之降低，这就说明在这两点进行生产时，企业资金投入成本过高，并没有达到最优的成本水平。只有当等产量线 Q 某条等成本线相切于一点时，等成本线的斜率的绝对值恰好等于等成本线的斜率的绝对值，劳动 L 对资本 K 的边际技术替代率正好等于劳动与资本的使用价格之比，即有：$\frac{MP_L}{w}=\frac{MP_K}{r}$。此时要素投入组合的成本最低，与此图相对应的等产量线正好为 L_2K_2，与等产量线切点为 E，即在 E 点时，企业进行产量为 Q 的生产时，所投入要素组合的成本最低。

3. 要素价格变动对最优投入组合的影响

实际上，要素价格并不是固定不变的，在实际生产过程中，由于各种因素的影响，要素价格也是在不断变化的。如果要素价格发生变动，就必然会导致等成本线变动，从而改变了企业原有的要素投入组合的最优方案，会使企业重新考虑如何选择新的最优投入要素组合方案。为了说明此问题仍然用图形的形式表述，我们首先假定在一定的生产技术水平下，只有一种投入要素（劳动 L）的价格在变动。设劳动的工资率从 w_0 减小到 w_1，如图 3－13 所示。

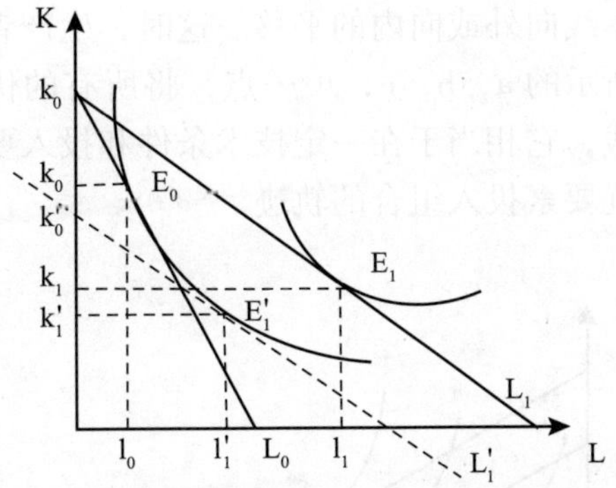

图 3－13　投入要素的替代效果和产量效果

生产者的最优选择点从切点 E_0 转移到 E_1，相应的投入要素 L 则从 l_0 增加到 l_1，而投入要素 K 则从 k_0 变为 k_1。投入要素价格变动所引起的要素投入变动的效应，主要由两部分引起，即替代效应和产量效应。

替代效应是在维持现有产量水平的情形下，由于要素价格发生变动而引起的要素投入量的变动，要素投入量变动的大小显然与这两种要素替代弹性及要素价格变动相关。在投入要素实现优化组合时，要素的边际技术替代率等于要素的价格比，由此，两种投入要素的替代弹性可以表示为：

$$E_0 = \frac{d\left(\frac{K}{L}\right)}{d\left(\frac{w}{r}\right)} \cdot \frac{\frac{w}{r}}{\frac{K}{L}}$$

假定只有一种要素，如劳动的价格变动，那么投入要素比例的相对变动可表示为：

$$\frac{d\left(\frac{K}{L}\right)}{d\left(\frac{w}{r}\right)} = E_0 \cdot \frac{\frac{w}{r}}{\frac{K}{L}}$$

由上面可知，投入要素 L 从 l_0 增加到 l_1'，要素 K 从 k_0 降到 k_1'是由于要素 L 价格下降后引起的替代效果，最优选择点从 E_0 转移到 E_1'。从上式可以看出，只要不是完全替代，即 $E_0>0$ 时，价格变动后，总是用相对便宜的投入要素代替相对贵的投入要素。

产量效应是在企业的总支出维持不变，由于一种要素价格下降后，企业可以购买更多的要素，这就相当于生产规模有所扩大，因此企业产出的水平将会发生改变。在图 3－13 中，相应于从 E_1'变动到 E_1 点，这变动是沿着扩张线在变动，这时投入要素 L 的投入量从 l_1'变动到 l_1，要素 K 的投入量从 k_1'变动到 k_1。

4. 总成本变动对要素投入最优组合的影响

在生产技术水平和要素价格不变的条件下，若是要素投入的总成本增加或减少，这就会引起等成本线向外或向内的平移。这时，生产者优化选择也就必然发生变动，如图 3－14 所示的 a，b，c，……点，将所有的优化选择点连起来，就形成了一条生产扩张线，它相当于在一定技术条件和投入要素价格不变时，企业规模发生变动时，最优要素投入组合的轨迹。

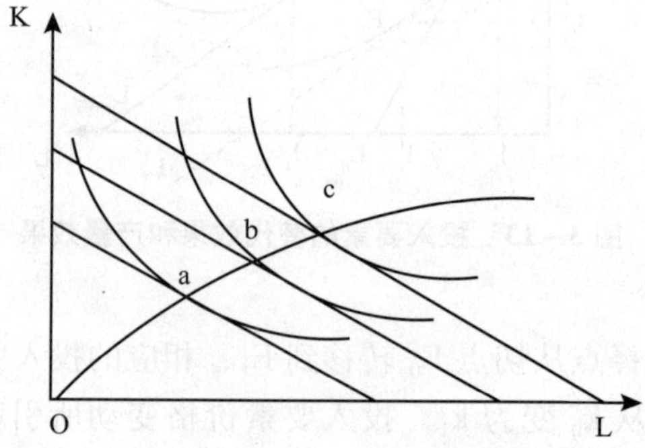

图 3－14　生产扩张曲线

3.3.4　生产弹性分析

要素投入的变动常常会引起企业产出的变化，但是要素投入对产出的影响程度到底是高还是低，这就需要引入弹性这一概念，弹性就是衡量要素投入对产出影响程度的工具。常见的弹性有产出弹性、生产力弹性和替代弹性。

1. 产出弹性

产出弹性是指：在生产技术水平和要素价格不变的条件下，若其他要素投入固定不变，仅一种要素投入变动时，这种要素投入的相对变动会引起产出的相对变动，产出的相对变动和要素投入的相对变动之比就称为这种投入要素的产出弹性。

设生产函数为 $Q = f(L, K)$，E_L、E_K 分别为劳动和资本的产出弹性，则 $E_L = \frac{\frac{\Delta Q}{Q}}{\frac{\Delta L}{L}} = \frac{\frac{\Delta Q}{\Delta L}}{\frac{Q}{L}}$，上式中，$\frac{\Delta Q}{\Delta L}$正好是劳动的边际产量，$\frac{Q}{L}$是劳动的平均产量，因此，劳动的产出弹性也可以用其边际产量与平均产量之比来表示，即有：

$$E_L = \frac{MP_L}{AP_L}$$

同理，资本的产出弹性也是如此，即有：

$$E_K = \frac{\frac{\Delta Q}{\Delta K}}{\frac{Q}{K}} = \frac{MP_K}{AP_K}$$

2. 生产力弹性

生产力弹性是指：在生产技术水平和要素价格不变的条件下，所有要素投入都按同一比例变动时会引起的产出的相对变动，产出的相对变动和这些投入要素的相对变动之比就是生产力弹性。设 E_e 为生产力弹性，X 代表所有投入要素，则有：

$$E_e = \frac{\frac{dQ}{Q}}{\frac{dX}{X}} = \frac{dQ}{dX} \cdot \frac{X}{Q}$$

在只有 L、K 两种投入要素时 $Q = f(L, K)$，

$$dQ = \frac{\partial Q}{\partial L}dL + \frac{\partial Q}{\partial K}dK$$

因为$\frac{dL}{L} = \frac{dK}{K} = \frac{dX}{X}$，经过适当变换，可得：

$$\frac{\frac{dQ}{Q}}{\frac{dX}{X}} = \frac{\partial QL}{\partial LQ} + \frac{\partial QK}{\partial KQ}$$

即：$E_e = E_L + E_K$。

这说明所有投入要素按同一比例变动所引起的产出的相对变动，是各个投入要素各自按比例变动引起的产出变动之和，生产力弹性等于各项投入的产出弹性之和。

3. 替代弹性

投入要素的变动会引起产量的变动，而产量的变动又可能引起要素之间的边际技术替代率的相对变动，在一定生产技术水平下，边际技术替代率的相对变动会引起要素投入比例的相对变动，要素投入比例的相对变动与边际技术替代率的相对变动之间的比例，称为替代弹性，记作：

$$E_\sigma = \frac{\frac{d\left(\frac{K}{L}\right)}{\frac{K}{L}}}{\frac{d(MRTS_{LK})}{MRTS_{LK}}}$$

替代弹性在要素投入合理的比例分析中很有用处，尤其是在要素的相对价格发生变化时，替代弹性可以用来帮助分析。

3.3.5 规模报酬原理

1. 规模报酬的三种类型

规模报酬是指：在生产技术水平和要素价格不变的条件下，当所有要素投入都按同一比例变动时产量变动的状况。规模报酬主要研究生产规模变动与产量变动之间的关系。假定只有两种投入要素劳动 L 和资本 K，两种要素的投入同时都扩大 t 倍时，产量会有怎样的变动？根据产量变动关系的不同，可以将规模报酬分为三种类型：

（1）规模报酬递增。在规模报酬生产过程中，如果投入要素同时都扩大 t 倍情形时，大于 t 倍的产出，那么生产规模报酬就是递增的。用公式表示如下：

$$f(tL, tK) > tf(L, K)$$

这时产量增长的速度大于要素投入增加的速度，生产规模的扩大带来了生产效率的提高。

（2）规模报酬不变。在规模报酬生产过程中，如果投入要素同时都扩大 t 倍情形时，等于 t 倍的产出，那么生产规模报酬是不变的。用公式表示如下：

$$f(tL, tK) = tf(L, K)$$

这时产量增长的速度等于要素投入增加的速度，生产效率与生产规模的大小无关。

（3）规模报酬递减。在规模报酬生产过程中，如果投入要素同时都扩大 t 倍情形时，小于 t 倍的产出，那么生产规模报酬是递减的。用公式表示如下：

$$f(tL, tK) < tf(L, K)$$

这时产量增长的速度小于要素投入增加的速度，生产规模的扩大将使生产效率下降。

2. 规模报酬类型判定

对于不同的生产函数来说，判定规模报酬类型的方式会有所不同，下面就介绍几个判定规模报酬类型的简单方法。

（1）对于生产函数 $Q = f(L, K)$ 来说，对所有的投入要素都增加 α 倍时，会使产量增加 β 倍，这时生产函数如下：

$$f(\alpha L, \alpha K) = \beta Q$$

如果 $\beta > \alpha$，则该生产函数的规模报酬递增；如果 $\beta = \alpha$，则生产函数的规模报酬不变；如果 $\beta < \alpha$，则生产函数的规模报酬递减。

（2）对于生产函数 $Q = f(L, K)$ 来说，对所有的投入要素都增加 α 倍时，会使产量增 λ^n 倍，其中 λ 为大于 1 的正实数，n 为任意的常数。这时生产函数如下：

$$f(\alpha L,\ \alpha K)=\lambda^{n}Q$$

如果 $n>1$，则该生产函数的规模报酬递增；如果 $n=1$，则生产函数的规模报酬不变；如果 $n<1$，则生产函数的规模报酬递减。

(3) 对于柯布—道格拉斯生产函数 $Q=AL^{\alpha}K^{\beta}$ 来说，对所有的投入要素都增加 λ 倍时，会使产量增加 $\lambda^{\alpha+\beta}$ 倍，其中 λ 为大于 1 的正实数。这时生产函数如下：

$$A(\lambda L)^{\alpha}(\lambda K)^{\beta}=\lambda^{\alpha+\beta}AL^{\alpha}K^{\beta}=\lambda^{\alpha+\beta}Q$$

如果 $\alpha+\beta>1$，则该生产函数的规模报酬递增；如果 $\alpha+\beta=1$，则生产函数的规模报酬不变；如果 $\alpha+\beta<1$，则生产函数的规模报酬递减。

(4) 另外在判定规模报酬类型方面，还可以用生产力弹性来判定。通过判断生产力弹性的大小来判定规模报酬，判定生产力弹性大小常常会选用弹性系数 E_e 表示，其中弹性系数就是产量的变动率与要素变动率的比值。如果产量按同一比例 $\delta=\frac{dX}{X}$ 变动，产量的变动为 $\mu=\frac{dQ}{Q}$，则生产力弹性 $E_e=\frac{\mu}{\sigma}$，根据生产力弹性的大小，可以将规模报酬分成以下三个阶段：

如果 $E_e>1$，即 $\mu>\sigma$，则规模报酬递增；如果 $E_e=1$，即 $\mu=\sigma$，则规模报酬不变；如果 $E_e<1$，即 $\mu<\sigma$，则规模报酬递减阶段。

3. 规模报酬变动的原因

导致规模报酬变动的主要原因是规模经济与规模不经济，规模经济是指产量增加而长期平均成本减少。规模不经济则是指随着产量的增加，长期平均成本增加。我们首先讨论为什么存在规模经济，然后我们再给出企业最终出现规模不经济的原因。

规模经济的主成因有：(1) 劳动分工和专业化；(2) 技术因素；(3) 财务因素。其中，规模经济最有可能的基本成因是大公司能更有效地利用劳动分工和专业化的优势，随着劳动分工和专业化的加强，劳动的熟练程度及工作效率不断提升。例如，考察一个汽车车闸和消声器的小型维修店，每天只有几个技术工人和很少的顾客，每个工人都要既修车闸又修消声器。随着顾客的增多，商店中的一些技术工人开始专修车闸，其他人则专修消声器。因此，当工人和设备一起增加时，规模经济扩大，劳动分工和专业化生产会带来巨大的效益。

技术因素是规模经济的另一个成因。由于技术的不可分性，大企业可以使用专业化的机械设备。有些技术和投入，如自动化装配线，各种专业的机器人等，只能在经营规模和产量足够大时才可使用。所以，一个大规模的工厂可能比规模相同的两个小工厂生产效率更高，因为大的工厂可以利用小工厂不能利用的某些技术和投入。

财务因素也是规模经济的成因之一。例如原材料和半成品，大批量地购买这些物资，通常可以在相对低的价格上成交（数量折扣）。营销费用也是如此。同样，大公司融资相对容易且成本较低；一个知名厂商能够进入正规的证券市场，以较高的价格卖出它的债券和股票；另外，对规模大且知名度高的厂商，获取银行贷款比较容易，且利率较低。当生产扩大到一定规模以后，又会出现规模不经济的现象。它出现的原因主要是由于缺乏有效的管理。管理企业需要控制和协调多种企业活动，如生产、运输、财务、销售，诸如此类。要有效地履行管理职能，经理必须掌握准确的信息，否则，就无法做出重要决策。当企业规模发展到一定程度，高层领导者就需要将一些决策和责任分配给较低等级的职员。而高层领导者由于与日常经营活动的脱节，管理效率下降。烦琐拖拉的办事程序和日常文书工作的增多，管理职能不能有效地执行。因此，管理成本上升，产品的单位成本增大。

确定何时出现规模不经济，何时它的影响超过规模经济的影响是十分困难的。在有些行业，规模经济几乎可以忽略，规模不经济就十分显著，仅增加很小的产量就会使长期平均成本大幅上升。在其他情况下，规模经济就会非常重要。即使管理效率下降，技术因素也会在很大的产量范围内降低规模不经济。因此长期平均成本曲线可能会当产量很多时才会上升。但是在实际情况中，这些极端情形不能说明长期平均成本的行为特征。中等规模企业可能会获得所有规模经济的利益，而规模不经济在产量很多时才会出现。在这种情况下，长期平均成本曲线可能会在很大产量范围内出现水平情况。

4. 适度规模

从以上分析可知，当企业生产规模过小时，内在经济占主导地位，而当行业规模偏小时，外在经济也占主导地位，这时企业处于规模报酬递增阶段；但随着企业规模的扩大，行业规模的扩大，内外在不经济的现象开始严重，这中间会有一段经济与不经济现象的相持阶段，这时是规模报酬不变阶段。若企业的规模还要扩大，行业的规模还要扩大，内在不经济、外在不经济就会占主导地位，出现规模报酬递减阶段。

由此可见，企业生产的规模不能太小但也不能太大，即要有一个适度的规模。而对于不同的行业，适度规模的大小是不同的，并没有一个统一的标准。但通常说来，需要的投资量多，所用的设备先进复杂的行业（例如，冶金、汽车、化工、造船等行业），生产规模比较大，所以其相应的适度规模也就比较大；相反，对于需要资金少，所用设备简单的行业，例如，服装、饮食等行业，规模小才能更灵活地适应市场需求的变化，这样有利于生产，所以其适度规模也就比较小。

适度规模也会随着时间的推移，技术的进步而不断地变化。一个企业应当注意采取措施，实行现代科学的管理方法，努力减小规模不经济的影响，延缓规模报酬递减阶段的出现，使规模报酬递增或规模报酬不变尽可能地延长一个较长的阶段。这正是管理经济学要加以研究的问题。这里研究规模报酬时，有一个严格的限制条件，即要求所有的投入要素都按同一比例变化，这是很难实现的，以后在长期成本函数的研究中，放宽了这个限制条件，再进一步研究。

规模经济与企业生存：医疗服务企业面临的持续不断的生存压力，提供了竞争行业中企业有效规模的信息来源。那些选择固定要素过小或过大的企业，将会有很高的平均生产成本。长期情况下，如果这些企业想在行业中立足，必须调整到适宜的规模。

表 3-3 为 1965 ~ 1969 年对从业内科医生营业规模的考察。1 ~ 2 人规模呈下降趋势，较大规模的呈上升趋势。说明中等（3 ~ 6 人）与超大规模（26 人以上）是该期的有效规模。

表 3-3 1965 ~ 1969 年对从业内科医生营业规模的考察

规模（人数）	1965 年（%）	1969 年（%）	比值（69/65）
1 ~ 2	84.69	78.25	0.92
3	3.12	4.39	1.41
4	2.33	3.13	1.34
5	1.33	1.87	1.41
6	0.87	1.38	1.59
7	0.73	0.77	1.06
8 ~ 15	2.76	3.43	1.24
6 ~ 25	1.54	1.66	1.08
6 ~ 29	0.75	1.78	2.37
0 ~ 99	0.58	1.22	2.10
100 +	1.33	2.12	1.62

然而，表 3-3 中数字也可以有不同的解释，这取决于采取动态还是静态的分析。从静态分析看，即使在 1969 年，1 ~ 2 人仍占绝对大的份额，这足以说明小规模是最有效的。但是，小规模呈下降趋势。从边际概念上讲，中等与大规模是最有利的，新进入者发现中等与大规模的优势，而退出者大多是 1 ~ 2 人的组合。

合理的解释是，任何时间段上，都有一个有效的企业规模，即使从整体上看 1 ~ 2 人最有效，但这种小规模太多了，所以，我们看到比值向有利于大规模的方向转移。

5. 范围经济

许多公司生产的产品都不止一种。这些公司的投入要素会同时生产两种或更多的产品，如一个果园同时可种植橘子和葡萄，一口油井可同时生产原油和天然气，一个汽车制造厂可同时生产小汽车和卡车，而商业银行则是用同种资产提供多种金融服务。无论何时，当单个企业联合生产两种或更多产品的总成本小于每个企业各自生产一种产品的总成本时，就存在范围经济。

例如，一个安装消声器和修理车闸的公司 Precision Mufflers。这个公司能够同时提供两种不同的服务，一天内可以以总成本为 1400 美元，替换 25 个消声器和修理 10 次车闸。单替换消声器一天 25 个，成本为 1000 美元；而一个专门修车闸的公司 10 次修理工作需 600 美元。既然替换 25 个消声器和执行 10 次修理工作的总成本（1400 美元）小于不同公司同等产量水平下的总成本（1600 美元 = 1000 美元 + 600 美元），则存在范围经济。

假设 C(X) 为企业单独生产一定量的 X 的总成本，C(Y) 为企业单独生产一定量的 Y 的总成本。C(X, Y) 代表企业联合生产同等产量 X、Y 的总成本，则当 $C(X, Y) < C(X) + C(Y)$ 时范围经济存在。范围经济存在的程度（SC）用下式度量：

$$SC = \frac{C(X) + C(Y) - C(X, Y)}{C(X, Y)}$$

当生产存在范围经济时，不同公司生产 X、Y 的单独成本之和超过同一公司联合生产 X、Y 的总成本，SC 为正值。并且 SC 的值就越大，范围经济越显著。倘若范围经济不存在，则不同公司生产 X、Y 的单独成本之和小于同一公司生产 X、Y 的联合成本，SC 为负值。

存在范围经济的原因很多。当生产要素被共同用来生产多于一种产品时，可以以很少甚至不发生额外成本生产出另一种产品。相关产品的例子很多，例如牛肉和皮革、羊肉和羊毛或者汽油和天然气等。

3.4 技术创新与生产函数

3.4.1 技术创新

到目前为止，我们分析生产函数时，都是假定在生产技术水平不变的前提下进行研究投入和产出的关系。但在实际生产活动中，生产技术水平肯定是要发生变化的。尤其在当下，随着社会经济的不断发展，人们的需求不断变化，企业的竞争日趋激烈；另外伴随着劳动力成本的提升，利润空间的降低，企业要想更好的生产和发展，需要走以技术创新提高生产效率和收益的道路。

而技术创新对企业和经济发展的重要作用，早在 1912 年就被经济学大师熊彼特指出。他认为创新就是指把一种从来没有过的关于生产要素的“新组合”引入生产体系，并且这种新的组合会使生产水平得到提高。这一定义对后来经济学家研究创新具有重要启发意义，现在经济学教材普遍认为技术创新就是一种改进后的生产关系，技术创新的形式可表现为：采用先进的生产设备、科学管理方法、生产工艺方面不断创新。技术创新提高了劳动生产率和企业生产水平，能够使企业用较少的投入生产出比以前还要多的产品。这种变化关系可以用等产量线的位移来说明，如图3－15所示。

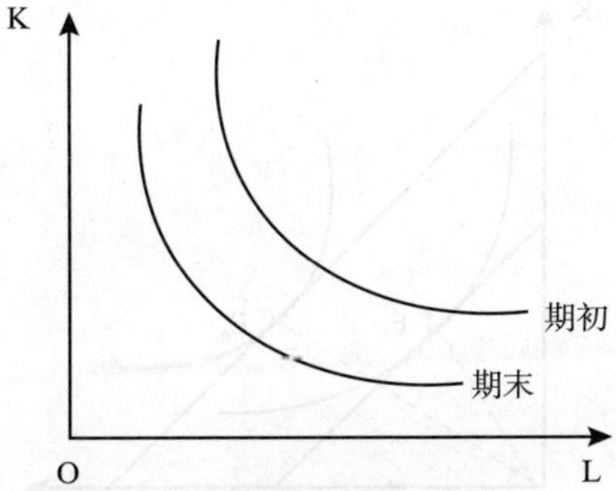

图3－15　技术创新与等产量线

图3－15中显示的是产量 Q_0 的两条不同时期的等产量线，一条是期初时的等产量线，另一条为期末等产量线。其中，期末的等产量线明显比期初的等产量线更靠近原点，这就表明，期末时企业可以用比期初少的资本和劳动投入生产出与期初同样多的产品，因此可表示企业在这期间进行了技术创新。技术创新的程度可以用等产量线的位移来说明，等产量线的位移越大，就说明技术创新程度越高。此处讲的技术创新是一个广义和综合的概念，它既包含发明、创造、模仿、改进等硬技术概念，也包括组织、管理、运营等方面的软技术概念，技术创新的核心目的就是企业生产成本的降低。

3.4.2　技术创新与投入要素比例变动

技术创新常常会导致企业生产过程中的最优要素投入组合发生变化（即要素投入的比例将发生变动）。为了方便比较，假定在生产技术水平发生变动的前后要素的价格保持不变，并且在产量相同的条件下进行比较。由于技术创新改进了企业原有的生产方式，必然要引起要素边际产量的变动，而不同要素边际产量变动的比例并不一定相同。在可变投入要素为资本和劳动的情况下，根据资本边际产量和劳动边际产量的不同可将技术创新分为资本使用型技术创新、劳动使用型技术创新以及中性型技术创新。

1. 资本使用型技术创新

在资本使用型技术创新中，由于企业进行技术创新，改变了原有的生产方式，使得资本边际产量的变化大于劳动边际产量的变化，资本的边际产量变化得更快。在这种技术创新情形中，假定资本和劳动的价格保持不变的情况下，企业原有的生产要素最优投入组合已不再适用了，这时企业应该适当地增加资本投入、减少劳动投入，使资本的边际产量有所下降，劳动的边际产量得到提升，直到资本边际产量和劳动边际产量之间的比再次与其之间的价格比一致时，企业将再次达到优化选择点，即最优的要素投入组合，如图 3－16 所示。

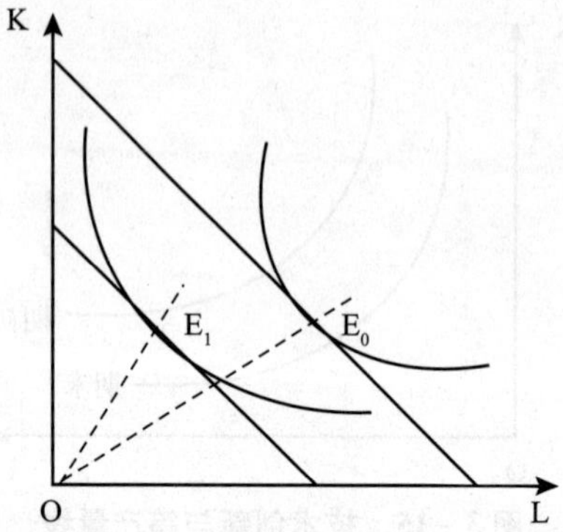

图 3－16　资本使用型技术创新

优化选择点从 E_0 移到 E_1，这时资本和劳动之间的数量比例就改变了，必然是资本占的比例增加，劳动的占比有所减少。因此，资本使用型技术创新有时也被称作是劳动节约型技术创新。

2. 劳动使用型技术创新

在劳动使用型技术创新中，技术创新的结果正好与资本使用型技术创新的结果相反，此时，劳动边际产量的变化大于资本边际产量的变化，劳动的边际产量变化得更快。企业要想重新达到新的优化选择点，即获得新的最优要素投入组合，就应该适当地增加劳动投入，并减少资本投入，直到劳动边际产量和资本边际产量之间的比再次等于其价格比时停止要素投入的变动，如图 3－17 所示。

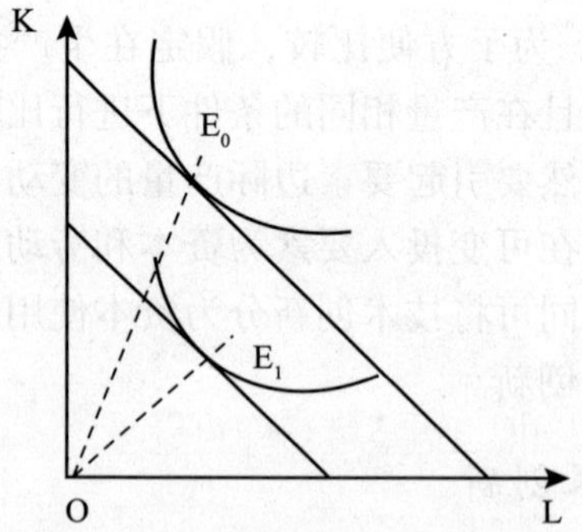

图 3－17　劳动使用型技术创新

从图 3－17 可以看出，企业优化选择点从 E_0 移到 E_1，不过这次是劳动所占的比重增加，资本所占的比重减少，因此劳动使用型技术创新也被称作资本节约型技术创新。

3. 中性型技术创新

在中性型技术创新中，技术创新的结果是资本和劳动的边际产量的变化相同。虽然资本边际产量与劳动边际产量之比仍保持其价格之比，但是由于边际产量的数值已经提高了，要维持原有的产量，投入的资本和劳动的数量都要减少，且减少的比例相同，使各自在总投入中的比例保持不变。如图 3－18 所示，选择点从 E_0 移到 E_1，这种形式的技术创新也被称作是中性型技术创新。

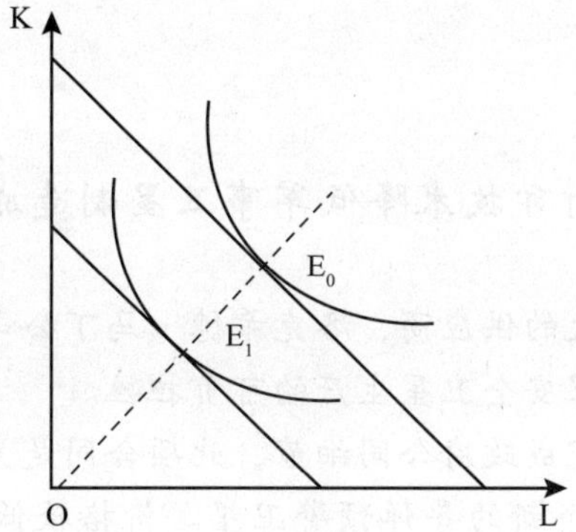

图3－18 中性型技术创新

3.4.3 技术创新的测算

技术创新是现代经济中的一个重要特征，它能够使企业生产水平得到提升，尤其是在技术创新不断加快发展的今天，技术创新对现代企业发展越来越重要。如果只用静态分析的生产函数来预测估计未来的生产水平就已经有些不大适宜了，这就需要新的方法来测定技术创新在实际生产中的影响，以此来帮助企业做出正确的决策。

为了测定技术创新，可将技术因子 A(t) 作为时间的函数列入生产函数，仍以 K 和 L 两种可变投入要素为例，则生产函数为 $Q = A(t)f(L, K)$，对上式两边取对数得：

$$\ln(Q) = \ln A(t) + \ln f(L, K)$$

两边求微分得：

$$\frac{dQ}{Q} = \frac{d[A(t)]}{A(t)} + \frac{df(L, K)}{f(L, K)}$$

其中：

$$\frac{df(L, K)}{f(L, K)} = \frac{A(t)df(L, K)}{A(t)f(L, K)} = \frac{1}{Q} \cdot \frac{\partial Q}{\partial L}dL + \frac{1}{Q} \cdot \frac{\partial Q}{\partial K}dK$$

我们知道劳动和资本的产出弹性：

$$E_L = \frac{\partial Q}{\partial L} \cdot \frac{L}{Q}; \quad E_K = \frac{\partial Q}{\partial K} \cdot \frac{K}{Q}$$

则可得

$$\frac{dQ}{Q}=\frac{d[A(t)]}{A(t)}+E_L\frac{dL}{L}+E_K\frac{dK}{K}$$

$$\frac{d[A(t)]}{A(t)}=\frac{dQ}{Q}-E_L\frac{dL}{L}-E_K\frac{dK}{K}$$

由以上公式可知，在整个经济增长中，在除去劳动和资本两要素的增长率对经济增长率的影响以外，还有技术创新的影响。因此，利用上述公式就可以简单地对企业的技术创新水平进行粗略的测定。

管理案例

3D打印技术降低军事卫星制造成本①

作为美国国防部最大的供应商，洛克希德·马丁公司正在利用3D打印和3D寻路模拟技术，提高国家安全卫星生产的可负担性。

该公司预计将最终完成政府合同细节，此项合同是关于以低于国防部最初估计40%的价格，购买两个新的导弹预警卫星。价格较低的原因在于采用新的增材制造方法。

洛马公司副总裁和军事空间业务的总经理马克·瓦莱里奥称，洛马公司正艰难地推进低成本的保持，因此，即使美国政府宣布大幅削减军事开支，其仍然可以维持盈利水平。

多数军事卫星的制造成本超过10亿美元，因为它很难实现大量的规模经济。洛马公司执行官预计，增材制造，或3D打印可以帮助降低成本，减少制造周期，并减少材料浪费。60%的卫星依赖外部供应商来完成，洛马公司称，其工程师正在评估哪些卫星组件可在公司内部采用3D打印技术来完成。

洛马公司正在使用3D打印技术制造钛卫星零件。在制造过程中，钛被加热，然后通过层层堆积创建出几乎任何形状。当某一产品采用增材制造打印时，材料浪费是最小的，制造周期也大幅减少。洛马公司目前正在使用这项工艺打印卫星零件，并计划继续将此项工艺扩展到未来复杂零件的制造中，甚至是整个卫星。这种轻型卫星将允许政府加装更多传感器，或者用更小、更便宜的火箭来发射卫星。

截至目前，3D打印零件已经用在洛马公司于2011年发射的星际“朱诺”飞机和其翻新的A2100商用卫星上。瓦莱里奥表示，洛马公司也已经致力于在建造推进式油箱时采用新的制造技术。

除了3D打印，洛马公司也正在使用其“数字挂毯”，一种使用3D寻路模拟技术的数字化环境，在该环境下，设计人员在整个产品寿命周期内可识别提高可

① 资料来源：中新网，http：//www. chinadaily. com. cn/hqgj/jryw/2014－05－20/content_11718245. html。

负担性和运营效率的领域。

2013年，洛马公司与美国空军签署了一份价值22亿美元的独立项目协议，制造两个军事通信卫星，比最初估计的少了10亿美元。2014年，洛马公司与美空军签署了第5颗、第6颗天基红外系统（SBIRS）导弹预警卫星合同，合同最终将在7月初完成。

利特表示，“从3D虚拟寻路模拟到3D打印，我们正在使用创新数字技术为我们的客户简化制造工艺，减少制造周期，降低成本。在此行业中，我们不得不继续向新技术前进，以维持可负担性、高效率和可靠性。”

第4章 成本决策分析

I. M. 克拉克："如果一班学生能在经济学课程中真正理解成本以及成本的所有的各个方面，那么，这门课程便算取得了真正的成功。"

斯蒂格利茨："虽然理性地选择涉及对成本和效益的仔细权衡，经济学家却总是用更多的时间来研究成本而非效益，这在很大程度上是因为个人和厂商往往把每种可能供选择的效益看得比较清楚，而往往在成本的估算上犯错误。"

管理案例

"携程模式"遭遇成本危机[①]

营收增速滞后于成本增长，携程2011年第四季度净利润同比降低16%，业绩显示携程2011年第四季度净利润为2.53亿元，同比下滑16%。分析认为，目前的携程模式是造成其遭遇成本危机的短板，因此要扭转净利润下滑的局面，转型或是其出路。

成本猛增吞噬携程净利，成本费用的上升是造成携程净利润下滑的主要原因。在2011年第四季度营收的增速只有18%的前提下，携程的产品开发费用高达1.73亿元，同比剧增43%；而销售与市场营销费用高达1.85亿元，同比增长45%；管理费用则高达1.13亿元，同比增长46%。携程解释说，产品开发费用增长的主要原因是产品与业务开发人员及股权报酬费用的增加；销售与市场营销费用增长的主要原因为营销相关活动的增加和人员增加；管理费用增长的主要原因则是管理人员费用及股权报酬费用的增加。与此同时，2011年第四季度携程来自宾馆预订的营业收入为4亿元，同比增幅仅11%；机票预订营业收入3.78亿元，同比增幅只有18%。营收增速大大滞后于成本的增长，造成了携程第四季度的营业利润只有2.31亿元，同比下降21%，环比下降24%。

出路：成本高"携程模式"需转型。携程当初的"发家"模式是建立呼叫中心，使用人工接听电话并确认订单。"这种模式的成本非常高，因为一张机票的利润也就是'3+X'的佣金，而一间酒店客房也是几十元钱的佣金，"分析人

---

① 资料来源：《"携程模式"遭遇成本危机》，网易，http：//news.163.com/12/0222/04/7QRDL07N00014AED.html。

士指出，“但现在人工成本越来越高，携程呼叫中心占用了太高的人工成本，加上往来的电话费用，平均每订出去一张机票或一间客房，携程的分摊成本要远远高于纯网络预订模式的互联网巨头。”

打个比方说，如果纯粹通过互联网预订机票并在网上支付，一张机票的分摊成本可能只有1元钱，而携程就需要用10元乃至20元才行，这就是目前携程模式所遭遇的成本危机。而纯粹网络预订的互联网巨头，在进入在线旅游市场时，成本本来就比携程要低得多，这样，价格上也必然会有优势，一些网商可以让出机票‘3+X’及酒店的佣金给消费者，这样一张机票或一间客房就可以比携程的价格要低一些了。在没有核心产品的在线旅游行业，价格就是唯一的话语权，携程所面临的竞争就可想而知了。携程又不能降价与那些网络平台拼抢市场，因为它的成本高，打价格战必然会是死路一条。携程想要扭转净利润下滑的局面，是需要全面转型的时候了。

4.1 企业管理中的成本概念

从最基本的形式上看成本是指在经济活动中进行要素资源的交换或转换时所付出的代价。成本是企业管理决策中非常重要的概念，只有真正理解成本及相关概念，才能对管理经济学有深入理解。从不同角度出发，成本有着不同的内涵，本节着重介绍成本的基本概念。

4.1.1 会计成本和机会成本

1. 会计成本

会计成本又称历史成本，是指企业在日常生产经营活动中所发生的所有成本。会计人员从财务核算的角度把与企业已经发生的一切生产经营活动相关的实际支付、费用和损失等计入成本，以客观公正的态度反映企业的经营成果和财务水平。从会计成本的内涵看，一般涵盖三种类型：

（1）费用：当期产生收益的消耗和支出；

（2）资产：当期末产生收益，但以后会产生收益的消耗和支出；

（3）损失：未产生收入的已经消耗了的支出。

2. 机会成本

（1）机会成本的含义。机会成本表示当企业的一种资源被用于次优使用选择时的收益。当一资源投入某一用途以后就失去了作其他用途的可能性，在其他诸多选择用途中的最佳收益，就是此资源投入该用途的机会成本。机会成本的产生主要是由于资源的稀缺性和多用途性。假设某种资源有n种使用方案，各种方案下的收益分别为：R_1，R_2，…，R_n。则该资源用于第 i 种用途的机会成本为：

$$机会成本 = \max\{R_1, R_2, \cdots, R_{i-1}, R_{i+1}, \cdots, R_n\}$$

例如，有 20 万元闲置资金，如果用于定期储蓄，一年可获利息 8000 元；如果用于购买债券，一年可获利息 10000 元；如果用于直接投资，一年可获利润 12000 元。假设只有这三种用途，那么，用于储蓄的机会成本：12000 元；用于购买债券的机会成本：12000 元；用于直接投资的机会成本：10000 元。

（2）计算实例。

实例 1：甲用自己的闲置资金 1000 元开办工厂（如果这笔钱买理财产品，可获收益 100 元）。乙则从银行借 1000 元开办同样的工厂，每年需要支付利息 100 元。

实例 2：甲企业每年需要耗用钢材 100 吨，用的是自身库存材料，当时价格 100 元/吨。乙企业每年也需要耗用钢材 100 吨，需要现购材料，现在市价为 120 元/吨。

实例 3：有两个方案：

方案Ⅰ：甲机器原来闲置，现在用来生产 B 产品，所花费的人工、材料等费用按现行市价共计为 1000 元，提取折旧费 200 元（与机器期初、期末残值的差额相等）。

方案Ⅱ：乙机器原来生产 A 产品，利润为 200 元。若现在改为生产 B 产品，所花的人工、材料等费用按现行市价共计为 1000 元，提取折旧费 200 元（乙机器期初、期末残值的差额为 400 元）。

计算方案Ⅰ和方案Ⅱ的会计成本和机会成本。

4.1.2 显性成本与隐性成本

1. 显性成本

显性成本是指企业向给其供给产品和服务的一方支付现金的成本，是账面上用于购买或租用生产要素的实际支出。它是偿付资金的实际现金流量。如支付的原材料费用、工资费用等。在形式上显性成本表示企业必须按照合同或某种契约进行的支付。上面讲的会计成本就是显性成本。

2. 隐性成本

隐性成本是指企业损失使用自身资源（不包括现金）使用机会的成本。表示企业自身拥有的资源，在实际经营过程中已经投入，但在形式上没有按合同支付对应的报酬。这种以自己资源的投入，在形式上看没有列入会计账户，不表示为显性成本，但它为隐性成本，相当于自身要素资源的机会成本，应当被看作是实际生产成本的一部分。在企业进行经营决策计算经济成本时，显性成本和隐性成本都应加以考虑。

思考：假设A企业和B企业是生产相同产品并在各方面都类似的企业，只在一处有所不同：A企业的所有者租用了生产厂房；B企业继承了厂房，因此不存在租金。哪个企业的生产成本更高？

管理案例

开放机关食堂可成为“双赢”选择[①]

12日中午11时30分，江苏省泗阳县政府食堂准时开饭，来自史集街道的王维奇、陈业瑞、刘传航3名农民工各自端着盘子，跟县里的机关干部们一起排队打饭，然后与干部们坐在一起用餐。这个机关食堂价格实惠，午餐9元就能吃饱吃好，而且对社会无门槛开放，大大方便了附近的民工和居民。

机关食堂为公众所关注不外乎是菜好价低，乃公务员优厚福利的一部分，另外场地免费提供，还对食堂的运营给予相应补贴，并且经营无须承担税费。显而易见，机关食堂的隐性成本是很高的，比如同样的食堂设施，同样的从业职工，原本可以为1000人提供饭菜，却只为几百机关职工服务，有限的供给，事实上还造成了公共资源的闲置与浪费。

机关食堂的供求模式有违市场客观规律，形成畸形的供求关系与盈利特点。机关食堂向社会开放，对经营而言，最本质的意义是走向市场，可以通过大幅度服务供给来摊薄成本，提升效益。此外，机关食堂打开大门，向普通市民开放，被很多人视为亲民的举动。相对于社会餐饮服务，机关食堂的饭菜更便宜，消费者得到了更大的实惠。

机关食堂对外开放可以成为“双赢”的选择，既有利于减轻机关自办食堂的负担，又能把现有的设施、设备无偿提供给社会，让更多的社会群体获益，促进公共资源利用的最大化。因此，机关食堂对社会开放也需要因地制宜，不能简单当成民生的噱头，靠财政补贴来迎合社会，否则就会形成新的不公平。机关食堂对外开放，既要保证干部与群众消费的平等，同时也不能加大财政负担。

4.1.3　增量成本与沉没成本

1. 增量成本

增量成本是指在企业经营过程中随着管理决策变动而变动的成本，即随着某项决策变化而带来的总成本的变化。例如，A汽车制造厂，原来汽车发动机是完全从外面采购，但由于采购产品质量不稳定，现准备自己生产发动机。如果自身

① 资料来源：《燕赵晚报：开放机关食堂可成为“双赢”选择》，人民网，http：//opinion. people. com. cn/nl/2016/1214/c1003 –28948773. html。

能够生产发动机，能够节省在外采购的大笔费用，但需要自己投入相应的人、财、物等资源，这增加了对应投入要素的生产成本，同时为发动机的生产，占用了大量投入要素，这就被迫放弃这些要素的其他使用机会，此时需要考虑机会成本。所以由建立发动机厂而变动的总成本是对应决策的增量成本。

2. 沉没成本

沉没成本是指由于企业过去的经营决策而产生的，无法由现在或将来的决策所能改变的成本。例如，A企业两年前购置了一台机器，原价20000元，累计折旧12000元，账面价值8000元。由于技术发展，该机器已经不能满足生产的要求，准备淘汰。在此情况下，该机器的账面价值8000元属于沉没成本。

由于沉没成本一旦耗用就无法收回或得到补偿，它与目前所要进行的决策没有影响。因而，在分析、评价和选择最佳方案过程中无须考虑。

管理案例

覆水难收与沉没成本

在你的生活中或许有时有人会对你说“覆水难收”，或者“过去的事让它过去吧！”这些谚语含有理性决策的深刻真理。经济学家说，当成本已经发生而且无法收回时，这种成本是沉没成本。一旦成本沉没了，它就不再是机会成本了。因为对沉没成本无所作为，当你作出包括经营战略在内的各种社会生活决策时可以不考虑沉没成本。

我们对企业停止营业决策的分析，是沉没成本无关性的一个例子。我们假设，企业不能通过暂时停产来收回它的固定成本。因此，在短期企业的固定成本是沉没成本，而且，企业在决定生产多少时可以放心地不考虑这些成本。企业的短期供给曲线是在平均可变成本曲线以上的边际成本曲线的那一部分，而且，固定成本的大小对供给决策无关紧要。

沉没成本的无关性解释了企业是如何决策的。例如，在20世纪80年代初，许多大的航空公司大量亏损。美洲航空公司1992年报告的亏损为4.75亿美元，三角航空公司亏损5.65亿美元，而美国航空公司亏损6.01亿美元。但是，尽管有亏损，这些航空公司继续出售机票并运送乘客。乍一看，这种决策似乎让人惊讶：如果航空公司飞机飞行要亏损，为什么航空公司的老板不干脆停止他们的经营呢？

为了理解这种行为，我们必须认识到，航空公司的许多成本在短期是沉没成本。如果一个航空公司买了一架飞机而且不能转卖，那么，飞机的成本就沉没了。飞行的机会成本只包括燃料的成本和机务人员的工资。只要飞行的总收益大于这些可变成本，航空公司就应该继续经营。而且，事实上它们也是这样做的。

沉没成本的无关性对个人决策也是重要的，假如你花了50元钱看电影，结果去了之后发现电影很烂，完全没必要看，这个时候你会做什么选择？有的人选择不看了，那么他的沉没成本就是 50 元，还有的人想着都花费了 50 元了，还是看看吧！于是又继续追加时间成本，有种不撞南墙不回头的勇劲，于是他的沉没成本就又多了追加的时间成本。

储粮沉没成本：600 万吨临储菜籽油积压 4 年 3 倍于市场价①

自 2009 年开始临储的菜籽油如今大量积压在库。由于高库存和财政负担因素，2015 年国家取消了对油菜籽的临时收储政策，但问题的解决并不乐观。

虽然取消了临储政策，但是 600 多万吨临储菜籽油积压着巨额“沉没成本”不可小觑。中储粮有关人士向记者算了一笔“存储账”。

以数量较多的 2010 年临储油为例，当年收储成本为每吨菜籽油 8992 元，年均利息按照 4.85% 计算，利息是 436 元，加上 240 元的保管费，每吨每年仅储存成本就增加了 676 元。2010~2015 年，储存 5 年这批临储菜籽油的成本已经增加了 4056 元，变成 13048 元。中储粮湖北分公司仓储处一负责人介绍，2010 年的临储菜籽油，是财政部核定结算收储成本最低的一年，从 2011 年开始，财政部核定结算收储成本每吨超过 10000 元，2012 年最高达到每吨 11783 元，2013 年和 2014 年也都在 11000 元之上。

如果按每吨每年增加 676 元，那么 2012 年的临储油到现在累计成本已经达到 14487 元，而目前进口菜籽油到岸完税每吨 5000 多元，几乎 3 倍于市场价。

临储菜籽油的成本价与市场价严重背离，造成了顺价销售成为“不可能的任务”。为什么还会出现如此纠结的死局？不少基层粮食干部及中储粮有关人士表示，这其中包含两笔账：明账和暗账。

明账，看起来不亏，实际上在亏。业内人士表示，每吨临储油存储 1 年多花 600 多元，是实实在在花出去的财政资金。按照临储 640 万吨菜籽油计算，每年存储成本就是 400 多亿元，不能实现正常流通，多花就相当于亏损；暗账，如果随行就市拍卖，卖价低于收储成本价，财政资金确实亏损，但同时也及时减少了亏损。

4.1.4 变动成本与固定成本

1. 变动成本

变动成本是指企业在生产经营过程中对可变投入要素的支出，其随着产量的变化而变化。比如直接材料、人工以及制造费用中随业务量成比例变动的物料采购费、燃料费及按销售量支付的报酬、装运费和包装费等，都属于变动成本。在一定

① 资料来源：《政策粮出库难怪圈：600 万吨临储油积压多年，已 3 倍于市场价》，中国经济网，http://www.ce.cn/xwzx/gnsz/gdxw/201601/15/t20160115_8295602.shtml。

时期内它们的总额随着产量的变动而成正比例变动，但单位产品的花费保持不变。

2. 固定成本

固定成本是指在企业生产过程中的一定时期和一定产量范围内，总额不受产量变动影响而能保持不变的成本。在短期中一些投入要素是固定的。无论产量多少，这些要素都必须被支付，这种固定要素的支出叫做固定成本。比如租用一台机器，月租金为500元。这500元的月租金是不随机器生产的产量的变化而变化，即使企业关闭1个月不使用它，企业仍需缴纳租金。

4.1.5 边际成本

1. 边际成本

边际成本（marginal cost，MC）是指在企业的任何产量水平上，增加一单位产品所需要增加的人工、原材料和燃料等变动成本，表示为每当增加一个单位产量时，总成本增加多少。成本函数表示成本与产量关联关系的函数，数学表达式为：$TC = f(Q)$。则边际成本的数学表达式为：

$$MC = f(Q+1) - f(Q)$$

或

$$MC = \frac{\Delta TC}{\Delta Q} = \frac{d}{dQ}(TC) = \frac{d}{dQ}(f(Q)+b)$$

2. 边际成本递减规律

边际成本递减规律是指在企业生产过程中随着产品产量的增加，企业所增加的生产成本将越来越小。边际成本递减是几乎所有生产企业的一般规律。但是对于一般产品而言，其成本递减的范围是有限的，即当超过一定的数量时，企业每生产一单位产品的边际成本将出现上升状态。例如，当生产100单位的A产品时，需要花费的总成本为5000元，单位产品的成本为50元。当生产第101个产品时，总成本为5040元，则此时增加一单位产品的成本为40元，即边际成本为40元。当企业实际产量未达到一定数量时，边际成本随产品产量的增加而递减；当企业产量超过一定数量时，产品的边际成本随产量的增加而递增，这是由于当产量超过一定数量时，企业总的固定成本将会递增。

4.1.6 管理决策中的利润

企业的经济利润是指在经营过程中获得的总收益超过总经济成本的差值。此处的经济成本是指企业使用自身资源总的机会成本。一般企业有两类资源可以使用：一类是从企业外部可获得的要素资源，比如工人可提供的劳动，原材料供应商可提供的原材料，设备供应商可租赁的设备；另一类是企业自身所拥有的要素资源，比如企业所有者提供的劳动、资本，以及企业自身所拥有的土地、办公室和其他资本。企业在使用这两类要素资源的时候都会产生机会成本，一般衡量机会成本依据两种情况：一种是为获取外部资源而向外部资源的拥有者所支出的货币支出；另一种是为了使用自身内部资源而放弃的货币补偿。

显性成本和隐性成本都是测度企业为使用要素资源所需付出的机会成本。在计算经济利润的过程中，需要从总收益中扣除这两种机会成本。

经济利润 = 总收益 - 总经济成本 = 总收益 - 显性成本 - 隐性成本

会计利润与经济利润的区别在于企业会计利润不把所使用要素资源的隐性成本从总收益中扣除：

会计利润 = 总收益 - 显性成本

所以经济利润比会计利润在数量的差额等于企业的隐性成本的数额：

经济利润 = 会计利润 - 显性成本

在企业实际生产过程中，在账面上尽管被要求忽略绝大部分的隐性成本，然而企业实际所有者必须承担使用要素资源的全部成本。因此衡量企业的实际价值时所依据的标准是企业的经济利润而非会计利润。

在理论研究中，经济学家们经常把使用所有者自身资源的机会成本归类为正常利润。即正常利润表示为隐性地、使用所有者自身所提供的资源而带来的机会成本的另一种表达。与上述总收益减去总成本得出的经济利润相反，正常利润与总收益并无关联。实际上，正常利润是总成本的一部分，在计算企业的经济利润时有一定作用：

经济利润 = 总收益 - 总经济成本 = 总收益 - 显性成本 - 正常利润

上式表明，只要当企业的总收益超过企业的显性成本和企业使用自身资源而支付的成本时，企业才获得正的经济利润。而当企业的总收益恰好等于企业的总经济成本时，企业没有经济利润，企业所有者只获得正常利润。也就是说，这个时候企业所有者刚好获得足够的会计利润，以补偿如果将他们自身的要素资源用于其他用途时可能获得的最佳收益。当总收益不足以弥补总的成本的时候，经济利润为负。此时不能为企业所有者提供足够的会计利润，以补偿企业所有者由于提供自有资源而带来的隐性成本。

4.2 短期成本函数

4.2.1 总成本相关概念

1. 总固定成本

企业的总固定成本（total fixed cost，TFC）是指当产品产量在一定范围内的时候，那些不随产品产量变动而变动的成本之和。并且一旦存在，在相当长的一段时期内，是很难改变与生产要素所关联的那部分成本。其具有两个基本特点：一是在短期内无法避免；二是不随产量的变化而变化，即使企业暂时停产，产量为零，这部分固定成本投入依然发生。

总固定成本主要是指企业经常性的支出费用。它又可以分成两大类：一类是与企业当期产量无关的成本支出，如企业厂房设备的租金，企业财产的保险费用以及债券或抵押品的利息等；另一类总固定成本当期不一定支付，但是最终会支付，因而需要平时加以分摊成本，如正常利润的提取，与时间有关的而不与使用有关的厂房设备的折旧。在短期内企业产量的变化对固定成本没有影响，固定成本曲线是一条水平线。

2. 总变动成本

总变动成本（total variable cost，TVC）是指在正常的生产经营活动中企业对可变要素资源投入的总花费。即：是企业在可变投入要素上支出的全部费用。其随产品产量的变化而变化，当产量增加时，企业的总变动成本也不断增加。如企业的原材料、运费、与使用有关的折旧以及同产量相关的工人工资等。

一般情况下，在企业变动投入开始时，随着变动投入的不断增加，企业的投入能够充分的利用，并且生产效率得到不断提高，所以企业总的变动成本会随着产量的增加而不断增加，但增加的速度会有所放慢。当企业产品产量提高到一定程度后，由于边际实物报酬递减规律发挥作用，企业的生产效率会有所下降。此时随着产量的增加，企业总的变动成本会快速上升。企业总的变动成本随产品变化的曲线如图 4－1 所示。

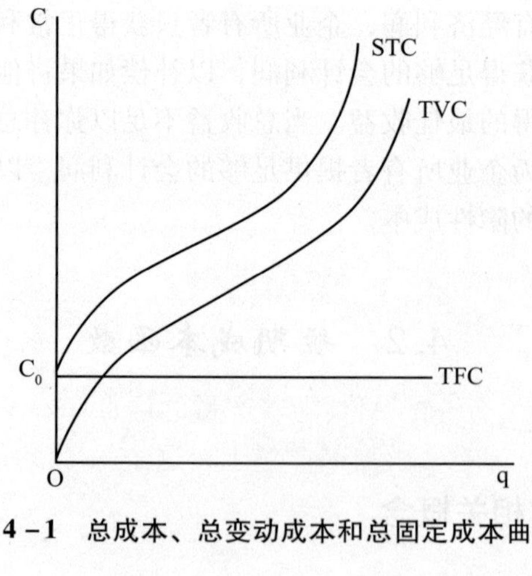

图 4－1　总成本、总变动成本和总固定成本曲线

3. 总成本

总成本（total cost，TC）是指企业正常生产经营活动中，生产某种产品或提供某种服务时所发生的总耗费。即：在一定时期内为生产和销售产品而花费的全部支出，在数值上等于总固定成本与总变动成本之和。

企业总的固定成本是不随产品产量变动而变动的常数，可用 b 来表示，总变动成本是产量 Q 的函数，用 f(Q) 来表示，则表达式为：$TC = f(Q) + b$。

在图 4－1 中，总成本 STC 的曲线是将 TVC 曲线向上平移，平移的距离恰等于企业的总固定成本。

4.2.2　平均成本相关概念

从上面企业的总固定成本、总变动成本、总成本函数概念中可以很容易推导出企业的平均固定成本、平均变动成本、平均成本和边际成本等重要的成本函数（见图 4－2）。

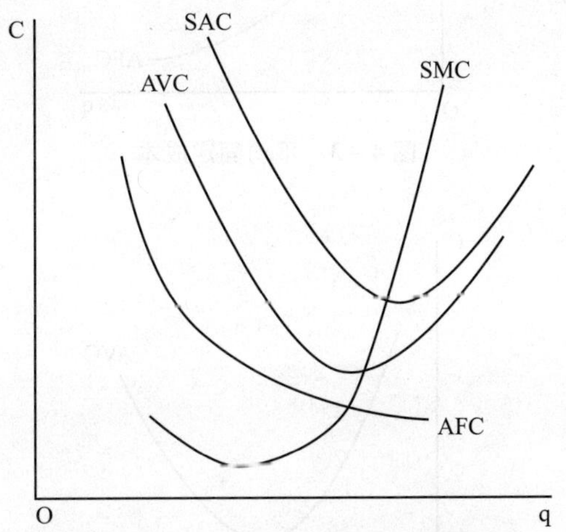

图 4－2　平均成本与边际成本曲线

1. 平均固定成本

企业平均固定成本（average fixed cost，AFC）是指平均到每一单位产品上的固定成本。在数量上等于固定成本除以产量，数学表达式为：$AFC = \frac{TFC}{Q} = \frac{b}{Q}$。

从图 4－3 可以看出企业的 AFC 随着产量的增加而不断下降，这是由于企业总的固定成本分摊到越来越多的产品产量上，这个每个产品分摊的平均数就会越来越小。

2. 平均变动成本

企业的平均变动成本（average variable cost，AVC）是用企业的总变动成本除以产量，表达式：$AVC = \frac{TVC}{Q} = \frac{f(Q)}{Q}$。从图 4－4 可以看出，企业的平均变动成本曲线呈现“U”形。刚开始企业的平均变动成本随着产品产量的不断增加，并随着投入的要素资源使用效率逐渐得到发挥而不断减少。但当企业的生产规模到达一定的程度后，由于边际报酬递减规律的作用规律不断增强，平均变动成本会随企业的产量增加而不断增加。

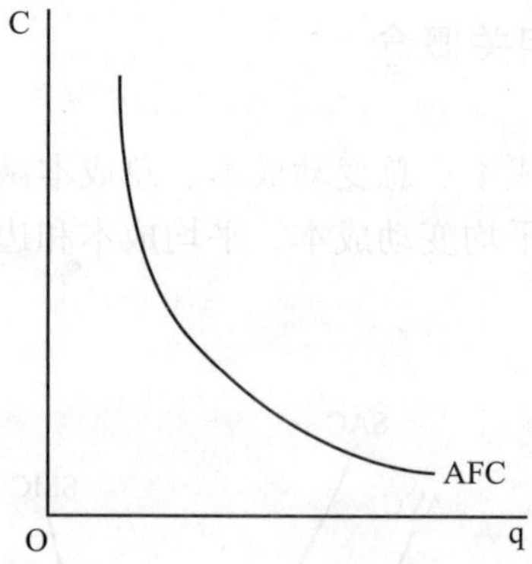

图 4－3　平均固定成本

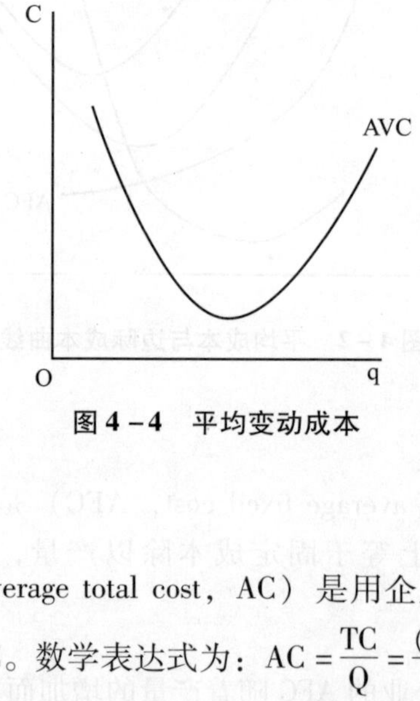

图 4－4　平均变动成本

3. 平均成本

企业的平均成本（average total cost，AC）是用企业总成本除以产量，因此也可称为平均总成本 ATC。数学表达式为：$AC = \frac{TC}{Q} = \frac{(f(Q) + b)}{Q}$。

平均成本在数值上等于平均固定成本和平均变动成本的加总，即：AC = AVC + AFC。当企业的 AVC 曲线达到最低点并趋于上升阶段时，AFC 曲线则处于一直下降状态，当 AFC 曲线的下降过程超过 AVC 的上升状态时，AC 曲线还将趋于下降，只有当 AVC 曲线的上升状态超过 AFC 曲线的下降状态时才会出现 AC 曲线的上升阶段。

企业的平均成本曲线形状一般也呈“U”形，可以从平均成本曲线是企业平均固定成本曲线和平均变动成本曲线加总得出。而且随着企业产品产量的增加，企业的AC曲线和AVC曲线将会不断接近（见图4－5）。

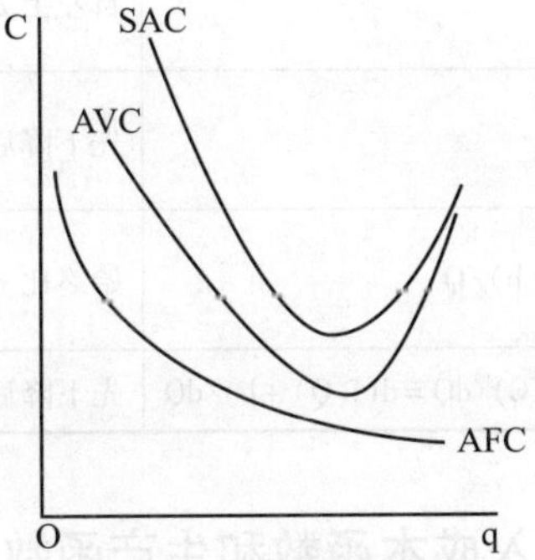

图4－5 短期平均成本

4. 边际成本

边际成本（marginal cost，MC）是指企业每当增加一个单位产品时所增加的总成本。是由于企业产量的增量而引起的总成本的增量。即：$MC=\Delta TC/\Delta Q=d(TC)/dQ=d(f(Q)+b)/dQ$（见图4－6）。

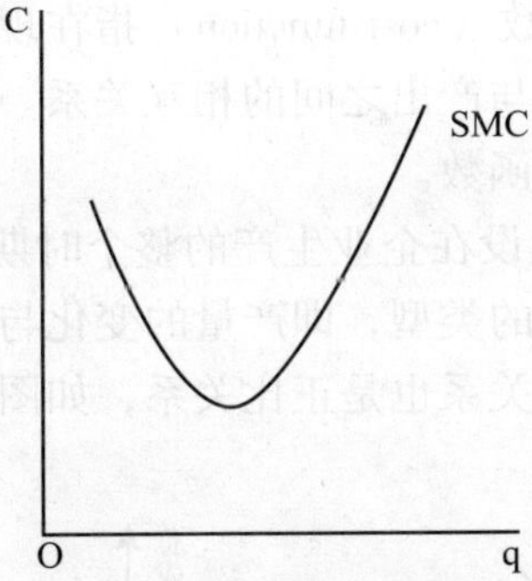

图4－6 短期边际成本

由于企业的固定成本不随产量的变化而变化，所以企业的边际成本不会受固定成本影响。上式表明相应的MC是企业总变动成本曲线TVC切线的斜率。

将以上各种成本归纳如表4－1所示。

表4－1 短期成本曲线特征

成本项目	函数形式	曲线特征
总固定成本	TFC = b	平行于横轴的一条水平线
总变动成本	TVC = f(Q)	先递减增加，后递增增加的一条曲线
总成本	TC = f(Q) + b	始终比TVC高出TFC的一条曲线

续表

成本项目	函数形式	曲线特征
平均固定成本	$AFC=\frac{TFC}{Q}=\frac{b}{Q}$	自左上方向右下方倾斜，为横轴的渐进线
平均变动成本	$AVC=\frac{TVC}{Q}=\frac{f(Q)}{Q}$	先下降后上升，呈“U”形
平均成本	$AC=\frac{TC}{Q}=(f(Q)+b)/Q$	始终比 AVC 高出 AFC 的一条“U”形曲线
边际成本	$MC=\Delta TC/\Delta Q=d(TC)/dQ=d(f(Q)+b)/dQ$	先下降后上升，先后通过 AVC、AC 最低点

4.2.3 一种可变投入成本函数和生产函数

在市场经济中，企业成本与生产产品数量有关，而企业的产量又必须与市场需求量实现均衡。因此，为提高企业资源配置的效果，必须把成本分析、生产分析、供求分析，作为一个整体进行集成管理。

1. 企业产品成本函数

企业的成本函数反映企业产品成本 C 与产量 Q 之间的关系，用数学表达式为：$C=f(Q)$。企业成本函数（cost function）指在现有的技术水平和要素资源价格不变的情况下，企业成本与产出之间的相互关系。这种关系与投入要素的价格相结合，就决定产品的成本函数。

（1）规模收益不变。假设在企业生产的整个时期投入要素的价格不变，又假如生产函数是规模收益不变的类型，即产量的变化与要素投入量的变化成正比关系，则总成本与产量之间的关系也是正比关系，如图 4－7 所示。

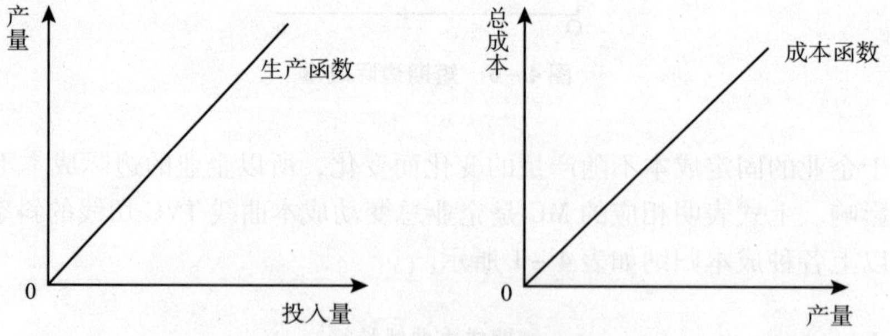

图 4－7 规模报酬不变情形

（2）规模收益递增。假设在企业生产的整个时期投入要素的价格不变，又假如生产函数是规模收益递增的类型，即产量的变化随着要素投入量的增加而增加，则总成本的增加速度随产量的增加而递减，如图 4－8 所示。

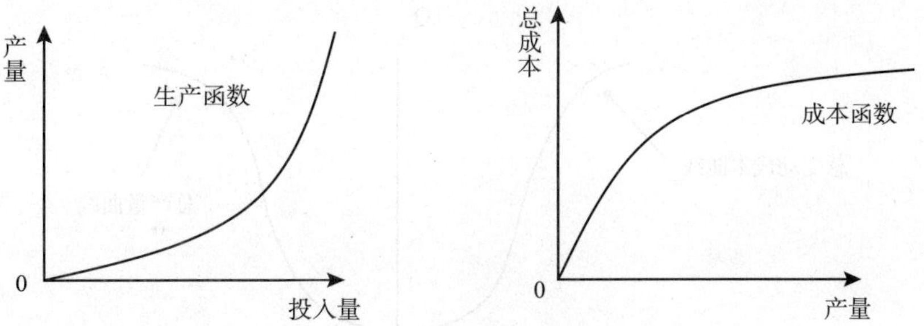

图 4-8 规模报酬递增情形

（3）规模收益递减。假设在企业生产的整个时期投入要素的价格不变，又假如生产函数是规模收益递减的类型，即产量的变化与要素投入量的增加而减少，则总成本的增加速度随产量的增加而增加，如图 4-9 所示。

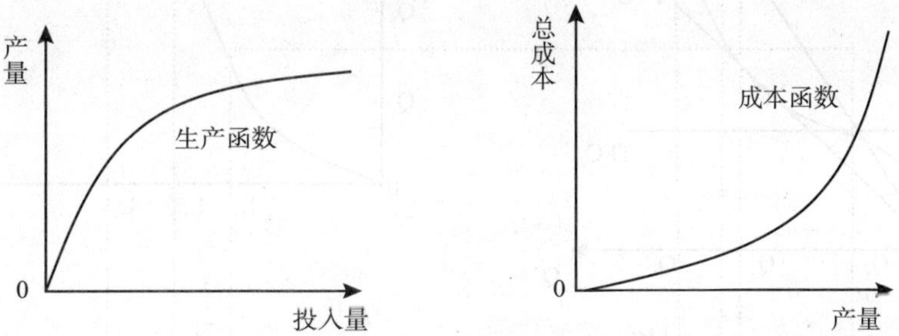

图 4-9 规模报酬递减情形

2. 总成本、总变动成本与总产量

以 L 代表企业的变动投入，以 Q 代表企业的总产量 TP，那么一种可变投入生产函数为 $Q = f(L)$，从上式能够得出变动投入 L 是总产量 Q 的反函数。记作 $L = f^{-1}(Q)$，当变动投入要素的价格是 w，则总变动成本为：$TVC = wL = wf^{-1}(Q)$，若企业总的固定投入是 b，则总成本 $TC = TFC + TVC = b + wf^{-1}(Q)$，这说明总成本、总变动成本都是产量的函数，函数如图 4-10 所示。

3. 平均成本、平均变动成本与平均产量

企业的平均变动成本表示为：$AVC = TVC/Q = wf^{-1}(Q)/Q = w/AP_L$，企业的平均成本表示为：$AC = TC/Q = AVC + AFC = w/AP_L + b/Q$。

从上述公式及图 4-11 可以得出如下结论：AP_L 曲线的上升阶段对应于 AVC 曲线的下降阶段；AP_L 曲线的下降阶段对应于 AVC 曲线的上升阶段；AP_L 曲线的最高点对应于 AVC 曲线的最低点。MP_L 曲线和 AP_L 曲线的交点与 MC 曲线和 AVC 曲线的交点相对应。

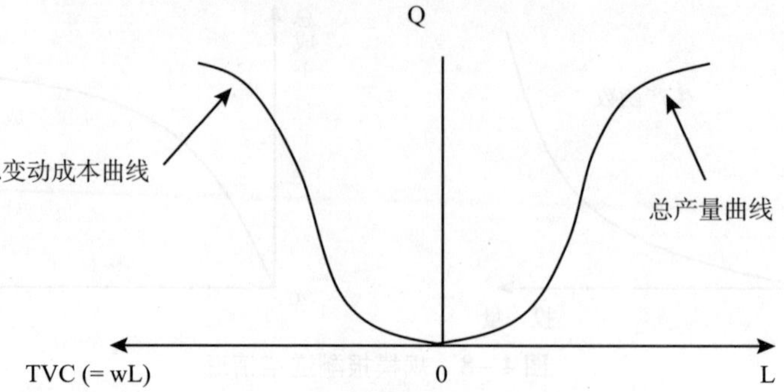

图 4-10　总变动成本、总产量曲线

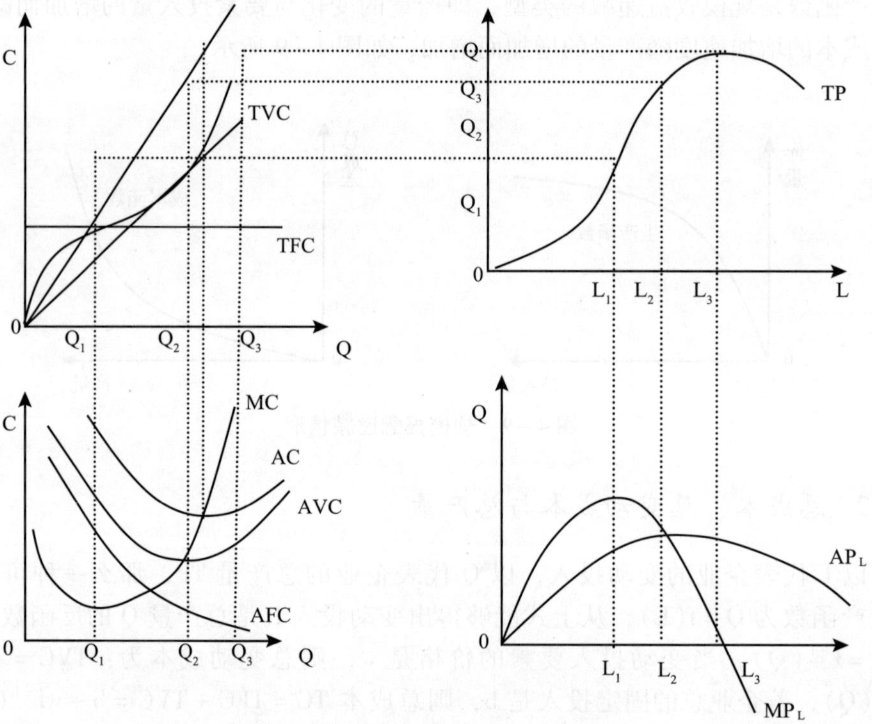

图 4-11　短期成本函数之间的关系

4. 边际成本与边际产量

由于 $MC = d(TVC)/dQ = d(wL)/dQ = wdL/dQ = w/MP_L$，上式表明边际成本与边际产量之间存在反向变动关系。当企业的边际产量曲线达到最高点时，边际成本曲线达到最低点。企业的边际产量曲线与平均产量曲线在平均产量最高点时相交，边际成本曲线与平均变动成本曲线在平均变动成本最低点相交。图 4-11 说明了这一关系。

图 4-11 可以得出如下结论：MP_L 曲线的上升阶段对应于 MC 曲线的下降阶

段；MP_L 曲线的下降阶段对应于 MC 曲线的上升阶段；MP_L 曲线的最高点对应于 MC 曲线的最低点。TP_L 曲线的下凸段对应于 TC 曲线和 TVC 曲线的下凹段；TP_L 曲线的下凹段对应 TC 曲线和 TVC 曲线的下凸段；当 TP_L 曲线存在一个拐点时，TC 曲线和 TVC 曲线也都存在一个拐点。

4.3 长期成本函数

在企业的长期生产经营过程中，各种投入的要素资源都是可变的，因为厂商能够根据产量的需求变化调整全部的生产要素资源的投入量，所有的成本都是可以变动的，不存在固定成本和变动成本之分，长期成本曲线实际上是长期变动成本曲线，企业的长期成本分为长期总成本、长期平均成本以及长期边际成本。

4.3.1 长期总成本函数

1. 长期总成本

长期总成本（Long-run total cost，LTC）是指在厂商规模可以变动的情况下，企业生产各种产量水平时所需要花费的最低成本。长期总成本是指企业在长期生产中在某一产量时所花费的最低短期总成本。长期总成本函数形式为：LTC = LTC(Q)。

2. 根据生产扩展线可以推导长期总成本曲线

企业的长期总成本曲线可以由扩展线图形得到解释。如图 4 - 12（a）中有企业的一条扩展线 ON，扩展线上的 E_1、E_2 和 E_3 点是三个长期生产的均衡点。每一个均衡点都表示企业通过选择最优的生产要素组合所实现的生产每一个既定

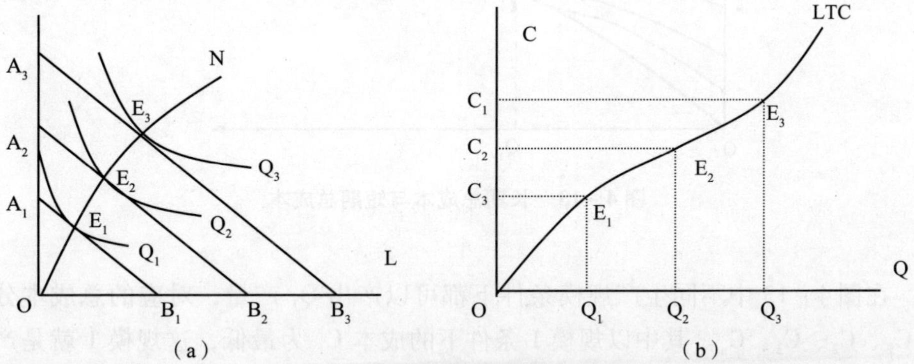

图 4 - 12 长期扩展线和长期成本曲线

产量时的最小总成本。例如，在 E_1 点上，生产 Q_1 单位产量的最小总成本 C_1 由等成本线 A_1B_1 所代表；在 E_2 点上，生产 Q_2 单位产量的最小总成本 C_2 由等成本线 A_2B_2 所代表。在所有可能的产量水平上，重复以上过程可以由扩展线上得到每一个产量水平上的最小总成本。将所有的这些产量和相应的最小总成本的组合绘制在图 4－12（b）中，便得到长期总成本 LTC 曲线。

由上可知，企业的长期总成本 LTC 曲线上的点的产量和成本组合同扩展线上的点的产量和成本组合相对应，均表示企业在长期生产过程中在每一产量水平上的最小总成本。

3. 长期总成本与短期总成本曲线

企业的长期总成本曲线与短期总成本曲线的形状类似，区别在于两条曲线的起点不同：长期总成本曲线是从原点开始，逐渐向右上方延伸，短期总成本曲线因为有既定的固定成本，它不是从原点出发，而是从纵轴的某一点出发的，并且企业的长期总成本曲线是短期总成本曲线的包络曲线。

在图 4－13 中，企业有 n 条短期总成本曲线 STC_1，STC_2，…，STC_n，它们分别代表 1，2，…，n 个不同的生产水平。企业的短期总成本曲线的纵截距代表相应的总固定成本 TFC 的大小，所以由图中短期总成本曲线的纵截距可知，STC_1 曲线代表的总固定成本小于 STC_2 曲线，STC_2 曲线所代表的总固定成本小于 STC_3 曲线，总固定成本的大小一般表示企业的生产规模。所以从图中三条短期总成本曲线所代表的生产规模看，STC_1 曲线最小，STC_3 曲线最大。

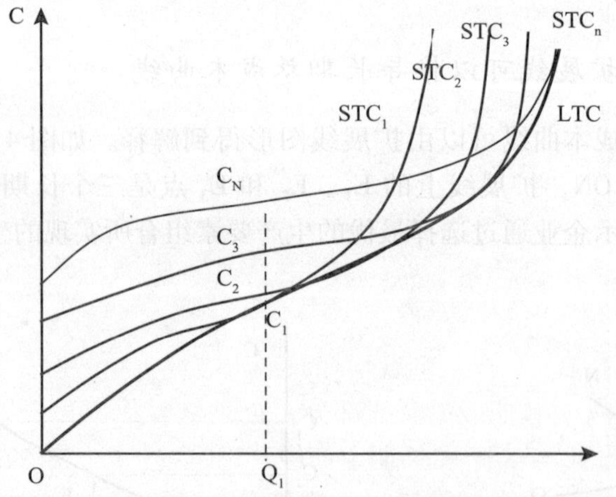

图 4－13　长期总成本与短期总成本

在图 4－13 中不同生产规模条件下都可以产出 Q_1 产量，对应的总成本分别为 C_1、C_2、C_3、C_n。其中以规模 1 条件下的成本 C_1 为最低，这规模 1 就是产量 Q_1 的最优工厂。在其他不同的产量下，都可以找到对应的最优工厂。这样得到的产量与总成本的对应关系点的轨迹就形成长期总成本 LTC 曲线。长期总成本曲线是无数条短期总成本曲线的形成的包络线（envelop curve）。在这条包络线上，在连续变化的每一个产量水平上，都存在着 LTC 曲线和一条 STC 曲线的相切点，只有在切点，短期总成本等于长期总成本，该 STC 曲线所对应的总成本就是生产该产量的最低总成本。

4.3.2 长期平均成本函数

1. 长期平均成本

长期平均成本（long-run average cost，LAC）表示企业在长期生产经营活动中按产量平均计算的最低总成本。长期平均成本函数可以写成：$LAC(Q)=LTC(Q)/Q$。

长期平均成本曲线（LAC）表示如果企业能够自由选择相应的生产规模，那么在各个产量水平上可能的最低平均成本点的轨迹。

2. 长期平均成本曲线与短期平均成本曲线的关系

企业的长期平均成本曲线与短期平均成本曲线的形状类似，但长期平均曲线较为平滑，是由于企业的短期成本受边际报酬递减规律的影响，长期平均成本则受规模报酬规律的制约，两条成本曲线均先以递减通过拐点后递增的。假定企业有三种生产规模：SAC_1、SAC_2 和 SAC_3，它们各自代表了小、中、大三个规模生产的短期平均成本曲线。在长期，厂商可以根据产量要求，选择最优的生产规模进行生产。在图4-14中当产量（需求）小于 OA 时，厂商会选择曲线所代表的小生产规模。因为生产 OA 以下产量时，中等规模生产的成本高于小规模生产的成本，在图4-14中就是 IH 高于 KH。所以，此时最低的成本曲线为 KH。当产量（需求）大于 OA 小于 OB 时，宜选用中等规模 SAC_2 生产，此时最低的成本曲线为 HG。因为产量在 AB 之间时，大规模和小规模生产的成本均高于中等规模生产的成本，在图4-14中，就是 K_1H 高于 HG 和 J_1G 高于 HG。当产量（需求）大于 OB 时，才选用大规模 SAC_3 生产，此时成本最低的成本曲线为 GJ。从长期看，由于随着企业产品产量的变化，生产规模可以选择，所以其平均成本曲线为 KHGJ 线，交点 H、G 以上的线段与长期平均成本无关。

沿着图4-14中 SAC 曲线的实线部分，企业总是可以找到长期内生产某一产量水平的最低平均成本。由于在长期生产经营过程中内可供企业选择的生产规模很多，理论上可以假定生产规模可以无限细分，从而有无数条 SAC 曲线，此时交点以下的长期平均成本曲线也就逐渐接近于一条平滑曲线，于是得到图4-15中的长期平均成本 LAC 曲线，LAC 曲线与短期成本曲线相似，呈现出“U”形的特征。图4-15表示，如果企业估计其产量为 OQ_1，那么它会选择 SAC_1 所代表的企业规模，在该规模下生产成本最低。如果企业生产需求增加到 OQ_2，则 SAC_2 代表的生产规模成本最低，所以从长期看，企业会选择 SAC_2。同理，如果消费者的需求再增加到OQ_3，企业就会选择SAC_3所代表的水平。在所有企业规模中，能使平均成本最低的是与长期平均成本曲线最低点相切的短期成本所代表的规模，这一规模称为最优规模。在图 4－15 中为SAC_4，其产量为OQ_4。

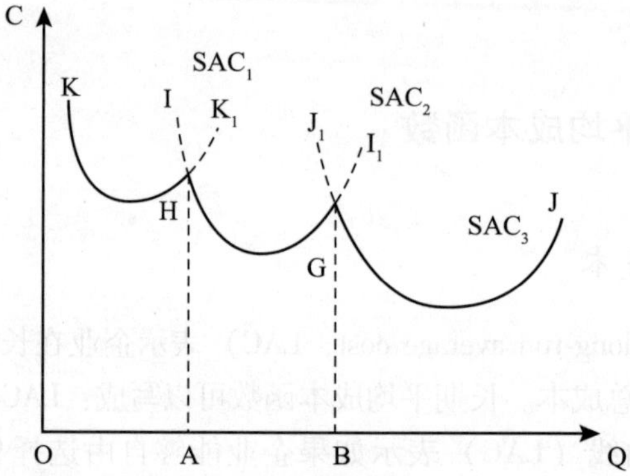

图 4－14　长期平均曲线与短期平均曲线关系

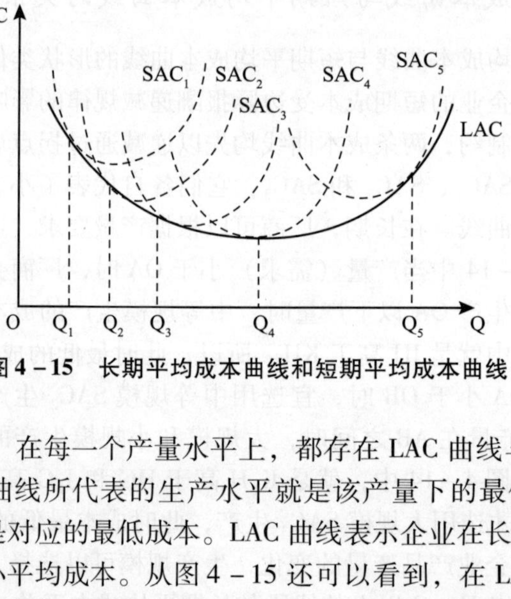

图 4－15　长期平均成本曲线和短期平均成本曲线

在 LAC 曲线上，在每一个产量水平上，都存在 LAC 曲线与一条 SAC 曲线的切点，并且该 SAC 曲线所代表的生产水平就是该产量下的最优生产规模，该切点对应的平均成本是对应的最低成本。LAC 曲线表示企业在长期内在每一产量水平下可以实现的最小平均成本。从图 4－15 还可以看到，在 LAC 曲线的下降段，LAC 曲线相切于所有相应的 SAC 曲线的左边，因此当产量小于OQ_4时，如产量为OQ_2，不应选择SAC_1，而应选择规模稍大的SAC_2；同理，在 LAC 曲线的上升段，LAC 曲线相切于所有相应的 SAC 曲线最低点的右边，当产量大于OQ_4时，企业规模应选择地稍小。只有在 LAC 曲线的最低点上，LAC 曲线才相切于相应的 SAC 曲线的最低点，此时OQ_4才是最优产量。

3. 最优产量

在企业的短期生产经营过程中，只有根据现有规模水平进行生产，并在此规模下确定的平均成本最低的产量，是这一规模下的最优产量。但是在此规模下并不一定就是该产量下的最优工厂（最优工厂是指企业根据确定的产量调整要素资源的投入及其组合比例，建立一个规模适当的工厂，以使得在这一产量下成本最低，这个适当的规模称为最优工厂）。由于规模经济的影响，只有在长期平均成本曲线最低点的产量才是最优工厂生产的最优产量，在未达到长期成本平均曲线最低点以前，规模经济起主导作用。某一规模的最优产量尽管已是在该规模下最低成本，但如果扩大规模，该产量的平均成本还会进一步降低，直到规模调整到该产量下的最优工厂，才达到该产量的最低成本。在长期成本平均成本曲线最低点以后，规模经济不起作用。同样某一规模的最优产量尽管是该规模下对应的最低成本，但如果缩小规模，该产量的平均成本也会进一步降低，直到规模调整到该产量下的最优工厂，才达到该产量下的最低平均成本。因此，只有在长期平均成本曲线的最低点，长期平均成本曲线切于短期成本曲线最低点，此时才是最优工厂下的最优产量。

4.3.3 长期边际成本函数和长期边际成本曲线

1. 长期边际成本函数

长期边际成本（long marginal cost，LMC）是指在企业的长期生产经营活动中，每当增加一单位产品产量所引起的企业总成本的增加量。长期边际成本函数的数学表达式为：$LMC(Q)=\Delta LTC(Q)/\Delta Q$ 或 $LMC(Q)=d(LTC)/dQ$。由上式可知，企业每一个产量水平下的LMC值都对应着相应的LTC曲线的斜率。

2. 长期边际成本曲线

企业的长期边际成本LMC曲线是每一条短期平均成本SAC曲线与长期平均成本LAC曲线切点所对应的产量水平下各条SMC曲线上点的轨迹。LMC曲线总是和SMC曲线相交，其交点的位置必然处在LAC曲线与SAC曲线切点所在的垂直线上，如图4－16所示。

企业的长期边际成本曲线能够由长期总成本LTC曲线得出。因为 $LMC=d(LTC)/dQ$，所以，只要把每一个产量水平上的LTC曲线的斜率值描绘在产量和成本的平面坐标图中，便可得到长期边际成本LMC曲线。此外，长期边际成本LMC曲线也可以由短期边际成本SMC曲线得到。

长期边际成本与短期边际成本之间的关系如下：对应STC曲线和LTC曲线的切点，有公切线，公切线的斜率只有一个，因此对应的SMC和LMC必然相等，两条边际成本曲线相交。在该交点的左侧，因为短期边际成本SMC只受变动成本影响，在产量减少时，成本变动较小，而长期变动成本LMC受到所有成本的影响，在产量减少时，成本变动较大，所以SMC要小于LMC；在该交点右侧，当产量增加时，短期边际成本SMC受变动成本的影响，成本增加较大，而长期边际成本LMC受全部成本的影响，成本增加较小，所以SMC要大于LMC。

将 LAC 与 SAC 的切点的产量线与 SMC 所有交点连接起来便得到一条光滑的长期边际成本 LMC 曲线。

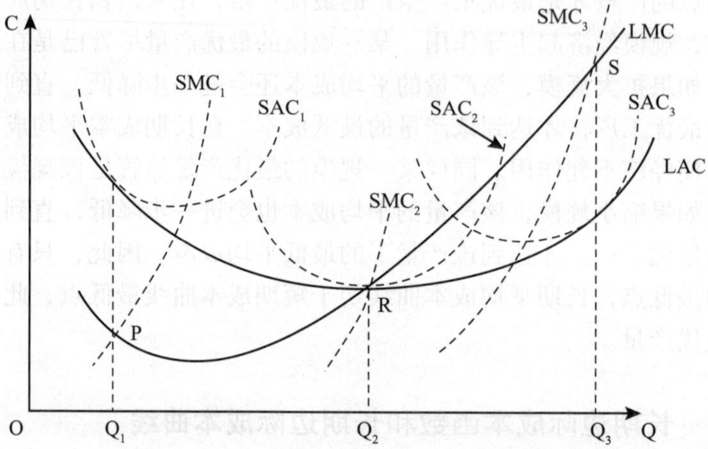

图 4－16　短期边际成本函数与长期边际成本函数

在图 4－16 中，长期边际成本曲线呈现“U”形特征，其与长期平均成本曲线相交于长期平均成本曲线的最低点。是因为当 LAC 曲线处于下降阶段时，LMC 曲线一定处于 LAC 曲线的下方，即 LMC < LAC；相反，当 LAC 曲线处于上升阶段时，LMC 曲线一定位于 LAC 曲线的上方，即 LMC > LAC。从而使 LAC 曲线在规模经济性的作用下呈先降后升的“U”形，并且两条曲线相交于 LAC 曲线的最低点，此时 LAC = LMC = SAC = SMC。

4.3.4　规模经济与长期成本函数

企业的长期平均成本函数曲线的“U”形特征表明，在低产量范围内，长期平均成本逐步下降；在较高产量范围内，长期成本逐步增长。长期平均成本曲线呈现“U”形特征的原因是由企业的长期生产过程中的规模经济和规模不经济导致的。在企业生产扩张的阶段，企业由于扩大生产规模而使经济效益得到提高，处于规模经济阶段。当生产扩张到一定的规模以后，企业继续扩大生产规模，就会出现经济效益下降，处于规模不经济阶段。或者说，企业产量增加而长期平均成本减少为规模经济；相反企业产量增加而长期平均成本增加，为规模不经济。显然，规模经济和规模不经济都是由企业变动自己的企业生产规模所引起的，所以，也被称为内在经济和内在不经济。一般来说，在企业的生产规模由小到大的扩张过程中，会先后出现规模经济和规模不经济。正是由于规模经济和规模不经济的作用，决定了长期平均成本 LAC 表现出先下降后上升的“U”形特征。

1. 规模经济

规模经济的成因主要包括：企业采用专业化分工和协作，采用大型、高效和专用设备，实行标准化和简单化生产，进行大批量采购和销售，以及实行大批量运输和大规模管理等。企业的长期平均成本在较低的产量范围内下降的原因一般归为规模经济。规模经济的层次概括为三种：产品规模经济、工厂规模经济和产业规模经济。

（1）产品规模经济是指企业专业化生产产品的经济性，形成原因与大规模生产一种产品相关。由于实行大批量生产方式，有利于产品生产的分工和专业化，可以提高每个生产者操作效率，从而有利于提高产品质量，降低能耗和原材料消耗等各种物耗，并且能够促进技术进步，取得显著的经济效果。另外，当企业大规模生产一种产品时，常常可观察到学习曲线效应，即生产单位产品所需要的投入要素（如劳动）的数量以及相应的成本会随着企业累积产量的增加而下降。

（2）工厂规模经济是指从设备和工艺过程等角度，特别是由关键设备和关键生产线的规模所带来的经济效益。关键的设备在企业的生产经营过程中更有效率，并且随着企业生产规模的扩大，这些设备能够替代效率较低的通用设备，从而取得良好的经济效益。从间接成本角度分析，企业的间接费用成本包括管理成本和其他间接支出，在规模较大的工厂中，间接费用成本能够被分摊到更高的产量上，从而使得单位平均间接成本下降。

（3）经营规模经济是指由于企业经营规模扩大带来的经济效益。除了与企业产品和工厂有关的规模经济外，还存在着与厂商整体规模有关的其他规模经济，这种经济性一般只有那些大规模、多产品、多工厂的企业才能实现。产生的原因主要有生产优势、管理优势、营销优势、融资优势等。

（4）规模经济的另一个可能来源就是技术革新。由于大厂商可以承担相当规模的研发费用并且大厂商更有能力承担一个多样化的研发组合项目，从而能够降低因某一个（或少数）项目的失误而形成的风险。相反，厂商越小，承担的风险越高，就越不愿意承担大型的研发和创新项目。很多研发创新项目的成本会很高，而只有那些占有该产品相当大市场份额的大厂商才能收回初始的研发创新投资。

2. 规模不经济

企业的长期平均成本在产量较高时上升一般是由于规模不经济造成的。主要原因如下：

（1）由于顾客分散而造成的单个工厂的运输成本。单个生产工厂的规模不经济的主要原因就是运输成本。厂商可能不得不支付更高的工资率或实行高成本的雇用和重新安置工人计划以吸引必要的人员，特别是当工厂位于人口分散地区的时候。

（2）劳动市场中的不完全性，在企业长期生产经营中，可能面临招工困难以及员工流失率高等难题，这无疑增加企业的培训成本，影响企业的正常生产。在长时期内，对企业成本会有较大影响。

（3）经营规模扩大时，管理人员薪金成本的增加。

（4）随着企业经营规模扩大，因决策延误或失误和管理人员积极性减弱或被干扰而产生的损失。

规模不经济有内在和外在之分，企业的规模经济性（即企业的内在经济性）是对一条给定的长期平均成本 LAC 曲线而言的。至于长期平均成本 LAC 曲线的位置的变化原因，则需要用企业的外在经济和外在不经济的概念来解释。企业外在经济是由于厂商的生产活动所依赖的外界环境得到改善而产生的。例如，整个行业的发展，可以使行业内的单个厂商从中受益。相反，如果厂商的生产活动所依赖的外界环境恶化了，则是企业的外在不经济。例如，整个行业的发展，使得生产要素的价格上升，交通运输紧张，从而给行业内的单个厂商的生产带来困难。外在经济性是由企业以外的因素所引起的，它影响厂商的长期平均成本曲线的位置。在图 4－17 中，企业的外在经济使 LAC_1 曲线向下移至 LAC_2 曲线的位置，相反企业的外在不经济使 LAC_2 曲线向上移至 LAC_1 曲线的位置。

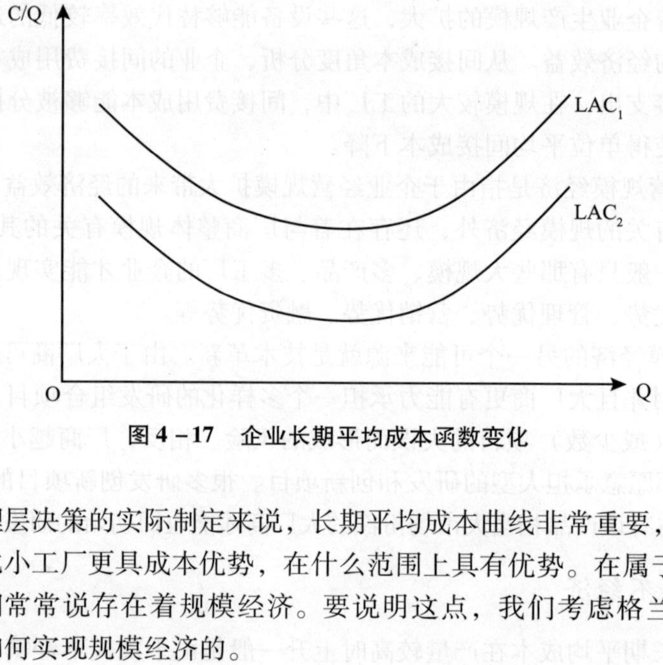

图 4－17　企业长期平均成本函数变化

对于管理层决策的实际制定来说，长期平均成本曲线非常重要，因为它表明大工厂是否比小工厂更具成本优势，在什么范围上具有优势。在属于这种情况的例子中，我们常常说存在着规模经济。要说明这点，我们考虑格兰仕集团的案例，看它是如何实现规模经济的。

管理案例

为什么微波炉就是格兰仕？①

22 年前，微波炉只是奢侈品，不被人认知，使用率几乎为零；而今天，说起微波炉，人们首先会想起格兰仕。据不完全统计，格兰仕从 1993 年试产微波炉 1 万台至今，其微波炉在全球的销量已经突破 3 亿台，其中中国市场销量过

① 资料来源：《为什么微波炉就是格兰仕?》，资料搜索网：http://jd.zol.com.cn/476/4762584.html。

亿。对家电稍微有点认知的人都知道，格兰仕微波炉的发展几乎是中国微波炉的发展史。

虽然消费者了解了微波炉做美食的好处，但这种奢侈品还是让大众消费者望而却步。怎样普及微波炉呢？这是格兰仕遇到的第二个难题，为了将微波炉普及给百姓家庭，规模每上一个台阶，生产成本就下一个台阶，格兰仕把工厂里的极致规模成本效应，毫无保留地转化成了市场上的极致性价比。格兰仕9次大规模的降价之后，一台普通微波炉从四五千元降到了四五百元。微波炉成为现代家庭生活中不可缺少的电器，并慢慢地改变了几千年的明火烹饪习惯。

行业人士分析，格兰仕之所以能以极致的性价比回馈消费者，关键在于格兰仕通过产业升级带动了消费升级，消费升级为行业企业带来了更大的产业规模效应。

格兰仕微波炉没有邀请过什么大牌明星做广告代言，也没有进行任何商业炒作，靠的就是自主研发的强硬技术，与其深度的全产业链配套能力，实现规模经济效应。

任何企业的发展都离不开技术的创新。2014 年初，格兰仕斥资30亿元对生产车间进行了自动化升级。在格兰仕微波炉全新的自动化工厂，可实现1秒生产1台微波炉的最强产能，同时还拥有全球领先的微波炉研发中心和微波美食烹饪实验室。

据车间负责人介绍，一台微波炉从零部件装配到成品下线装箱，所有制造流程都在空中完成，通过数字化制造和自动化配送，实现家电制造从原材料到成品出厂“一箭式”直线型工业布局，新工厂里拥有像这样全球领先的精益自动生产线26条。据格兰仕微波炉总装车间统计，新建工厂的单线人均效率比传统生产线提升了62%，降低了一线员工的劳动强度，提高了生产效率，还避免了以往手工作业可能导致的损耗、刮花、碰撞等问题。

今后10年，随着城镇化的深入推进，中国微波炉市场将迎来新的扩容高峰。格兰仕凭借深厚的技术储备和全球领先的制造水平，势必引领微波炉产业和消费全面升级。

4.4　贡献分析法和盈亏平衡法

本节主要讨论企业成本决策，着重介绍贡献分析法和盈亏平衡点分析法的应用。

4.4.1　贡献分析法

贡献分析法，是指通过计算和比较不同方案的贡献来判断该方案是否可以被接受的方法。贡献等于由决策引起的增量收入减去由决策引起的增量成本，即等于由决策引起的增量利润。有贡献的方案是可以接受的方案，贡献越大的方案越是好的方案。贡献也表示增量利润，等于由决策引起的增量收入减去由决策引起的增量成本，表示为：贡献（增量利润）= 增量收入 - 增量成本。

若计算的方案贡献大于零，则说明这一决策方案能使得企业利润增加，那么该方案是能够接受的。在企业产量决策中，经常用到单位产品贡献这个概念，即增加一个单位产品产量能给企业增加多少利润。如果产品的价格不变，增加单位产量的增量收入就等于价格，增加单位产量的增量成本就等于单位变动成本，所以，单位产品贡献就等于价格减去单位变动成本。

单位产品贡献 = 价格 - 单位变动成本

由于价格是由变动成本、固定成本和利润三部分组成的，所以贡献等于固定成本加利润，也就是说企业得到的贡献，首先要用来补偿固定成本的支出，剩下部分就是企业的利润。当企业不盈不亏时，贡献与固定成本的值相等。

贡献分析是企业进行短期决策的根据，但不能忽视利润的重要性，利润是企业长期决策的根据。在亏损的情况下，如果企业接受订货，即使有贡献，也只是暂时的。企业如果长期亏损得不到扭转，最终是要面临破产的结局。

在企业的生产经营决策中，贡献分析法的作用十分重要，下面主要从企业订单选择、零件自制或外购以及企业转产等应用角度进行分析。

1. 企业订单选择

如果厂家面临一笔订单，但是订单产品的价格低于单位产品的全部成本，那么对这种订货，企业要不要接受？在企业生产决策中，存在几种情况，即使所接受的订单的价格低于全部成本，也会增加企业的利润，这些条件是：企业生产能力强，并且有剩余的生产能力；企业新的订单不会影响目前产品的正常销售，比如国外的订货，不影响产品现在在国内的销售；订货价格即使低于产品的全部成本，但是高于产品的单位变动成本。

例：某企业有一台机器，每月生产 A 产品 10000 件，折旧费为每月 100000 元，目前订货量为每月 7000 件。A 产品单位变动生产成本为 90 元/件，售价为 150 元/件。现有一新客户，要求以 120 元/件的价格一次订货 4000 件，有三种方案可供选择：

A 方案：租用外单位设备增加生产，每月付租金 80000 元。

B 方案：委托兄弟厂加工 1000 件，每件支付加工成本 140 元。

C 方案：削减老客户供应量 1000 件，为此给老客户 2% 的价格优惠。

试决策：何种方案最优？

解：A 方案：

相关收入 = 120 × 4000 = 480000（元）

相关成本 = 90 × 4000 + 80000 = 440000（元）

相关收益 = 480000 - 440000 = 40000（元）

B 方案：

相关收入 = 120 × 4000 = 480000（元）

相关成本 = 90 × 3000 + 140 × 1000 = 410000（元）

相关收益 = 480000 − 410000 = 70000（元）

C 方案：

相关收入 = 120 × 3000 = 360000（元）

相关成本 = 90 × 3000 +（150 − 120）× 1000 + 150 × 2% ×（7000 − 1000）= 318000（元）

相关收益 = 360000 − 318000 = 42000（元）

根据上述计算，比较三个方案的相关收益，可以看出 B 方案为最佳方案。

综上所述，如果企业特殊订货的数量在剩余生产能力的范围之内，那么只要判断单位边际贡献是否大于零即可。

2. 产品零件是自制还是外购

在企业的生产过程中，并不是产品的所有部件都是自己生产，那么选择什么样的部件进行自产，什么样的部件进行外购？在企业决策时，通常要比较部件或零件的自制和外购的成本。在作这种决策时，关键是选择好合适的成本。

例：某企业有剩余生产能力可以生产 A 零件，生产 A 零件需要：直接材料 40 元/件，直接人工 20 元/件，变动制造费 10 元/件，单位固定制造费 5 元/件，专属成本 5000 元。A 零件的需求量为 1000 件。若外部市场对 A 零件的供应价为 76 元/件，那么 A 零件宜自制还是外购？

解：自制成本 =（40 + 20 + 10）× 1000 + 5000 = 75000（元）

外购成本 = 76 × 1000 = 76000（元）

所以 A 零件应自制。

本题中，在计算自制成本时，没有计算固定制造费。这是由于生产 A 零件的是剩余生产能力，其固定制造费已有正常生产产品所负担，故属于沉没成本。

在上题中，若剩余生产能力对外服务能获利 7000 元，则：

自制成本 =（40 + 20 + 10）× 1000 + 5000 + 7000 = 82000（元）。这样，A 零件就应外购了。这里的 7000 元，是作为自制 A 零件的机会成本。若就上述各条件设问，当 A 零件需求量为多大时自制合算？则作如下分析：

设需求量为 x 件时自制合算，应有（40 + 20 + 10）x + 5000 + 7000 < 76x。

所以 x > 2000。

即：需求量超过 2000 时，A 零件应自制。

3. 企业亏损的产品要不要停产或转产

如果企业同时生产几种产品，其中有的产品是亏损的，那么亏损的产品要不要停产，或者要不要转产，以及转产是否合算。下面举例说明。

例：某商场经销甲、乙、丙三种产品，资料如下：

产品	甲	乙	丙
销售价格	300	200	100
进货成本	160	150	40
销售数量	100	300	100

固定成本总额为26000元，按销售额的比例分摊，试计算各产品经营效益。

解：编制贡献式损益表如下：

产品	甲	乙	丙
销售收入	30000	60000	10000
变动成本总额	16000	45000	4000
贡献边际	14000	15000	6000
固定成本	7800	15600	2600
税前利润	6200	-600	3400

由上面内容可知，全商场盈利9000元，但乙产品亏损600元。假如乙产品停止经营，则固定成本由甲、丙分摊，不难算出甲、丙产品将合计亏损6000元。因此，乙产品不应停止生产。事实上，乙产品的贡献为5000元，说明它对企业是有贡献的，凡是贡献大于零的亏损是一种虚亏，虚亏产品应继续经营；而贡献小于零的亏损才是实亏，实亏产品应停止经营。

假如有新产品丁能盈利2000元，丁是否可以替代乙呢？这时，仅看到了丁能盈利还不够，这必须了解丁的贡献是否大于乙的贡献，只有达到这一条件才能替代，否则总体效益仍不如前。

4.4.2 盈亏平衡法

盈亏平衡法是用来研究产量、成本和利润三者之间的关系的方法，其核心是寻找盈亏分界点在哪里，即确定能使盈亏平衡的产量是多少。这里，盈亏平衡的产量就是指保本产量，即在这个产量水平上，总收入等于总成本。如果决策的产量超过这个分界点，说明收入大于成本，企业决策有利可图。如果决策的产量小于这个分界点，说明收入小于成本，决策会导致亏本，方案不可取。

1. 盈亏平衡点产销量（或销售额）的确定

前提条件：在分析时期内，产品的售价不变；在分析时期内，各种生产要素的内容及售价不变；全部销售成本均可分为固定成本和变动成本两部分。而且，变动成本均按一定的比例变动，即随着产量的增长，变动成本呈线性增长，这意味着单位变动成本不变。

盈亏分析法的应用主要包括几何图形法和公式法。假定：Q为销售量（或产量），P为单位产品价格，F为总固定成本，V为单位变动成本，π为总利润，C为单位产品成本，R为总收入。

盈亏平衡图（盈亏平衡点的几何确定方法）（见图4-18）。

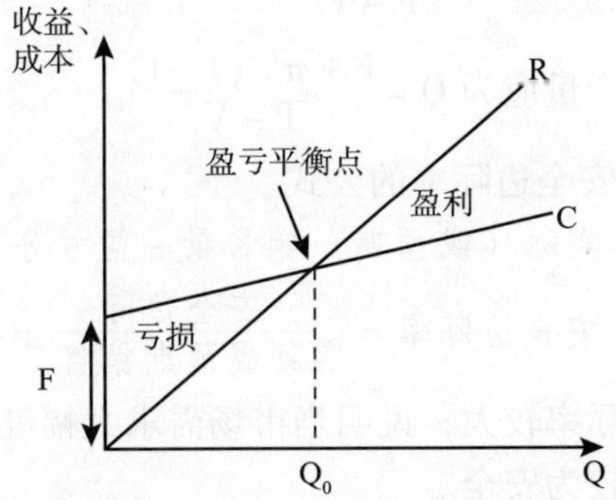

图4-18　盈亏平衡

用几何图形确定盈亏平衡点要经过三个步骤：从原点画一条斜率为P的直线代表R；画一条纵截距为F，斜率为V的直线代表C；确定R和C的交点，找出相应的产量Q_0。

2. 公式法

公式法就是用代数式来表示产量、成本和利润之间的关系，并通过公式运算，得出企业决策需要的各种成本指标。

（1）盈亏平衡点产量：当盈亏平衡时，$PQ = F + VQ$ 即 $Q = \frac{F}{P-V} = \frac{F}{C}$，此时Q为盈亏分界点产量。

（2）保目标利润的产量：由于 $PQ = F + VQ + \pi$ 所以，$Q = \frac{F+\pi}{P-V} = \frac{F+\pi}{C}$即Q为保目标利润π的产量。

（3）总利润的公式：$\pi = PQ - (F + VQ)$。

（4）当因素变动后的盈亏分界点产量的公式。当采用一个新方案时，往往会引起成本利润分析中诸变量的变化，假定固定成本、价格、单位变动成本的变化分别为ΔF、ΔP、ΔV，则这些因素变化后的盈亏分界点产量应为：

$$Q = \frac{F \pm \Delta F}{(P \pm \Delta P) - (V - \Delta V)}$$

（5）求当因素变动后的保目标利润的产量的公式：

$$Q = \frac{(F \pm \Delta F) + (\pi + \Delta\pi)}{(P \pm \Delta P) - (V - \Delta V)}$$

这里，$\Delta\pi$ 是目标利润的产量。

（6）求保税后利润的产量的公式。如果企业要缴所得税，税率为 t，又假定税前利润为 π，税后利润为 π'。

$\pi' = \pi - \pi t = (1-t)\pi$，则 $\pi = \frac{\pi'}{1-t}$。

由于保税前利润的产量为 $Q = \frac{F+\pi}{P-V}$。

所以保税后利润的产量应为 $Q = \frac{F+\pi'/(1-t)}{P-V}$。

（7）求安全边际和安全边际率的公式。

$$安全边际 = 实际（或预期）销售量 - 盈亏分界点销售量$$

$$安全边际率 = \frac{安全边际}{实际或预期销售量}$$

安全边际和安全边际率较大，说明当市场需求大幅度下降时，企业仍有可能免于亏损，故它的经营较为安全。

计算实例：①

长安饮料公司打算在华南地区建厂，有两个方案：

方案一：建大厂，地址选在广西某地，计划生产能力为 300000 箱/月，月固定成本为 2625000 元，变动成本为每箱 32.5 元。

方案二：建三家小厂，地点分别选在广东、广西和海南。生产能力分别为每月：120000 箱、100000 箱和 80000 箱。月固定成本分别为 1200000 元、1100000 元和 950000 元。因各厂主要满足本地需求，运输费用较低，故变动成本为每箱 30 元。

预计华南三地总销售量为 200000 箱，三地之间的分配为：广东 80000 箱、广西 70000 箱和河南 50000 箱。各地的批发价为 50 元/箱。

（1）请分别计算两个方案的盈亏分界点产量。

（2）假定销售量在各地均能达到预期水平，哪个方案利润较大？

（3）如果销售量能达到生产能力水平，哪个方案利润较大？

（1）解：由题意得，

方案一　盈亏分界点产量：

$$Q = F/(P-V) = 2625000/(50-32.5) = 150000 \text{（箱）}$$

方案二　盈亏分界点产量：

$$Q = F/(P-V) = (1200000+1100000+950000)/(50-30) = 162500 \text{（箱）}$$

（2）解：$\pi = P \times Q - (F + V \times Q)$

方案一　利润 $= 50 \times 200000 - (2625000 + 32.5 \times 200000) = 875000$（元）

方案二　利润 $= 50 \times 200000 - (3250000 + 30 \times 200000) = 750000$（元）

---

① 资料来源：吴德庆：《管理经济学（第 5 版）习题解答与题库》，中国人民大学出版社 2010 年版。

所以方案一的利润大于方案二。

（3）解：$\pi = P \cdot Q - (F + V \cdot Q)$

方案一　利润 $= 50 \times 300000 - (2625000 + 32.5 \times 300000) = 2625000$（元）

方案二　利润 $= 50 \times 300000 - (3250000 + 30 \times 300000) = 2750000$（元）

所以方案二的利润大于方案一。

第5章 市场结构与企业经营决策

管理案例

移动、微信谁垄断？①

中国移动通信集团公司副总裁李正茂在2013年夏季达沃斯之“拉中国向消费型国家转变”论坛上表示，大家总是给我们扣“垄断”的帽子，其实国内三大运营商的竞争非常激烈，在校园市场的争夺简直是白热化。移动的市场份额大约是2/3，确实比较高，但这并不意味着我们垄断。现在谁不用微信，微信才是垄断。

对此，北大教授张维迎反驳称，所谓垄断是什么？就是政府以某种行政命令、法律的办法让一部分人做，不让另一部分人做，这叫垄断，而不是市场上有几个企业，如果允许任何人都可以做电信，中国移动是其中一家，你就是竞争的，不是你把别人干掉就是别人把你干掉，所以腾讯不是垄断的，而你是垄断，你们那几家叫混战，不叫竞争。按维基百科的解释，垄断（monopoly），或称卖者垄断的、独卖、独占，一般指唯一的卖者在一个或多个市场，通过一个或多个阶段，面对竞争性的消费者。垄断者在市场上，能够随意调节价格与产量（不能同时调节）。垄断能够借由在法律上独享的特权、对供应来源的控制或是企业间的联手或协力行为来达成。

按这一严格定义，移动算不上是垄断，而更像是“寡头垄断”（又称寡头、寡占）。这是一种由少数卖方（寡头）主导市场的市场状态。英语中这个词来源于希腊语中“很少的卖者”。寡头垄断是同时包含垄断因素和竞争因素而更接近于完全垄断的一种市场结构。它的显著特点是少数几家厂商垄断了某一行业的市场，这些厂商的产量占全行业总产量中很高的比例，从而控制着该行业的产品供给。寡头厂商为保持自身地位而采取的种种排他性措施，以及政府对某些寡头厂商的扶持政策等，也可促进寡头垄断市场的形成。

而从这一意义上来说，微信并没有依靠法律法规、产业政策等的助力，而成

---

① 资料来源：世界经理人，http：//www. ceconline. com/manufacturing/ma/8800068307/249faa7a01/，2013年9月。

为移动社交领域的霸主。单从市场占有率看，目前的微信足以与那些垄断企业的占有率相比，但这是消费者选择的结果，法律并未禁止或限制，或变相限制消费者的选择权。随着网易、电信合作的易信等相似移动社交工具的出现，微信受到的竞争压力会更大。

如果说微信构不成垄断，而移动则是寡头垄断，那为何又会出现三家“混战”的情形？这就需要从经济学中的博弈论中寻找答案。博弈论中的“囚徒困境”演示了博弈的双方或多方由于对对方可能做出决定的资讯不明，为了自己短期利益的最大化而做出决策，但对方遵循同样的策略，反倒使博弈各方利益都受损。三家运营商为了实现自身收益的最大化，都争相通过各种手段招徕顾客，这就形成了囚徒的博弈困境。这种相互间的混战在寡头格局被固定下来的情况下，不会无限制地持续下去。它们会发现，以邻为壑不如“默契合作”。

微信、移动谁垄断？我们没必要通过经济学定义来判断，只要知道一个是完全免费的应用，一个是资费贵过香港，或许就有自己的判断了。

所以，我们应该开始考虑竞争或垄断对资源的最优配置是否有利？是否有利于消费者？垄断竞争与寡头垄断之间竞争的区别又是什么？竞争程度的不同如何影响着企业的决策？这些问题的相关知识在本章中我们将做出解释。

企业外部的市场环境影响企业利润，本章重点分析产品不同的市场结构及其对企业追求利润最大的经营行为的影响。

虽然市场上公司的历史长短、产品技术含量的高低、规模大小各不相同，但是每个公司的管理层都必须面对两个核心的问题：产品的产量和价格。企业的经理们必须清楚市场结构，需先观察价格和成本的情况，然后回答以下三个基本问题：（1）企业应该继续生产还是关门？（2）如果生产，最优产量是多少？（3）最优价格是多少？本章中，我们将研究四种市场结构：完全竞争、完全垄断、垄断竞争、寡头垄断，研究产品定价和产量等经营决策问题，建立决策模型（见表5－1）。

表5－1　　四种市场类型的比较

市场类型	厂商数量	产品差异	对价格控制	市场信息	进入退出	接近行业
完全竞争	非常多	完全一样	接收者	充分	很容易	农产品
垄断竞争	很多	有差别， 高替代	有一些影响	较充分	比较容易	轻工业 零售业
寡头垄断	几家	有差别	影响程度大	不充分	比较困难	汽车制造 石油开采
完全垄断	一家	不可替代	控制者	不充分	不可能	公共事业

资料来源：作者根据文献整理。

5.1 市场结构、竞争与市场力量

5.1.1 市场结构

市场结构（market structure），指同一种商品的市场内部参与者的组织结构以及行为规律。如何测度市场结构？

首先，将产业内所有厂商按规模从大到小排序，假定我们用市场份额衡量规模的大小。

然后，计算：（规模最大厂商的产量 ÷ 行业总产量）所得的份额百分比；（规模前两位厂商的产量之和 ÷ 行业总产量）所得的份额百分比；（规模前三位厂商的产量之和 ÷ 行业总产量）所得的份额百分比；以此类推得到一系列的累计百分比，反映了行业产量集中在少数几个厂商的程度。

最后，计算出一些指数总结出行业结构。主要指数：

行业集中度指数（CR_n）：$CR_n = \sum_{i=1}^{n} X_i$，将市场上存在的公司或厂商按占有市场份额，从大到小的顺序进行排队，以 X_i 代表第 i 个企业在市场上所占的份额。

赫芬达尔－赫希曼指数（HHI）：$HHI = \sum_{i=1}^{N} s_i^2$，行业内有 N 家厂商，$s_i$ 是第 i 个厂商的市场份额占有率。

5.1.2 企业竞争

企业竞争是指两个以上的企业，为了实现各自的目标，利用其内部或外部资源，采用各种可能的策略和手段，在与竞争对手博弈并压倒对方的过程。

行业的竞争格局取决于市场上存在的 6 种竞争力及其相互之间的作用，如图 5－1 所示。

企业之间的竞争可能影响着行业变化，进而影响整个市场的经济变化。例如，当巴西遭遇霜冻时，咖啡作物将受损，导致咖啡豆的供给减少，从而增加咖啡店的原材料价格，直至咖啡消费的减少量等于咖啡减产的数量时，这种价格上升的趋势才会停止。替代产品（如茶）的需求将会上升，激励着茶价的上升和茶供给量的增加，互补产品（如咖啡伴侣）的需求将有所下降。回到开始，其他地区咖啡豆种植户将获得更多收入，可能会投资改善自己的生活，如为自家房子添置家具，从而木材或铝的价格将上升，所以有些农户在决定之前将等等看，而这又会增加银行账户以及保险箱的需求。而这对巴西咖啡豆种植户来说，情况是相反的。这个简单的例子说明即使市场并不完美，它们仍能够传递极其复杂的信息。

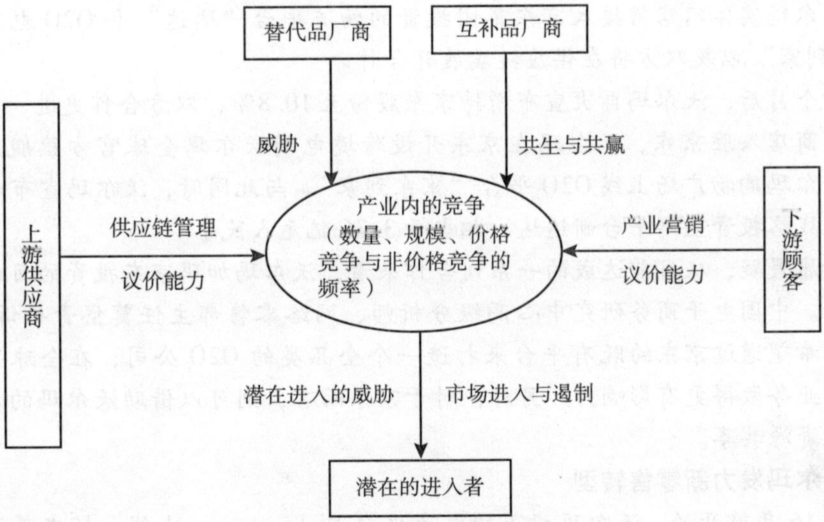

图5-1 企业竞争结构模型

管理案例

沃尔玛半年内三度增持京东，“较劲”亚马逊还是暗渡陈仓？①

继2016年年中牵手联姻后，沃尔玛与京东捆绑愈发紧密，也意味着实体商业与电商巨头的结合已成为零售市场的大势所趋。

京东日前递交的SEC文件显示，美国零售巨头沃尔玛于2016年年末增持了京东股权，持股超过10%，一跃成为仅次于腾讯、刘强东之后的第三大股东。这是继2016年6月双方正式达成合作以来，沃尔玛获得京东约5%的股权、10月增至10.8%左右，京东于半年内第三次获沃尔玛的增持。业内人士表示，沃尔玛的不断增持，不仅仅是单纯的财务投资，而是战略入股，意味着沃尔玛视京东为国内电商布局中关键的一环。

与此同时，一直被沃尔玛视作线上销售最强劲的竞争对手亚马逊，近日公布了2016年第四季度财报，其净利润达7.49亿美元，较2015年同期的4.84亿美元大涨55.4%。据外媒报道，亚马逊的最新市值已经超过了美国八大零售商的总和。

抱团结盟

2016年6月21日，沃尔玛宣布将旗下1号商城主要资产卖给了京东，而作为协议的一部分，沃尔玛将获得京东新发行的1.45亿股A类普通股，约为京东

① 资料来源：新浪财经，http://finance.sina.com.cn/roll/2017-02-07/doc-ifyafenm2928248.shtml，2017年2月。

发行总股本数的5%。除了股权的置换，双方还宣布将达成一系列的战略合作，并覆盖线上线下零售市场，其中包括山姆会员商店将在京东平台上开设官方旗舰店、沃尔玛实体门店将接入京东集团投资的物流平台“达达”和O2O电商平台“京东到家”以及双方将在供应链端展开合作。

四个月后，沃尔玛再次宣布增持京东股份至10.8%，双方合作更进一步：山姆会员商店入驻京东，沃尔玛在京东开设跨境电商沃尔玛全球官方旗舰店，20多家沃尔玛购物广场上线O2O平台“京东到家”。与此同时，沃尔玛宣布以5000万美元战略投资生鲜平台新达达，相当于3.36亿元人民币。

毋庸置疑，从目前达成的一系列合作来看，沃尔玛加码京东投资的目的性十分明确。中国电子商务研究中心高级分析师、网络零售部主任莫岱青告诉记者，沃尔玛希望通过京东的既有平台来打造一个全品类的O2O公司，在全球范围内把自己业务做得更有影响力。另外，对于京东而言，则可以借助沃尔玛的实体门店实现资源共享。

沃尔玛发力新零售转型

从16年前开始，沃尔玛旗下的电商平台Walmart.com上线，标志着这家传统零售巨头正式进军线上销售领域。2016年8月，沃尔玛宣布以约33亿美元的价格收购美国新兴电商网站Jet.com，后者在创立之始便宣称要成为“亚马逊的终结者”。2017年1月，Jet.com宣布以7000万美元收购鞋履电商ShoeBuy，意味着沃尔玛的线上投资继续扩大。

2017年初，沃尔玛宣布全球关闭269家门店，同时新开300多家门店，沃尔玛方面表示，门店规模调整主要缘于美国零售市场低迷以及电子商务带来的巨大冲击。可以看到，在实体零售萎靡不振的情况下，沃尔玛正不断加码线上板块，以期获得新的盈利增长点。与电商的主动融合为这家零售巨头带来了业绩上的提升。根据该公司2016年第三季度财报显示，净利润为30.3亿美元，相比2015年的33亿美元同比下降8.2%；另一方面，其线上业务发展则保持了相对稳定的趋势，销售额增长20.6%，但线上销售占比并不大，在总销售额中仅占0.5%。

毫无疑问，除了美国本土以外，中国一直是沃尔玛全球最重要的市场之一（中国区在沃尔玛全球业务排行第四，业绩位于加拿大、墨西哥、英国之后）。早在2015年，沃尔玛就已全资控股1号店。但沃尔玛接盘1号店后并不好做，两年的时间仍未达到当初预期的业绩。一个关键的问题是电商格局已经形成了，无论是市场份额还是产品的差异化难以得到突破。“1号店本身是很难成为大品牌的，它必须依附于一个更大的平台，才能发挥他自己的力量。这也是为什么沃尔玛把1号店又卖给京东。”

鲁振旺表示，沃尔玛和京东的合作两者是相互依存的关系，和过去跑马圈地的发展模式不同，如今电子商务越来越看中和供应链的高度融合。对于京东而言，其自营商品完全可以借助于沃尔玛的资源来实现落地。因此，他认为未来在二级市场上沃尔玛很有可能还会继续增持。

广东省商业流通协会会长黄文杰告诉记者，从本质上来讲，沃尔玛的增持说明了“新零售”的发展趋势，“客观上来讲，新零售要实现实体零售和互联网的紧密结合，在我看来，电商企业要更为强势一点，因此向实体零售结合的可能性更大。”他说。

黄文杰认为，亚马逊的成功说明电商企业实力雄厚，既然如此，作为传统零售巨头，沃尔玛与其被动地被介入线上销售，还不如主动寻找合作伙伴，从而达到线上线下一体化发展。

5.1.3 市场力量

市场力是指完全竞争市场企业所不具备的，是提高价格而不完全损失销售量的能力。具有市场力的企业的需求曲线向下倾斜，也就是说，价格决定型企业具有市场力。当一个企业生产和销售某种产品或服务在市场上没有相近的替代品，并且其他新的企业也无法进入该市场时，垄断就产生了。

我们用 CRn 和 HHI 指数测量市场结构，描述一个行业离完全竞争的程度有多远。但某个特定的市场结构并不必然意味着特定的市场状态。勒纳指数（LI）从效率的角度反映一个市场状态偏离完全竞争的程度。

$$LI = \frac{P - MC}{P}\text{（一个厂商）},\ LI = \frac{P - \sum_{i=1}^{N} s_i MC_i}{P}\text{（N 个厂商）}$$

勒纳指数是指通过度量价格偏离其边际成本的程度，来描述市场中垄断力量的强弱。完全竞争厂商的 LI 等于零，因为它的价格等于它的边际成本。对于完全垄断厂商：

$$MR - P + \frac{\Delta P}{\Delta Q}Q,\ MR = MC,\ 得：\frac{P - MC}{P} = -\frac{\Delta P}{\Delta Q}\frac{Q}{P} = \frac{1}{\eta}$$

其中，$1/\eta$ 是需求弹性的倒数，需求弹性越小，勒纳指数越大。勒纳指数越大，竞争程度越低，市场中的垄断力量越大。

5.2 完全竞争市场的企业经营决策

5.2.1 完全竞争市场的特征

完全竞争（perfect competition），是经济学中典型的理想化市场竞争状态，完全竞争不存在丝毫的垄断因素。一个完全竞争的市场需要具备以下四个条件。

（1）卖者和买者非常多。每个卖者能提供的产量以及每个买者打算买进的产品数量在市场交易总量中所占比重都是非常小的，不足以影响市场决策，以至于单个卖者或买者增减其供给或需求，对于市场价格的形成不产生任何影响。买卖双方都是价格的接受者（price takers）。

（2）产品是同质的。对消费者来讲，任一生产者的产品都是没有差别的。所有生产者生产的产品都可以相互替代。这意味着当一个生产者提价时，所有的消费者就会转向购买其他生产者的产品。

（3）企业进出是自由的。当新的厂商进入该行业时，不存在任何法律的、社会的或资金的壁垒障碍，所以长期内，所有要素可以随需求的变化在不同的行业之间自由流动。

（4）信息是充分的。市场上的每一个消费者和生产者在做决策时，都能掌握与自己的经济决策有关的一切信息。因而可以根据自己所掌握的完全的信息，确定其最优购买量或最优生产量，从而获得最大的经济利益。此外，这也排除了由于市场信息不畅而可能产生的一个市场同时存在几种价格的情况。

由此可见，理论分析中的完全竞争市场的条件是非常苛刻的，在现实经济生活中，真正符合以上四个条件的市场是不存在的。经济学家发现，较容易的方法是从研究理想化市场开始、找出目前错误的地方，而不是从零开始、找出目前正确的地方，因为理想化市场提供了一个非常明确的基准。

5.2.2 企业收益和利润最大化

1. 竞争企业的需求曲线

完全竞争市场上，产品的价格完全是由市场上一个行业的供给曲线与市场的需求曲线决定的，如图5-2所示，P_0为整个行业供给与需求决定的均衡价格。在完全竞争条件下，企业不存在价格决策问题，企业所面临的需求曲线是一条水平线。

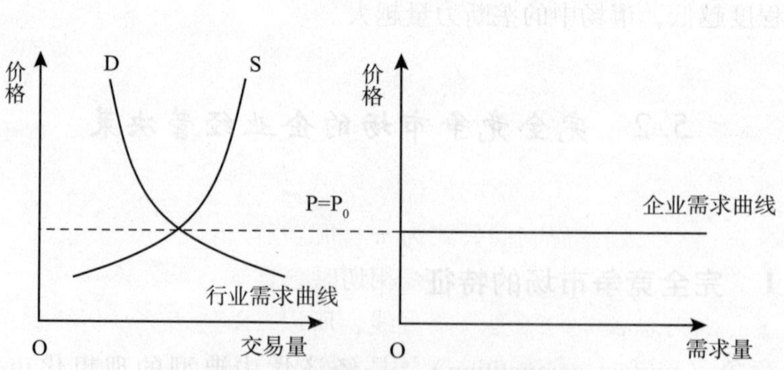

图5-2 完全竞争市场需求曲线

完全竞争市场上的整个行业的需求曲线是单个企业的需求曲线之和。所以将需求曲线为一条曲线的单个企业的需求加总汇合起来，形成一条从右上方向左下方倾斜的整个行业的需求曲线。

在完全竞争市场中，单个厂商和单个消费者无力影响市场价格，但并不意味着完全竞争市场的价格是固定不变的。消费者收入水平的普遍提高、经济中先进技术的推广或者政府有关政策的作用等使众多消费者的需求量和生产者的供给量发生变化时，供求曲线或需求曲线的位置或者形状就有可能发生变化，两种曲线就会产生新的交点，从而形成新的均衡价格。

2. 企业收益

厂商的总收益 TR 是指厂商生产并销售商品所得到的收入总和，在计算公式上就等于出售价格与数量的乘积，即：$TR = P \cdot Q = P_0 \cdot Q$。由于 P_0 为常数，故 TR 为一条上倾的直线，如图 5－3 所示。

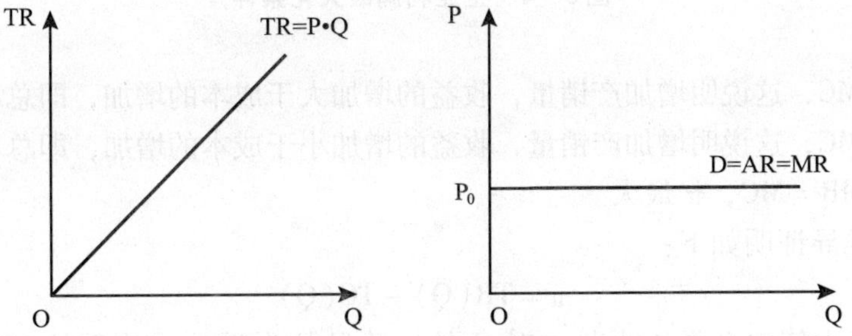

图5－3　收益曲线

厂商的平均收益 AR 是指平均生产销售单位商品所获得的收入，在计算公式上就等于总收益除以商品销售量，即 $AR = TR/Q = P_0 \cdot Q/Q = P_0$，即平均收益等于商品价格。

厂商的边际收益 MR 是指每增加一单位销售量所引起的总收益的增加量，在数学公式上等于总收益对销售量的求导，即 $MR = d(TR)/dQ = P_0$，可以看出边际收益等于价格。

3. 企业利润最大化的条件

一般地，一家完全竞争厂商的最优产出点是使其边际成本等于价格的点。为了证明这种情况，我们令总利润公式为 $\pi = TR(Q) - TC(Q)$。

当平行总收益的曲线和总成本曲线相切时，在切点处的产量即为利润最大化的最优产量。因为总收益曲线为一条直线，所以 TR 与切线平行，即两条直线的斜率相等，而二者斜率分别为 MR 和 MC，故 MR = MC。

从图 5－4 看：

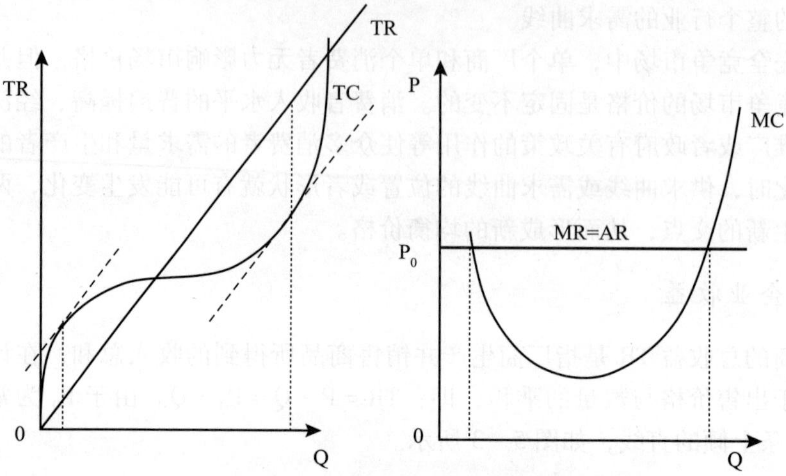

图 5-4　企业利润最大化条件

MR > MC，这说明增加产销量，收益的增加大于成本的增加，即总利润增加。

MR < MC，这说明增加产销量，收益的增加小于成本的增加，即总利润减少。

只有 MR = MC，π 最大。

数学推导证明如下：

$$\pi = TR(Q) - TC(Q)$$

π 为极大值的必要条件为 π 对 Q 的一阶导数为零，π 对 Q 的二阶导数为负数，即：

$d\pi/dQ = (dTR(Q)/dQ) - (dTC(Q)/dQ) = 0$，即 MR = MC；

$$d^2\pi/dQ^2 = (d^2TR(Q)/dQ^2) - (d^2TC(Q)/dQ^2) < 0$$

注意在 MR = MC 的均衡点上，厂商不一定就能获得利润。厂商可能是盈利的，也可能是亏损的，这取决于厂商的固定成本和单位变动成本。尽管如此，该平衡点即为盈利最大的产量点，也为亏损最小的产销点。总之，边际收益等于边际成本的平衡点，是厂商处于既定的收益曲线和成本曲线所能产生的最好结果的点。

5.2.3　完全竞争市场的短期决策

短期产量决策，是指企业在既定的由供求关系决定的市场价格下，在短期时间内，决策出一个生产水平，该生产水平使企业的利润达到最大水平。需要说明的是，这里所说的短期是指企业数量来不及变化、生产规模来不及调整。

企业属于完全竞争的市场结构，无力决定价格，所以其决策变量只能是产量。市场均衡出清价格 P、边际成本（MC）以及平均成本（AC）均为已知量，如图 5-5 所示。

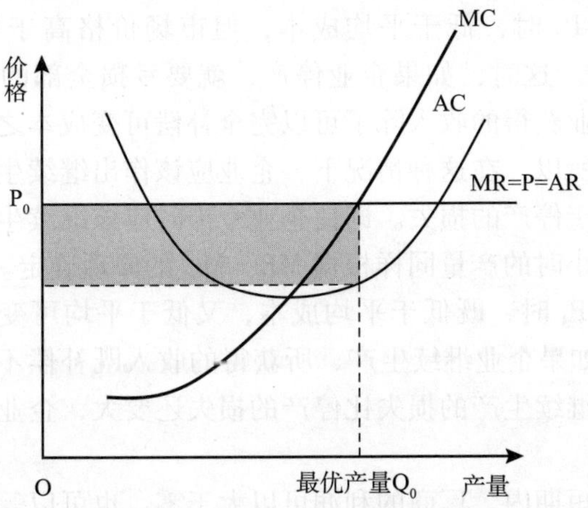

图5－5　完全竞争市场的短期决策

从企业的利润计算关系中看，市场价格高于企业平均成本是企业盈利的基本前提。根据利润最大化条件 MR = MC 可知，当产量为 Q_0 时，企业的总利润达到最大水平，其利润额等于图5－5中阴影部分的面积。因为当 MR > MC，此时增加产量还能够增加利润；当 MR < MC，此时减少产量也能够增加利润。所以只有当产量为 Q_0 时，根据 MC = MR 的原则，可以确定企业的最优产量，此时利润才达到最大。总之，完全竞争厂商短期均衡的条件为：MR = MC，并且 MR = AR = P。

（1）企业短期决策行为分析。企业的总利润 = 总产量 ×（平均收益 － 平均成本）= Q_0（AR － AC），在完全竞争的条件下，AR = P，价格由市场决定，则企业短期均衡的利润取决于自己的成本水平，分情况讨论：

①市场价格为 P_1 时，高于平均成本，即 P_1 > AC，如图5－6所示。这时，企业有超额利润的短期均衡，是盈利的。

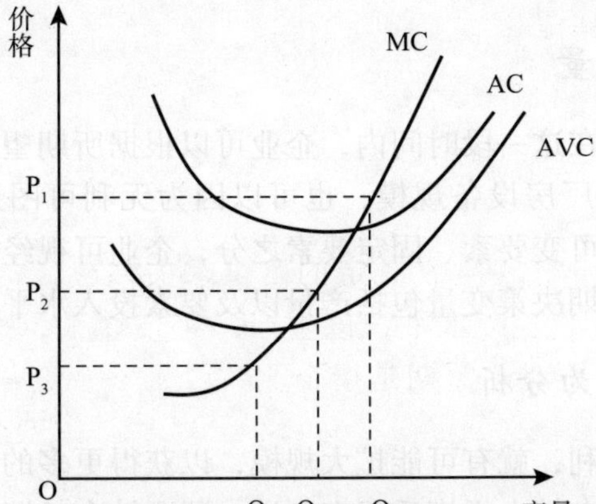

图5－6　企业短期行为分析

②市场价格为 P_2 时，低于平均成本，但市场价格高于平均可变成本，即 $P_2 < AC$，$P_2 > AVC$。这时，如果企业停产，就要亏损全部的固定成本；而如果企业继续生产，企业获得的收入除了可以完全补偿可变成本之外，而且还能补偿部分的固定成本。所以，在这种情况下，企业应该作出继续生产的决策，因为继续生产的损失会小于停产的损失。即使企业亏损时应该继续生产，也不表明生产越多越好，亏损最小时的产量同样根据 MR = MC 的原理确定。

③市场价格为 P_3 时，既低于平均成本，又低于平均可变成本，即 $P_3 < AC$，$P_3 < AVC$。这时，如果企业继续生产，所获得的收入既补偿不了固定成本，也补偿不了可变成本，继续生产的损失比停产的损失还要大，企业唯一的选择就是关门停产。

综上所述，在短期内，厂商的利润可以大于零，也可以等于零或小于零。当价格水平高于平均可变成本 AVC 的最低点时，企业在短期内应该按照 MR = MC 的原则组织生产，以使利润最大或亏损最小；而当价格水平低于平均可变成本 AVC 的最低点时，企业应该停止生产。

(2) 企业短期供给曲线。完全竞争厂商利润最大化的最优产量点，是商品价格 P 与短期边际成本 SMC 相等的均衡点。即在每一个短期均衡点上，商品价格和厂商的最优产量之间存在着一种对应关系，这种对应关系即为完全竞争厂商的短期供给函数，表示为：P = MC。

从上面的分析中可以看出，MC 曲线代表了任一价格水平与厂商利润最大化产量的组合，代表了在一定价格水平下厂商所愿意提供的产品数量。按照供给曲线的定义，MC 即为厂商在短期内的供给曲线。但是，当价格低于停止营业点时，厂商就会退出生产。所以在短期内，完全竞争厂商的短期供给曲线即为企业的短期边际成本 MC 曲线上等于和高于平均可变成本 AVC 曲线最低点的部分。

5.2.4 完全竞争市场的长期决策

1. 长期决策变量

所谓长期，是指在这一段时间内，企业可以根据所期望提供的产量选择一个花费平均成本最低的厂房设备规模，也可以因为无利可图退出该行业。在长期内，企业要素投入无可变要素、固定要素之分，企业可视经营需要调整各类要素投入水平。企业的长期决策变量包括产量以及要素投入水平。

2. 企业决策行为分析

如果企业短期盈利，就有可能扩大规模，以获得更多的利润。但企业在短期内获利，不一定保证在扩大规模后仍有利润，还要结合长期平均成本的变化趋势进行分析。企业的长期均衡点为平均总成本（长期的）等于价格的点。这样，有一个长期调整的过程：

（1）如果 P > LAC 最低点，所有企业都可以通过调整生产规模达到最优产量或次优产量，并取得经济利润；经济利润会吸引更多企业进入，从而供给增加，价格下降；

（2）如果 P < LAC 最低点，即使在最优生产量水平，企业也会亏损，长时间内，亏损导致部分企业倒闭或退出，供给减少，价格提高；

（3）如果 P = LAC 最低点时，所有企业只能获得正常利润，而没有经济利润，也没有新企业的进入和已有企业的退出，即规模调整和资源转移结束，企业达到长期均衡。

如图 5－7 所示，价格为 P_1 时，P_1 低于 SAC_1 的最低点，SAC_1 规模亏损；价格为 P_2 时，P_2 低于 SAC_4 的最低点，SAC_4 规模亏损；价格为 P_3 时，P_3 低于 SAC_2 的最低点，SAC_2 规模亏损。P_3 这条线和 SAC_3 的最低点相切，SAC_3 规模生产的经济利润为零。所以，企业实现长期均衡的条件为 P = MR = LMC = LAC = SMC = SAC，此时企业不再退出或加入该行业，市场达到一种均衡状态。

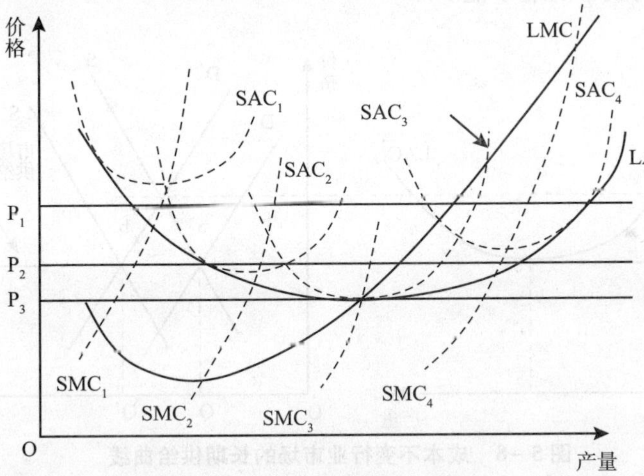

图 5－7　企业长期均衡分析

长期总成本（LTC）是指企业在各种产量水平上通过调整生产规模所能达到的最低总成本。长期总成本曲线是短期总成本曲线的包络线，即长期总成本曲线与每条短期总成本曲线相切，从下方将短期总成本曲线包围起来。因为厂商在长期内可以变动全部的要素投入量，因此在既定的产量等其他确定条件下，企业总可以调整选择最优的生产规模进行生产，使总成本降低到所能达到的最低水平，实现了既定产量下的最低总成本。

长期平均成本（LAC）表示厂商在长期内按产量平均计算的最低总成本，是长期中平均每一单位产品的成本，LAC = LTC/Q。长期平均成本曲线是短期平均成本曲线的包络线，在连续变化的每一个产量水平，都存在 LAC 曲线和一条 SAC 曲线的相切点。该切点所对应的平均成本就是相应的最低平均成本，而该

SAC 曲线所代表的生产规模就是生产该产量的最优生产规模。

长期边际成本（LMC）是指厂商每增加一单位产量导致长期总成本的增加量，是在长期中增加一个单位产量所引起的能使对应于不同生产规模的短期平均成本降至最低点的短期总成本的增加量，LMC = ΔLTC/ΔQ。长期边际成本是长期总成本曲线的斜率，长期边际成本曲线可以定义为与每一产量上的最优工厂规模相对应的短期边际成本的轨迹。

需要特别注意的是：引起 LTC、LAC、LMC 变动的真正的自变量，并不是坐标图横轴上所标示的产量，而是厂商投入要素规模。

3. 市场的长期供给曲线

（1）成本不变行业。首先假设这是一个成本不变的行业，即行业的投入成本不会因为生产规模的扩大而增加。图 5－8 显示了成本不变条件下的长期均衡，左图是行业中典型厂商中的长期平均成本曲线。右图是市场总的供求曲线，D 为最初的需求曲线，S 为短期供给曲线。假设整个行业处于长期均衡，价格等于长期（短期）平均成本的最小值。

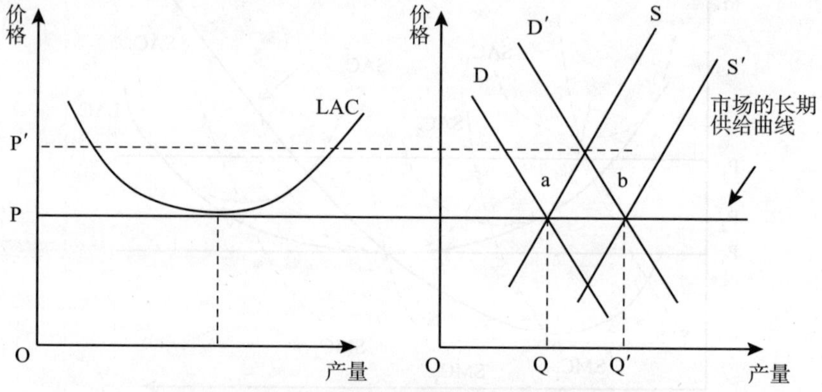

图 5－8　成本不变行业市场的长期供给曲线

假设现在需求曲线移至 D′。短期情况下，因为厂商数目固定，价格会从 P 升至 P′，每个厂家的产量随之上升。因为新价格超过了价格为 P 的平均成本，每家厂商均获得经济利润。这必然吸引更多的企业进入该行业，从而使供给曲线右移。在成本不变的情况下，新企业的进入不会增加原有企业的成本。同时，新企业的进入也不会降低成本。

成本不变行业的长期供给曲线是一条水平线，因为根据需求的变化，行业的产量可以增减，但这并不改变长期均衡价格（由于单个厂商最低的长期平均成本不变）。水平供给曲线表示：在长期内，整个行业是在不变的均衡价格水平下提供产量。

（2）成本递增行业。另一类常见行业是成本递增行业。随着生产规模的扩大，这些行业中企业的投入成本会上升。图 5－9 显示了成本递增条件下的长期均衡，左图是行业中典型厂商中的长期平均成本曲线 LAC。右图是市场总的供求曲线，D 为最初的需求曲线，S 为短期供给曲线。假设整个行业处于长期均衡，价格等于长期（短期）平均成本的最小值。

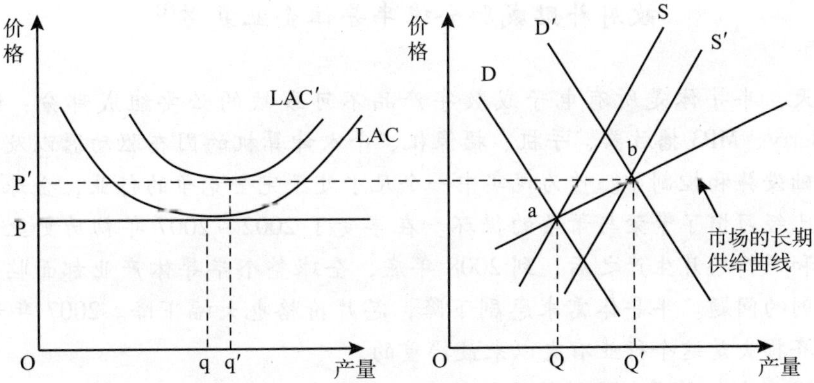

图 5－9　成本递增行业市场的长期供给曲线

假设现在需求曲线移至 D′。短期情况下，因为厂商数目固定，价格会上升，每个厂家的产量随之上升。新价格超过了价格为 P 的平均成本，每家厂商均获得经济利润，吸引更多的企业进入该行业。于是对投入品的需求越来越大，在一个成本递增行业中，投入品的价格便上升。因此对新老企业来说，投入成本都会上升，平均成本曲线便从 LAC 移至 LAC′。

若每家企业的边际成本曲线都因投入成本的上升而左移，则行业的总供给曲线也会左移。但企业数增加又会使行业供给曲线右移。在这两个相反的趋势中，后一趋势的影响必大于前一趋势的影响，从而实现整个行业的扩张，吸引新资源进入该行业。这一调整过程必将进行下去，直至达到新的长期均衡点，此时均衡价格为 P′，产量为 Q′。

成本递增行业的长期供给曲线向右上方倾斜。当需求增加，新的企业进入行业，调整规模使得长期平均成本最低点等于新的价格。而由于存在外在不经济性，单个厂商的长期平均成本曲线整体上移，使得单个厂商的最低长期平均成本上升。右上方倾斜的需求曲线表示：随着成本递增行业长期供给量的增加，长期供给价格不断上升。

（3）成本递减行业。这类成本递减类的行业比较少见，有时一些年轻的行业属于成本递减的行业。其存在的主要原因可能是：行业扩张时会发生成本下降的外部经济。例如，行业的扩张可能促使运输的改进，从而降低企业成本下降。

成本递减行业的长期供给曲线向右下方倾斜，当需求增加时，新的企业进入，而由于外在经济的作用，单个厂商的长期平均成本曲线整体下移，使得单个厂商的最低长期平均成本下降。向右下方倾斜曲线表示：随着成本递减行业长期供给量的增加，长期供给价格不断下降。

管理案例

政府补贴威胁全球半导体企业复苏①

今天，半导体是所有电子或数字产品不可或缺的必要组成部分：iPhone、Black Berry、MP3播放器、手机、摄像机、个人计算机的固态驱动器以及电动汽车的基础设施和控制等。作为现实中一个几乎处于完全竞争的行业，全球半导体产业都已经习惯了繁荣与萧条的循环。在享受了2002~2007年初历史上最赚钱的存储和逻辑芯片生产之后，到2008年底，全球整个半导体产业都面临着产能严重过剩的问题。半导体需求急剧下降，芯片价格也大幅下降。2007年和2008年的经济损失是这个行业有史以来最严重的。

2009年初，随着行业继续面临损失，很多CEO和行业分析师都被警告，芯片生产供给过剩。在以前的萧条期，这个行业的表现和完全竞争理论预测的一样：很多芯片生产商破产而退出这个行业，而支撑下来的企业急需减产直到芯片价格回升到可以获利的水平。这种萧条期一般会持续6~18个月，但以前总能解决这个行业产能过剩的问题。

有些行业分析师担心2007年的萧条与以前不一样，有可能无法自我调节走出萧条。中国香港Merrill Lynch全球芯片研究所负责人丹尼尔-海勒（Daineil Heyler）认为，到2008年下半年，情况已经变得令人绝望。而且，丹尼尔-海勒认为，如果这一次也跟以前一样的话，那么就会有一轮残酷的震动，最小的企业会关门或停产，但这一次不是如此。另一位专家预测说，中国台湾地区每一家芯片制造商都可能会倒闭（占全球芯片供应的25%），而且就算这样，可能还会存在供应量大于需求量的问题。中国台湾地区最大的存储器制造厂主席黄国光也同意丹尼尔-海勒的看法：目前没有一家芯片制造商盈利，政府必须支持这一行业。

因此政府的补贴开始了。中国最大的芯片制造商拿到1.7亿美元的救助资金。德国的Saxony州提供了Qimonda价值2.06亿美元的支持。在韩国，Hynix半导体公司从一个国有银行财团那里拿到了将近6亿美元的贷款。一个高级研究分析师克里斯蒂安·海达逊（Christian Heidarson）给出了以下分析：如果一个国家开始提供援助，那其他国家和地区也会这么做，因为没有哪个国家会希望他们国家的产业输给其他国家和地区的产业。布鲁斯·艾因霍恩（Bruce Einhorn）在《商业周刊》上发表了评论：如果中国台湾、德国以及其他国家和地区为本地企业持续提供财政援助，其他地方的芯片厂商就会面临一个严峻的问题——他们必须选择是参与这种不公平的竞争还是退出这个行业。

请运用本节中讨论的长期竞争均衡理论回答2个问题：(1) 在2007年、2008年，

① 资料来源："Chipmakers on the Edge", Business Week, 2009. "Memory Chips Signal Sector Getting Set for Recovery", The Wall Street Journal, 2009. 克里斯托弗·托马斯、查尔斯·莫瑞斯：《管理经济学》，机械工业出版社2014年版。

是什么导致半导体产业不能自己调整并结束这个行业史上最长的萧条期?(2)政府对这些芯片制造商的补贴是帮助全球半导体产业恢复，还是阻碍恢复?

第一个问题的答案是“很可能没有什么东西导致这种结果”。这次的损失这么大，而且这么持久的原因是因为之前的繁荣期有大量资金流入这个行业，建立了新的制造厂。当萧条来临时，半导体生产商没有别的更好的选择，只能继续以极低的价格生产，因为他们可以获得足够的收益来支付可变成本。请注意，半导体厂商的成本结构中固定成本的比例较大——70%，因此芯片价格在下降到最小ATC之后还要下降很多才能到最小AVC。因为2002~2007年史无前例的繁荣，把芯片价格推到了有史以来的最高水平，所以要芯片价格下降到需要停产的价格所需要的时间较长也就不奇怪了。

第二个问题的讨论过程中，你会发现政府补贴对于生存下来的企业实现利润来说是不必要的。虽然要解决这个行业产能过剩的问题需要较长的时间，但这总会使芯片价格上升到可以盈利的水平。如果半导体市场确实在向一个新的长期均衡移动，那么政府补贴就会减缓解决产能过剩的速度。波士顿Avian Securities的首席研究分析师阿维科恩（Avi cohen）非常好地表达了这一点：你最不想要的就是政府补贴那些竞争力不强的企业，供应量永远不会减少。

2009年夏天，英特尔用第二季度的高利润震惊了华尔街。虽然说2009年芯片制造商的萧条期已过去还太早，但我们相信竞争性市场正像以往一样把半导体行业推向新的繁荣。

（注意：半导体产业的萧条期往往比其他行业长，这是因为半导体行业资本设备的高度专业性限制了用于其他产业的可能，这就使资金退出半导体产业需要很长的一段时间，也延长了行业到达一个新的长期竞争均衡的时间。）

5.3 完全垄断市场的企业经营决策

5.3.1 垄断市场的条件与成因

完全垄断（monopoly）也是一种极端的市场结构，完全垄断是指市场上只有一个生产厂家，能够控制产品的供给，进而控制产品的卖价，消费者没有可选择的替代品，垄断者定价时无须考虑其他产品的卖价。垄断企业就是价格制定者。

1. 完全垄断市场形成条件

（1）只有一个生产者。市场需求曲线就是企业需求曲线。

（2）没有替代品，垄断商品较其他商品差别很大，不受竞争威胁。

（3）进入壁垒高，潜在的竞争对手不能进入市场。在垄断市场中，排除了任何的竞争因素，所以任何垄断厂商可以控制和操纵市场价格。

2. 垄断市场的形成原因

(1) 规模经济。比如石油产业，由于巨大的资本设备，所以行业的生产规模效益需要在一个很大的产量范围才能得到充分体现，此生产规模下，需要一个企业生产整个行业的产量，才能获得经济利润。在这种情况下，一个企业可以以最低的成本生产任何数量的产品，以满足整个市场对产品的需求，企业数量越多，每个企业的产量越少，平均成本越高。

(2) 原料控制。一家厂商控制了其产品的基本原料的来源，如中国煤矿企业长期保持垄断地位是因为它控制了煤矿，OPEC 组织，控制了世界石油的近 90%，所以自然享有垄断权。

(3) 政府特许。许多公用事业、供水、发电、交通、电话通常由一家企业或厂商独家经营，因为这些产品需要大量固定设备设施，但为了保护居民利益，通常由政府控制。

(4) 专利发明。为了促进新的创造发明，法律赋予某种产品生产的专利权，这就保障了其优于其他商品的竞争，从而可能推动拥有某种商品或其生产技术专利权的企业成为该商品市场的垄断者。

5.3.2 垄断市场上企业的短期决策

1. 企业的需求曲线和收益曲线

(1) 垄断厂商的需求曲线。垄断者是其市场上的唯一卖者，垄断厂商的需求曲线就是市场的需求曲线。所以，垄断者的需求曲线会向右下方倾斜。

垄断厂商的需求曲线可以是直线型的，也可以是曲线型的，市场需求曲线具体地描述了垄断企业所能得到的价格和产量的组合（见图 5－10）。通过调整所生产的数量，垄断者可选择需求曲线上的任意一点。由于垄断者的目标是利润最大化，而企业的利润是总收益减去总成本，所以在总成本一定的情况下，垄断者选择产量就需要考察垄断者的收益。

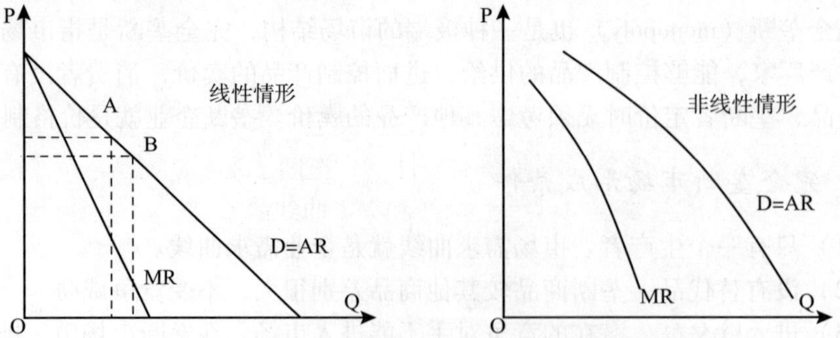

图 5－10 垄断市场上企业的需求和收益曲线

（2）垄断厂商的收益曲线。

①平均收益曲线与需求曲线的关系：$AR = TR/Q = P$，所以垄断厂商的平均收益曲线 AR 与向右下方倾斜的需求曲线 D 重叠。可以得出：随着厂商的销售量的增加，厂商的平均收益（等于产品的价格 P）会下降。这说明，厂商所面临的需求状况直接影响厂商的收益，即厂商的需求曲线的特征将决定厂商的收益曲线的特征。

②平均收益曲线与边际收益曲线的关系：通过计算，有 $AR = (a - bQ)Q/Q = a - bQ$ 以及 $MR = d(aQ - bQ^2)/dQ = a - 2bQ$ 公式成立，所以垄断厂商的边际收益 MR 曲线也是向右下方倾斜的，且边际收益曲线的斜率是平均收益曲线斜率的2倍。所以，随着厂商销售量的增加，厂商的平均收益会下降，边际收益也会下降，而且后者下降的速度更快。因此，垄断厂商的边际收益 MR 曲线位于平均收益 AR 曲线的左下方，表示在每一个销售量上厂商的边际收益都小于平均收益（等于产品价格 P）。

③总收益曲线与边际收益曲线的关系：由于 $MR = dTR/dQ$，即每一销售量上的边际收益值是相应的 TR 曲线的斜率，所以，当 $MR > 0$ 时，TR 曲线上升；当 $MR < 0$ 时，TR 曲线下降；当 $MR = 0$ 时，TR 曲线达到最大值点。因而，厂商的总收益 TR 曲线是先上升达到极大值点再下降的一条凹曲线。

2. 短期价格和产量的决定

垄断厂商的短期均衡分析与完全竞争厂商的短期均衡的分析相同，垄断厂商短期均衡条件为：$MR = MC$。在短期均衡点上，垄断厂商可以获得最大零利润或最小负利润（亏损）。

如图5－11所示，MC 曲线和 AC 曲线代表垄断厂商的既定的生产规模，D 曲线和 MR 曲线代表厂商的需求与收益状况，垄断厂商根据 $MR = MC$ 的利润最大化的均衡条件，将产量和价格分别调整到 P_m 和 Q_m 的水平。在短期均衡点上，若平均收益大于平均成本，则垄断厂商获利；若平均收益小于平均成本，则垄断厂商亏损。垄断厂商短期亏损，可能是因为既定的生产规模的成本过高（表现为相应的成本曲线的位置过高），也可能是因为垄断厂商所面临的市场需求过小（表现为相应的需求曲线的位置过低）。此外，在利润为负的情况下，如果 $AR > AVC$，垄断厂商将继续生产以使亏损最小；若 $AR < AVC$，垄断厂商就停止生产。

由于垄断厂商是价格的制定者，所以它在决定产量的时候要受到市场需求曲线一定程度的制约，在线性需求曲线的条件下，垄断厂商利润最大化产量只能是在 $MR > 0$ 处，如图5－11中，从 MC 曲线和 MR 曲线的交点，可以求出它的最优产量是 Q_m，最优价格为 P_m，企业获得的超额利润应等于图5－11中阴影部分的面积。而图5－12则表示企业在没有超额利润的情况下，$MR = MC$ 处决策是垄断企业短期最小亏损决策。

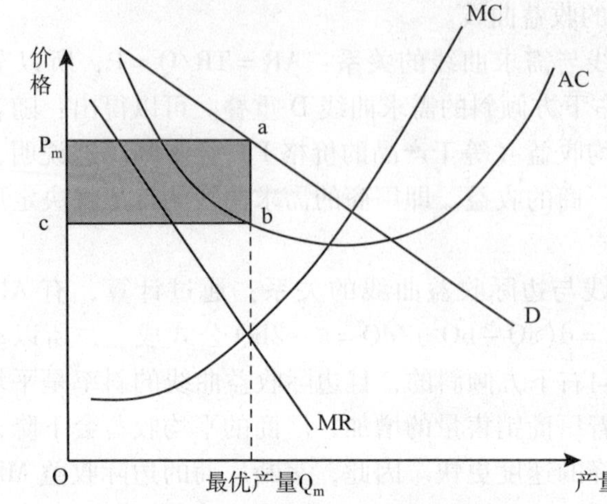

图 5－11　垄断企业短期最优决策

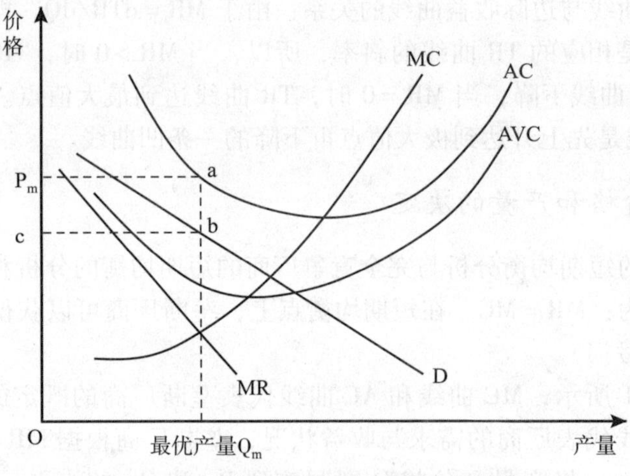

图 5－12　垄断企业短期最小亏损决策

5.3.3　完全垄断市场上企业的长期决策

垄断企业长期均衡的条件为：MR = LMC = SMC。

在短期内获得利润的垄断厂商在长期均衡时一定获得利润，原因是其他厂商无法进入该行业，垄断厂商可以维持垄断利润，并且长期内垄断厂商可以通过对生产规模的调整，限制产量提高价格，获得更大的垄断利润；在短期内亏损的垄断厂商，在长期内厂商可能摆脱亏损的状况，在长期内通过对最优生产规模的选择，减少亏损甚至获得利润。垄断厂商在长期内并不一定都能带来超额利润（如一些国有的垄断部门，需要国家财政收入的补贴），但只要获得利润，这一利润就可以长期保持。

如图 5－13 所示，在短期内，垄断厂商按 MR = SMC 的原则进行生产，所获得的利润为小矩形阴影部分的面积；在长期内，垄断厂商根据 MR = LMC 的原则，所获得的利润为大矩形阴影部分的面积。长期均衡产量上，LMC 曲线和 MR 曲线相交于一点，且与 SMC 曲线相交于该点，均衡点上代表最优生产规模的 SAC 曲线和 LAC 曲线相切。

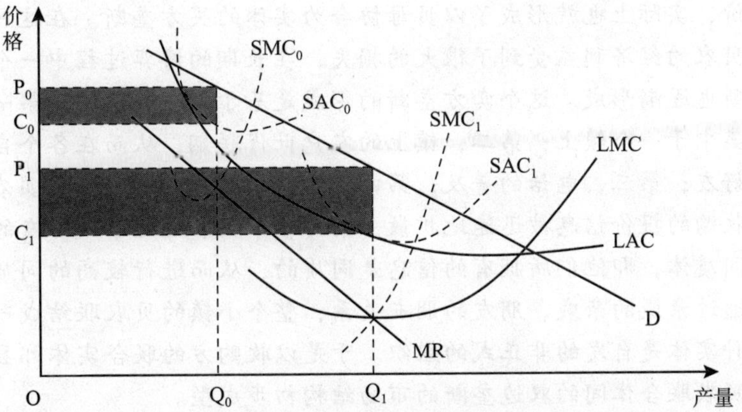

图 5－13　垄断企业长期均衡

在图 5－13 中，若垄断企业以 SAC_0 为代表的规模进行生产，可以获得经济利润。但在长期经营条件下，企业可以进一步调整规模，直到边际收益 MR 和长期边际成本 LMC 相交所确定的产量 Q_1，并以 Q_1 产量下的最优工厂来组织生产。此时，短期平均成本曲线 SAC_1 和长期平均成本曲线 LAC 也就相切，短期边际成本曲线 SMC_1 和长期边际成本曲线 LMC 相交，垄断企业长期利润最大化。

管理案例

浙贝母产区准双边垄断市场结构的形成①

章水镇位于浙江宁波鄞州区（原鄞县）西部，是一个著名的革命老区。从清康熙年间，浙贝母被引进鄞县后一直成为章水镇的主要农产品。据民国《鄞县通志》记载，1933 年前后在章水镇一带种植浙贝母面积已达 366.66 公顷，总产量 400 吨左右，此后一直是当地支柱型产业之一。浙贝母种植条件高，国内成功引种的很少，只有磐安、台州、丽水等地，国外的日本和韩国也有部分种植。但在国内，主产地章水镇的浙贝母最为有名，占全国浙贝母产量的 80% 左右。因此浙贝母是一种典型的地区专产性小品种农产品。

浙贝母的市场结构具有一个演变的过程。在改革开放的早期，章水镇有十余户独立的浙贝母收购商，他们处于相互竞争的地位，因此一开始在浙贝母的收购

① 资料来源：金雪军、王利刚：《准双边垄断下地区专产性小品种农产品价格波动研究——基于浙贝母产区特殊市场结构的一个案例分析》，载《华南农业大学学报》2005 年第 4 期。

市场上更多地表现为完全竞争的市场结构特征。随后，收购大户们发现如果他们联合起来，则可以获得更多的买卖价差，加上收购户数量不多（章水镇的浙贝母收购大户总共约十余户），并且许多具有亲戚关系，因此他们进行串通的契约成本并不高。于是以最大的收购户为会长的鄞县贝母协会成立，该协会的一个功能是统一报价，实际上也就形成了以贝母协会为实体的买方垄断。在这种买方垄断市场下，贝农的经济利益受到了很大的损失，在长期的博弈过程中一个相对疏松的卖方垄断也逐渐形成。这个卖方垄断的形成是基于以下条件的：第一，浙贝母的主产地集中于一个镇上；第二，镇上的农户世代联姻，从而在各个自然村中都具有亲朋好友；第三，电话的普及；第四，农户的"羊群"行为。贝农在各个自然村进行收购的报价信息被迅速地扩散，同时各个贝农通过亲戚好友的信息交流成为信息同质体，即他们所拥有的信息是同质的，从而进行较高的同质行为。某种程度上通过亲戚的亲戚、朋友的朋友关系，整个小镇的贝农联结成一个疏松的实体，这种实体是自发的非正式的组织。于是以收购方的联合实体鄞县贝母协会和疏松的贝农联合体间的双边垄断的市场结构初步成型。

通过实证调研发现，这种双边垄断的市场结构的稳定性在贝母的收购价格区间上表现出非单调性。根据对历史数据的研究和当地贝农的交谈，我们发现在价格区间为20~70元/斤上，双边垄断的市场结构非常强，即无论是卖方还是买方他们的行为都非常一致。但是在低于20元/斤和高于80元/斤的价格区间中，贝农间和收购大户间的异质性行为大大增加，市场更多的偏向于完全竞争或者单边垄断的特征。因此，可预见这种双边垄断下垄断实体内成员行为的一致性程度的相对变化将导致买卖双边相对议价能力的变化，从而造成浙贝母收购价格的剧烈波动。

（附注：双边垄断市场：可以被细分为两类——纯双边垄断市场和准双边垄断市场。纯双边垄断是指一个上游的垄断企业将他的产出卖给单一的下游购买方，即单一的买方和单一的卖方；而与纯双边垄断市场相对应，准双边垄断市场结构是指买卖垄断双方各由若干独立体构成，这些独立体由于利益协同的作用下自发或人为的形成一个代表性的垄断实体。准双边垄断市场机制与双边寡占市场结构的主要区别在于交易每一方若干实体的行为是合作为主还是竞争为主，如果是合作为主，则为准双边垄断，而如果以竞争为主，则更多地表现为双边寡占的市场结构。）

5.3.4 垄断供给曲线

1. 垄断供给曲线

完全垄断条件下，厂商即行业，它提供了整个行业所需要的全部产品，厂商可以控制和操纵市场价格，所以不存在有规律性的供给曲线，也无行业供给曲线。

具体而言，由于完全垄断市场的市场价格和企业产量是垄断厂商分别控制决定的，两者并无严格的一一对应关系，所以有可能出现同一均衡价格对应不同均衡产量，或者同一均衡产量对应不同均衡价格。这就是说无法通过连接各个均衡点形成供给曲线。

2. 垄断与需求价格弹性

由 $MR = P\left(1+\frac{1}{\eta}\right) = P\left(1-\frac{1}{|\eta|}\right)$ 和 $MR = MC$ 得：$MC = P\left(1-\frac{1}{|\eta|}\right)$，

因为 $MC>0$，所以 $|\eta|>1$。

$\frac{P}{MC}=\frac{|\eta|}{|\eta|-1}$ 比率就会越小，企业垄断力越弱。$|\eta|>1$ 意味着，垄断企业的使利润最大化的价格—产量组合必然出现在需求弹性比较大的区域。需求弹性 η 越大，说明存在更好的替代品，垄断厂商所索取的价格就会越低，相应 $\frac{P}{MC}$ 越小，垄断越弱。

管理案例

网络约车平台走向巨头垄断[①]

移动打车平台的发展历程

在我国一二线城市，打车难的问题一直困扰着出租车行业。虽然市民们一直抱怨打不到车，出租车的空载率却依然很高。司机与乘客之间存在着高度的信息不对称。而当时为解决这一问题诞生的统一电召平台用户体验不佳，经常出现乘客或司机爽约的现象。随着互联网的发展，移动打车 APP 应运而生，解决了乘客出行难和出租车空载率高的问题。中国移动打车 APP 的发展经历了以下几个阶段。

初创期：百家齐放

2011 年底，摇摇招车上线，这是北京第一款移动打车 APP，随后，滴滴打车、快的打车、大黄蜂等数十款相继出现在市面上。2013 年 7 月出台的《北京市出租车手机电召服务管理实施细则》规定，打车 APP 不得嵌入商业广告，不得加价，这堵死了打车 APP 盈利的两个渠道，不少打车 APP 或转型或退出。这个阶段打车 APP 处于拓荒期，不仅需要推广手机 APP，更需要推广新的生活方式。

成长期：三足鼎立的博弈

2013 年是移动打车 APP 的分水岭。2013 年，滴滴打车获得了来自腾讯的 B 轮投资，而快的打车引来了阿里巴巴天使投资和 A 轮投资。资本的力量迅速改变

① 资料来源：《滴滴联姻 Uber 始末》，金融，2016 年 9 月。

了打车APP的格局。2013年8月，Uber在上海试点运行Uber Black高端租车服务，影响力还很小。2014年1~5月，滴滴打车与快的打车开始了补贴大战，也再次利用资本的力量改变了行业格局，滴滴打车和快的打车以99.8%的市场份额几乎垄断了整个移动打车行业（见表5-2）。

表5-2　2014年的补贴大战

时间	滴滴打车	快的打车
1月10日	乘客车费立减10元，司机立奖10元	
1月20日		乘客车费返现10元，司机奖励10元
2月17日	乘客返现10~15元，新司机首单奖50元	乘客返现11元，司机返现5~11元
2月18日	乘客返现12~20元	乘客返现13元
3月4日		乘客返现10元，司机补贴不变
3月5日		乘客补贴5元
3月7日	乘客每单随机减免6~15元	
3月22日		乘客返现3~5元
3月23日	滴滴打车乘客返现3~5元	
5月17日	停止对乘客和司机的补贴	

2015年2月14日滴滴打车和快的打车合并为滴滴出行，随着Uber进军中国市场，滴滴出行与Uber开始了第二次烧钱大战（见表5-3）。

表5-3　2015年滴滴出行和Uber中国的补贴营销

<table>
<tr><th colspan="2">月份</th><th>1</th><th>2</th><th>3</th><th>4</th><th>5</th><th>6</th><th>7</th><th>8</th><th>9</th><th>10</th><th>11</th><th>12</th></tr>
<tr><td rowspan="2">乘客</td><td>滴滴</td><td colspan="3">老用户10~30元红包
新用户40~50元红包</td><td colspan="3">整体红包收紧1元、2元、3元红包</td><td colspan="3">红包取消免起步价
补贴转向非专车</td><td colspan="3">每单最多5~8折</td></tr>
<tr><td>Uber</td><td colspan="12">新用户可享受30~50元的用车补贴，老用户邀请新用户有20~50元的用车补贴</td></tr>
<tr><td rowspan="2">司机</td><td>滴滴</td><td colspan="3">奖励1.5~3倍，高峰期2.5~3倍</td><td colspan="3">补贴降至1.5倍</td><td colspan="3">仅补贴不到车区域接单司机</td><td colspan="3">每天必须接8单派单，奖励80~200元</td></tr>
<tr><td>Uber</td><td colspan="3">奖励2~5倍，高峰圈奖励3~5倍</td><td colspan="6">奖励降至1.45~2.3倍不等</td><td colspan="3">奖励进一步降至1.3~1.8倍</td></tr>
</table>

经过多轮的补贴营销，手机打车这一打车方式逐渐受到司机和乘客的认可，虽然各打车APP的应用主要在大中型城市，但用户的打车习惯逐渐开始改变。

垄断期：分久必合

中国移动出行领域的成长期和垄断期几乎是同步的，移动互联网催生了一大批打车APP，资本的力量助推有竞争力的APP脱颖而出，不断扩大边界，将小平台淘汰出局，形成垄断的格局。2015年2月14日，滴滴打车与快的打车合并为滴滴出行，2016年8月1日，滴滴出行并购Uber中国。滴滴、快的、Uber中国的合并并非一蹴而就，而是经过了多轮的磋商和资本的博弈，最终的结果是多方经过激烈斗争后进行的妥协。滴滴也成了唯一一家腾讯、阿里巴巴和百度共同投资的企业，这标志中国共享出行行业进入崭新的发展阶段。

一些学者认为垄断不利于企业的研究与开发活动，试讨论：对于降低生产成本的创新活动，是垄断企业的动力大还是竞争性企业的动力大？

5.4　垄断竞争市场的企业经营决策

管理案例

以“天然”的名义进行价格欺诈[①]

最出色的垄断价格定位者在增加利润时，总是将自己的努力与善行联系在一起。目前，流行的游戏是以“天然”之名搞价格欺诈，搭“天然食品”的顺风车。

天然食品的流行有多个原因，原因之一是，由于不断有食品危害身体健康的消息出现，很多人认为天然食品更好，至少天然食品不会要他们的命。所以超市采取应急措施，供应大批天然食品，而这些食品的价格远超过超市为此多付出的成本。

在英国超市，这些产品经常堆放在一起，表面上是为购买天然食品的顾客提供方便，实际也为超市降低了风险，因为这样顾客就不会注意天然食品与普通食品之间的价格差异。在华盛顿特区星巴克对面的Wholefoods店，有大量高价水果蔬菜摆放在一起，其中既有天然食品，也有传统方法种植的产品，但摆在一起的总是不同的产品。你永远不会看到天然的香蕉与非天然的香蕉摆放在一起，也不会看到天然的大蒜和非天然的大蒜摆放在一起。那样的话，价格差异会让你倒吸一口气。

天然的食品的确应该更贵：生产成本更高、保质期更短、运输费用也比普通食品更高。然而，对于超市货架上的多数食品而言，原料只是价格的一小部分。例如，在英国，1夸脱天然牛奶收取约50美分的溢价，但其中进入农民腰包的还不到20美分。我们不应感到奇怪，超市正是借着“天然食品运动”的东风，通过抬高价格来宰杀顾客。

---

① 资料来源：[英] 蒂姆·哈福德：《卧底经济学》，中信出版社2006年版。

你是否在意自己被宰？当然，有时东西贵是因为稀缺力量的自然结果。例如，并没有很多楼房能够俯瞰纽约的中央公园或伦敦的海德公园，因为很多人想住在这样的房子里，这样的房子很贵是无可厚非的。但在电影院卖的爆米花为什么那么贵，原因就好像不太明显——我们知道爆米花并不短缺。所以，东西昂贵还有其他的原因。

我们知道，最肥沃土地的地租由两种土地的粮食产量差额决定，这两种土地是最肥沃的土地和边际土地。所以，高地租的明显原因是：相对于边际土地而言，最肥沃的土地能够出产更值钱的粮食。正如前面所述，如果1蒲式耳粮食值1美元，那么5蒲式耳粮食的地租就是5美元，而如果1蒲式耳粮食值20万美元，那么5蒲式耳粮食的地租就是100万美元。如果粮食昂贵，那么产出粮食的稀缺的土地自然也会昂贵。

但还有提高地租的另一种方式，这可就不是那么自然的过程。我们假设地主们凑在一起，千方百计说服当地行政长官：英格兰应该有一条所谓的绿化带，所以应该通过立法严禁在城市周围开垦土地。这些地主声称，美丽原野被农场覆盖将是一种对环境和大自然的破坏，所以规定：开垦荒地是非法行为。

地主们将从这样的禁令中获利，因为这大大提高了合法土地的地租。要知道，土地的租金由土地生产力和边际土地的生产力之间的差额决定。禁止开垦边际土地，会导致合法土地地租暴涨。在以前，农夫除了耕种土地，还可以去免费耕种荒地，现在则别无选择。开垦荒地成了非法行为，农夫们只能耕种土地，他们愿意支付更高的租金。

因此，我们发现地租为什么这么高的原因：一是肥沃土地的高价值性，即值得为肥沃土地支付高租金；二是原来的另一种选择不在了，使土地变得更稀缺。

从这个案例中，我们应该思考如下的问题：（1）分析天然食品昂贵的原因？（2）如何看待垄断与竞争？（3）2016年，中国政府对Uber和滴滴出行合并的政策有何评价？

5.4.1 垄断竞争的特征和需求曲线

垄断竞争是指在同类产品市场上，有多个生产厂商且同类产品有差异的市场结构。这里所指的产品差别来自两个方面：一是物理属性有细微差别的产品物质层面以及包装导致的差别；二是产品价格的高低以及服务质量的好快导致的差别，垄断竞争市场偏重于竞争，垄断竞争有如下特征。

1. 市场上有许多卖主

在一定程度上，这些卖主对市场可以施加有限的影响，进而影响市场价格。但由于数量很多，所以每个卖主对市场的影响力是有限的，要互相完全联合起来控制市场价格也是十分困难的。一个企业在作决策时，估计对其他企业没有多大影响，其他企业不会做出什么反应，这也就是说，这些企业自我感觉是可以独立行动，互不依存。

2. 产品既有差别，又有一定的替代性

垄断竞争的最主要特征是同类产品之间有差别。这差别的形成，有以下几种情况：

实质上的差别：如由于设计、原材料、加工技术等不同而导致的功能效用不同；

非实质上的差别：如由于商标、包装、广告等引起的消费者忠诚度或偏好的不同；

出售条件的不同：如针对不同的消费对象、地理位置、销售时间、服务态度有所不同。

因此，市场上的产品往往形成许多产品组，如“牙膏”“卫生纸”“毛巾”等。在产品组内，产品是相似不相同，多少有一点差别，但差别又不是大得不能替代。正因为有差别，可以形成一定程度的垄断；但是由于差别的细微性，同类产品之间在一定程度上又可以替代，就可以形成一定程度的竞争，相互替代越容易，竞争程度越高。

3. 企业可以比较自由地进出市场

一个新的企业要进入某个特定产品的市场，需要一定的资本数量，比如购买生产设备、进行生产技术培训、支付生产经营的许可证费用以及支付广告推销费用打开销路等。但每个企业的规模有限，所需的资本也不是很多，较完全垄断以及寡头垄断市场结构，企业进出市场比较自由。

4. 交易者的信息基本是完全的

在现实经济中，垄断竞争是一种普遍现象，特别在零售业和服务业中。略微想一下，就可以列出一系列具有垄断竞争特征的市场，如书籍、CD、电影、电脑游戏、餐馆、点心以及家具等。这些产业市场，对生产者和消费者来说，都可以收集到大量相关信息供自己决策。

5.4.2　垄断竞争市场价格与产量的决策

1. 垄断竞争企业需求曲线

(1) 企业的需求曲线。垄断竞争企业有力量影响价格，因而是价格的决定者，而不是价格的接受者。企业认为自身的影响力很小以至于自己的行为不会对其他企业产生影响，但实际上，任何一个企业都会对其他企业的行为作出相应的反应。因此，垄断竞争市场中有两条需求曲线：主观需求曲线和实际需求曲线。所以主观和客观的分离是垄断竞争企业需求曲线的主要特征。如图5-14中单个垄断竞争企业分离的客观需求曲线（比例需求曲线）D 和主观需求曲线 d。

企业主观的需求曲线（d 曲线），它表示该行业中某一企业改变产品的销售价格，其他的竞争者并不随之改变价格时企业的销售价格和销售量的关系。企业往往主观认为这条曲线真正反映了它的需求情况。

市场份额（客观）需求曲线（D 曲线），它表示该行业中某一代表性企业改变销售价格时，其他的竞争者也同时改变价格的情况下，该企业事实上会有销售量与其价格的关系。

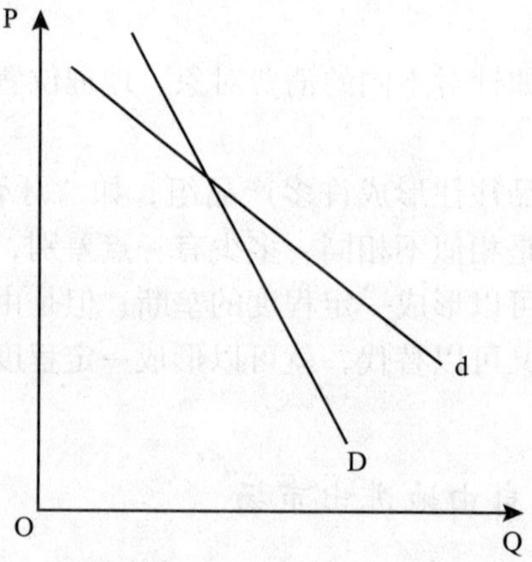

图 5－14　垄断竞争企业的主观和客观需求曲线

两曲线具有以下关系：

①d 需求曲线和 D 需求曲线的交点是垄断竞争市场的供求相等状态。

②d 需求曲线的弹性大于 D 需求曲线，所以主观需求曲线更平坦。

③当垄断竞争市场内所有厂商都以相同方式改变产品价格时，整个市场的需求发生变化，就会使得单个垄断竞争厂商的 d 需求曲线的位置沿着 D 需求曲线发生平移。

（2）总收益、平均收益和边际收益。

$$TR = P(Q)Q$$

$$AR = P(Q)$$

$$MR = P(Q) + P'(Q)Q < P(Q)$$

（3）利润最大化的条件：MR = MC 且 AR = AC。

2. 短期均衡

在短期内，一般认为生产同类产品的企业的数目 N 不会发生变化，这决定了单个垄断竞争企业所面临的客观需求曲线不变。但垄断竞争企业在进行生产经营决策时，往往是按照自己的主观意愿进行决策，即根据自身主观需求曲线 d_1 及相应的自身边际收益曲线 mr_1 来进行决策，如图 5－15（a）所示。

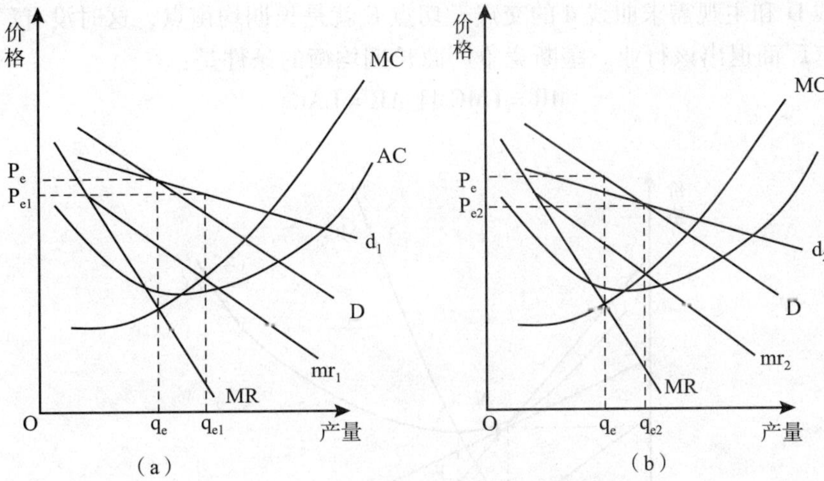

图5－15　垄断竞争企业的短期均衡

由 $mr_1 = MC$ 决定产销量 q_{e1}，而由主观需求曲线 d_1 决定价格 p_{e1}；考虑客观市场份额需求曲线，由相应的边际收益 $MR = MC$ 决定的产销量是 q_e，再由比例需求曲线D所决定的价格为 p_e。对垄断竞争生产者来说，当价格从 p_e 降到 p_{e1} 时，产销量就能从 q_e 增加到 q_{e1}。当所有的垄断竞争生产者都这样想并且都降低价格，结果就会迫使每个垄断竞争生产者的主观需求曲线沿着比例需求曲线向左移动，从而主观的边际收益曲线也向左移动。这样一直移动到图5－15（b）所示的位置，此时主观的需求曲线位于 d_2 的位置，相应的边际收益曲线为 mr_2，由利润最大化必要条件 $mr_2 = MC$ 所决定的产销量是 q_{e2}，q_{e2} 正好位于 $d_2 = D$ 的交点，即市场上供给需求相等的状态，此时市场价格为 p_{e2}。这时就达到了垄断竞争企业的短期均衡，因为垄断竞争生产者的主观意愿追求利润最大化所决定的产销量正好等于市场按比例客观分配给它的产销量。

类似于完全竞争市场和完全垄断市场分析，只要市场价格高于产品的平均成本，企业就能赢得超额的经济利润；市场价格正好等于产品的平均成本，就处于盈亏平衡点；若市场价格低于平均成本，但又高于平均变动成本，在短期应该继续经营；若市场价格低于平均变动成本，应该退出市场。

3. 长期均衡

短期均衡并不能持久。不同于完全垄断市场，因为垄断竞争厂商进入和退出市场比较容易，所以从长期看，垄断竞争行业的经济利润为零。短期内亏损的垄断竞争厂商经过长期的规模调整，最终会退出市场；短期内获得超额经济利润的垄断竞争企业，也不能阻碍新的企业进入市场，增加产品供给迫使客观需求曲线和主观需求曲线不断左移，降低了均衡价格，增加的原材料竞争迫使成本曲线上移，最终导致垄断竞争企业的经济利润降至零，达到垄断竞争行业的长期均衡。

如图5－16所示。主观需求曲线d和平均成本曲线相切的切点，正好是比例需求曲线 D 和主观需求曲线 d 的交点。切点 E 就是长期均衡点，这时没有厂商进入也没有厂商退出该行业。垄断竞争厂商长期均衡的条件是：

$$MR = LMC \text{ 且 } AR = LAC$$

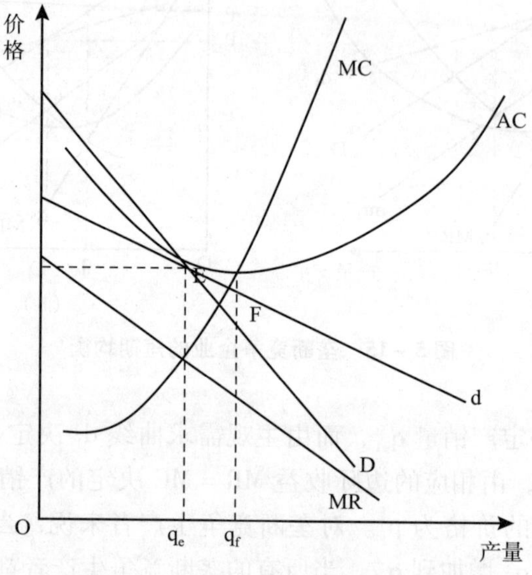

图 5 - 16　垄断竞争企业的长期均衡

在长期均衡时，需求曲线只能与 LAC 曲线相切于最低点的左边，因为垄断竞争厂商面临的需求曲线向右下方倾斜。所以，垄断竞争市场均衡的出清产量小于完全竞争市场。图 5 - 16 中，F 为平均成本曲线最低点，当生产同类产品的厂商数量越多时，客观需求曲线（比例需求曲线）越陡，而主观需求越平坦，长期均衡 E 点企业数越多，E 点就越接近 F 点。此外，在经济学上，利用剩余生产能力（excess capacity）来衡量垄断竞争企业长期均衡点 E 与完全竞争企业长期均衡点 F 之间的距离，该衡量指标表示经济资源未能得到充分利用的程度。

5.4.3　垄断竞争企业的非价格经营

在垄断竞争行业的长期均衡价格点，各个垄断竞争企业是不能获得超额经济利润的，所以垄断竞争厂商采用价格竞争是不明智的，尽管有利于消费者。在市场营销决策中，努力从产品物理品质、包装或商标广告等方面造成产品的差异，迎合消费者消费偏好，提高顾客忠诚度，在一定程度上和一段时间内来取得垄断的好处。当一个企业提供了对应于不同消费者偏好的多种产品时，称为水平产品差异化（horizontal product differentiation）。当一个企业通过提供不同质量等级的产品从而对消费者不同的支付意愿做出回应时，称为垂直产品差异化（vertical product differentiation）。

本节具体从两个角度来介绍非价格竞争造成的产品差别：一是在产品自身物

理品质上造成产生差异化竞争，这是品质竞争；二是从消费者对产品的心理偏好上进行差异化引导，主要是广告竞争。

1. 品质竞争

一般垄断竞争企业会引进新的、独特的、能更加迎合顾客需要的产品特征，在一定程度上可以吸引更多的消费者。具体竞争策略包括：增设新的产品用途；改进产品性能和界面结构；提高产品质量；为顾客提供更加周到的服务等。主要是利用消费者的个性化需求和不同的主观偏好，展开品质竞争，加强垄断地位，制定较高标准，获得较多利润。

在产品品质竞争中，一般产品设计会分为多个产品系列为满足市场上某一特定顾客群的特定需要服务，而不是面向整个市场，为自己找到并占领适当的位置。比如2016年国内智能手机市场销量第一的OPPO，其旗下智能手机主要分为Find、N、R和A四个系列。Find系列产品定位：对于充满想象力和探索精神的年轻消费者，追求领先的配置与前沿技术的整合、极致的拍照体验、快速响应和实现消费者需求，提供比其他品牌更富创意、更强性能、更高品质的旗舰智能手机。N系列产品定位：主打创意拍照功能体验，N代表无限可能，该系列专注于影像和拍照的产品线，该系列代表创新和差异化，它也是OPPO家族最具差异化的产品线。R系列产品定位：定位大众产品系列，主要针对那些对时尚潮流有无限追求的人，主打极致纤薄设计、至美外观。A系列：面向大众化年轻群体，追求时尚潮流的外观设计和稳定流畅的实用体验，让年轻消费者时刻尽享至美科技带来的无限乐趣。

在品质竞争中，努力造成的产品差异化有可能会带来成本的增加，只有当预算的成本增加量小于或等于估算的收益增加量，对企业来讲才是有利的变异，即在短期内使垄断竞争企业取得经济利润。

2. 广告竞争

广告竞争是利用广告的宣传，向消费者传递产品信息，一方面提高自身产品的知晓率，成为消费者的一种选择；另一方面阐述产品的功能独特性或差异性，满足消费者消费需求。这两个方面均能引起消费者的注意。

广告的主要形式有：

报纸、杂志、书籍等印刷广告；

广播、电视、电影等视听广告；

街头、建筑物等公共场所户外招贴广告；

车、船、飞机等移动公共交通工具内设置安装张贴的交通广告；

橱窗、货架的销售现场广告；

订货单、商品目录等邮政广告；

推销人员的口头广告等。

广告的促销效果通常是正的，但一般说来，需要产生重复效果，才能引起消费者的注意和兴趣，所以从这一方面来说，广告是规模递增的。但广告增加到相当的次数以后，容易接受广告宣传的顾客已购买了这种产品，广告对未购买的消费者作用就不大了，说明销售量达到饱和状态，此时广告是规模递减的。需要说明的是，广告的费用是很高的，垄断竞争企业在经营决策时，需要考虑这种昂贵的销售成本以及广告效果。

表5-4虽然是2007年的数据，但与历史统计数据表明的结果大体相似：广告效果好的行业，一般而言，其广告费用占销售额的百分较高。当然，对于广告竞争也存在不同的认识。一部分人认为，广告竞争使消费者从广告中得到传播的信息，减少消费者了解产品和购买产品的时间，实现了生产者和消费者的双赢效益。但也有一部分人认为，广告竞争产生的高额费用会转嫁到消费者身上，增加了产品价格，对消费者来说是不利的。但是大多数人都同意，品质竞争为消费者带来的好处要大于广告竞争为消费者带来的好处。

表5-4　　不同行业的广告费用占销售额的百分比

行业	广告占销售额百分比（%）	广告占净利润百分比（%）
运输服务	16.9	35
蒸馏混合提取	15.6	25.9
香水、化妆品，洗化用品	13.7	19.2
橡胶、塑料鞋	11.9	25.1
书本印刷	11.7	22.1
教育服务业	11.3	24
游戏玩具	10.7	20.9
电视广播台	10.6	30.6
特殊清洁剂	10.4	21.4
玩偶玩具	10.2	21.6
食品	10	22.1
麦芽饮料	9.5	18.3
手表、钟表及零件	9.3	18.2
肥皂、洗涤剂、马桶垫	9.1	17
人工橡胶	9	27.4
通讯服务	8.5	19.6
家具	8.5	22.8
影视录像带	8.4	18.4
珠宝店	8.2	21.7
水上运输	7.9	19

注意：广告投入覆盖了300个行业，此处所列属于2007年统计的广告投入占销售额最多的20个行业；广告占销售额百分比=广告费用/净销售；广告占净利润百分比=广告费用/（净销售-产品销售成本）。

资料来源：report of Schonfeld and Associates，Inc.，2008。

管理案例

谷歌突破核心搜索业务，扩展竞争领域①

北京时间2017年2月4日上午消息，谷歌母公司Alphabet在其年报中向投资者发出警告，列举了一系列新竞争对手，表明该公司已经突破核心搜索业务，积极拓展更多领域。

在提交给美国证券交易委员会（SEC）的最新年报中，Alphabet列出了苹果、Netflix和Hulu等竞争对手，同时强调了消费硬件制造等新业务面临的风险。

以下是该公司新披露的一些竞争对手，以及与一年前的年报的对比状况：

——“数字视频服务提供商，例如Facebook、Netflix、亚马逊和Hulu。”谷歌YouTube推出了新的付费订阅服务，与这三家公司形成了更加直接的竞争。该公司高管在上周的财报电话会议上对此表示谨慎乐观。“需要一段时间来开发订阅业务。”Alphabet CFO鲁斯·珀拉特（Ruth Porat）说。

——“数字助手开发商，例如苹果、亚马逊、Facebook和微软。”该公司上年推出了谷歌助手，这是一款语音信息服务，而谷歌希望将其整合到尽可能多的设备中。这款产品与苹果Siri、亚马逊Alexa和微软Cortana存在竞争关系。Facebook也在Messenger聊天应用中提供类似的服务。

——“企业云服务提供商，例如亚马逊和微软。”这指的是谷歌的云计算业务，其负责人戴安·格雷尼（Diane Greene）已经将这项业务转变成了大型企业客户的重要服务。Alpahbet之前也曾在年报中提及云计算业务，但以企业市场为重点则是第一次。

——“设计、生产和推广消费电子产品的公司。”这有可能指的是谷歌新推出的一系列消费电子产品，包括Pixel智能手机和Home智能音箱。这款手机使之与苹果以及三星等Android手机厂商展开了直接竞争。

谈到硬件时，Alphabet最新的年报着重强调了与其自有消费电子业务有关的新的制造和供应链风险。“我们可能达成长期合同，从而承诺重要的供应条款。我们可能承担因为市场接受度、技术变化、产品过时、质量、产品召回和保修问题导致的材料和产品积压责任。”该公司写道。

Alphabet还披露了推销这些新设备所产生的成本。从2015~2016年，总的销售和营销费用增长逾14亿美元——主要源自6.79亿美元的广告和促销成本，针对的主要对象都是谷歌的硬件产品。

思考：谷歌拓展竞争领域有什么利与弊？（可从：垄断竞争企业的增加，可以增加消费者的选择，降低了产品的稀缺程度；竞争程度的增加促进企业的研究

① 资料来源：新浪科技网，http://tech.sina.com.cn/i/2017-02-04/doc-ifyafcyx6904769.shtml，2017年2月。

与开发，提高国民生活水平；谷歌业务功能的横向和纵向扩展，降低企业交易成本，增加管理成本等几个方面入手）

5.5 寡头垄断市场的企业经营决策

5.5.1 寡头垄断的条件

寡头垄断（oligopoly）是指同类产品市场上只有少数几家厂商，处于垄断和竞争之间但更接近于纯粹垄断的一种市场结构。寡头垄断行业是生产高度集中的行业，少数的几家垄断厂商在市场上均有较强的影响力，比如中国移动、中国联通和中国电信，所以行业中为数不多的几家垄断厂商竞争十分激烈。寡头行业各厂商的产品，可以像是同质的，如木材、水泥、铝、钢等，也可以是有差别的，如化妆品、家电、汽车等个人消费品。

寡头垄断市场形成条件一般如下。

1. 市场上的企业数极少

寡头市场最基本、最突出的特征：只有为数不多的几家企业就控制了产品的极大部分供给，企业之间的经营决策相互影响。其主要原因在于：寡头市场中厂商数目很少，每个厂商的市场份额都比较大，导致每个厂商价格或产量等经营决策的变动对其他寡头企业甚至整个行业都会产生举足轻重的影响，因此寡头企业的经营决策是一个比较复杂的问题，每次策略的选择都是寡头企业之间博弈的结果。

因而，每个寡头厂商在采取某种行动时必须考虑其他厂商的反应。但是，对手究竟会做出怎样的反应很难完全预料到。寡头市场的这种相互依存关系，使寡头厂商的决策带有很大的不确定性。同时，寡头市场的这种特性使寡头理论的分析具有较大的难度，特别是对价格和产量的决定很难做出完美的、确定的结论。

2. 产品同质或异质

寡头垄断销售的产品可以是同质的、也可以是有差异的。如果产品是同质的，如石油、水泥等行业，这种市场称为纯寡头垄断。如果产品不是同质的，如化妆品、家电、汽车等行业，这种市场称为有差异的寡头垄断。

3. 进出市场都有很大障碍

与完全垄断市场结构的成因类似，规模经济性、生产资源的控制、专利特权以及政府的扶植等原因形成寡头垄断市场，只是在程度上稍逊于完全垄断市场，但这也形成了较高的市场进入壁垒，使得新厂商很难进入。

4. 信息不完全

寡头垄断市场上，交易的信息是不完全的，情况非常复杂，还没有一套成熟自洽的理论来说明寡头垄断市场的运行。

5.5.2　寡头垄断企业需求曲线

寡头垄断市场结构的主要特征，就是为数不多的几家寡头企业在经营决策时相互影响，表现为企业的需求曲线是一条弯折的需求曲线，这样的需求曲线解释了寡头垄断市场上价格很少变动的事实，比如汽车或电视机市场上，价格的变动是以月甚至年计算观察的，而非农产品等完全竞争市场上是以时计或天计的价格变化。

在寡头垄断市场上，寡头企业在经营决策时，并不能收集到足够充分的信息，所以并不知道自己产品价格变动后，对手会有什么样的反应。这种情况下，寡头企业一般从最坏处着想，选择自己的经营策略。所以，当企业决定降价时，往往认为竞争对手也会降价，而当企业决定涨价时，则认为竞争对手不会盲从，从而认为本企业的产品需求减少很多。所以该企业就面对着两条不同弹性的需求曲线。如图5－17所示，一条扭结的需求曲线。

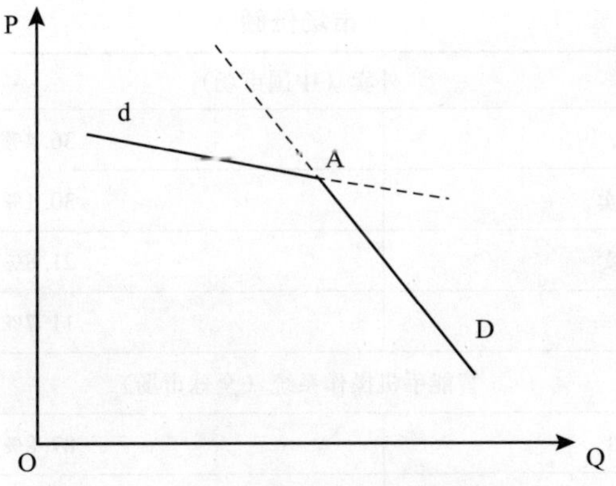

图5－17　寡头垄断企业的纽结需求曲线

当企业产品降价时，面临的是AD需求曲线，而当产品涨价时，则面临dA需求曲线，从图5－17中可以看出，dA需求曲线比AD需求曲线更富有弹性。这说明，在企业产品降价时，竞争对手也跟着降价，大家均分新客户。但在涨价时，竞争对手并不跟从，从而要失去更多的客户。

管理案例

智能寡头：相对的市场份额[①]

2016 年中国外卖市场，饿了么虽然还是第一，但美团一直咬得很紧。2017 年 4 月，饿了么合并了阿里旗下的口碑外卖。如果不再发生大规模合并事件，饿了么和美团预计还会延续你追我赶的态势。至于百度外卖的未来，可以说是三巨头中最扑朔迷离的，不过外卖市场还很大，专注做小而美的平台，前途还是很光明。当然，百度外卖能生存下去的前提是在这之前不要被兼并掉。

在智能手机操作系统市场上，Google 的 Android 系统持续从苹果 iOS 系统手中抢走更多市场占有率，整体比率达到近 88%。从调研机构的数据可以看出，中国智能手机市场的格局在不断盘整，厂商排名不断变化，但是市场集中度一直在稳步提升，并且越发向优势品牌集中，形成强者越强的“马太效应”。纵观中国智能电视市场的品牌，可谓百花齐放。其中以 TCL、海信、LG、康佳、长虹、三星、创维、海尔等传统电视厂商作为主导。后入局的像乐视、小米、PPTV、暴风 TV、微鲸等互联网品牌也凭借内容在智能电视市场分得一杯羹。总的来说，国内的智能电视市场依然以传统电视品牌为核心力量，而互联网企业的入局为智能电视的产品革新带来了新的思维模式（见表 5－5）。

表 5－5　市场份额

外卖（中国市场）	
饿了么	36.4%
美团外卖	30.1%
百度外卖	21.8%
Others	11.7%
智能手机操作系统（全球市场）	
Android	87.8%
iOS	11.5%
Windows	0.4%
BlackBerry	0.1%
Others	0.2%

① 资料来源：Trendforce，https：//press.trendforce.com/press/20180531－3111.html，2018 年 5 月；搜狐科技，http：//www.sohu.com/a/161918559_118778，2017 年 8 月。

续表

智能手机（全球市场）	
三星	22.3%
苹果	12.9%
华为	9.1%
oppo	6.1%
LG	5.7%
vivo	5.2%
Others	38.7%
智能手机（中国市场）	
oppo	16.8%
华为	16.4
vivo	14.8%
苹果	9.6%
小米	8.9%
Others	33.5%
智能电视操作系统（中国市场）	
Android	80.96%
Webos	9.24%
Tizen	7.74%
Yunos	0.47%
Others	1.87%
智能电视（中国市场）	
TCL	10.64%
海信	10.59%
LG	9.40%
康佳	9.16%
长虹	9.12%
三星	7.88%
创维	6.79%
海尔	6.65%
飞利浦	5.94%
夏普	4.61%
索尼	3.18%
东芝	2.18%

续表

智能电视（中国市场）	
乐视	2.09%
联想	1.99%
松下	1.71%
Others	8.07%

联通和电信结成战略联盟　与中国移动展开竞争①

据英国《金融时报》1月14日报道，中国第二和第三大国有电信运营商的股价13日大涨，原因是它们宣布将结成联盟与市场领先者——中国移动展开竞争。

为了挑战目前占霸主地位的竞争对手，中国联通和中国电信公布了一份广泛的协议，拟在多个领域开展战略合作，包括共享资本支出、推动智能手机标准化、联合谈判国际漫游资费，以及合作推广它们的产品。

盛博（Sanford Bernstein）电信分析师克里斯·莱恩（Chris Lane）表示，对两家公司来说，关键内容是同意共享一个新的农村4G网络，以及一项国家智能手机标准的提议。"他们实质上已决定建设的4G网络，在农村地区为联通和电信两家的用户服务，将让两家公司节省30%～40%的资本支出，以及50%的运营支出。"

中国移动目前主导着市场，占据63%的份额，远远超出中国联通的22%和中国电信的15%之和。尽管两家电信集团的高管都坚称这个联盟不是全面合并的前奏曲，但分析师们表示，此举可能是电信业广泛重组的第一步，合并的可能性不应该被排除。

5.5.3　寡头企业经营策略互动博弈

寡头企业的经济行为具有很大的不确定性，且企业相互之间有很强的依存性。本节主要介绍静态博弈、古诺竞争模型、动态博弈与斯塔克尔伯格模型等其他模型。

1. 静态博弈模型

博弈论（game theory）也叫做对策论或竞赛论，它是在人们自利行为的假设前提下，研究人们如何作出最优决策的科学，即是一门研究参与者各自所选策略的科学。

寡头垄断市场中企业个数很少，每一家企业在作出其产量、价格、广告等决

① 资料来源：环球网，http://tech.huanqiu.com/original/2016-01/8380846.html，2016年12月。

策时都可能有几种策略可供选择，而每一种策略的结果如何又都取决于其竞争对手的反应。先学习一些基本的博弈模型，可以帮助寡头企业进行定价决策、产量决策以及选择阻止进入的策略等。

（1）囚徒困境与价格竞争。

①囚徒困境。

例：将两个犯罪嫌疑人A和B分别关在完全隔离的两处进行审讯。警察对A说："如果你们两个人都不坦白，你们都将被起诉判刑3年；如果你坦白了而他不坦白，那么你将只被判1年，他将被判9年；如果他坦白了而你不坦白，那么你判9年他判1年；如果你们两个都坦白，你们都将被从轻宣判。"警察对犯罪嫌疑人B也说了完全一样的话。但实际上，如果两个人都坦白，却会因罪案的确定而被判刑5年（见表5-6）。

表5-6　　犯罪嫌疑人A和B的收益矩阵

		案犯B	
		坦白	不坦白
案犯A	坦白	-5，-5	-1，-9
	不坦白	-9，-1	-3，-3

在本例中，两个参与者A和B都可选择坦白或不坦白两种策略，所以组合他们所有可能的选择，得到四种结局，依次表示为（坦白，坦白），（坦白，不坦白），（不坦白，坦白）和（不坦白，不坦白），括号中前后两种策略分别为参与者A和B所选择的策略。矩阵中的数字表明在不同策略组合下他们各自的收益，前一数字是参与者A的收益，后一数字则是参与者B的收益，收益均为负。

如果他们听从警察的劝告而都选择坦白的话，他们都将被判入狱5年；如果他们都选择不坦白的策略，他们都将只被判3年。入狱3年当然比入狱5年要好得多，但问题是，他们在完全隔离审讯的情况下，同伙人还是可信任的吗？因为1年的诱惑可能足够他们背叛对方，而自己就要面临被判9年的风险。特别是，如果检察官说："他已经坦白了你还不坦白吗？"这两个案犯谁还能守口如瓶呢？

在这样一个博弈过程中，最有可能出现的结局就是两个案犯的都优先选择坦白，也就是两人都被判5年。

②价格竞争。假设一个市场中仅有A、B两家企业，每家企业可采取的定价策略都是30元或50元，我们可用下面的收益矩阵来说明每种策略组合的结果。

如果两家企业都采取30元竞争的策略，它们的利润状况都将远远不如都采取50元策略的结局。但如果企业A和B能够充分了解这一矩阵所示的各种结果，并能采取一种相互合作的态度，那么，他们都采取定50元的高价策略就都能获得更高的利润。这种两难境况与囚徒困境是一样的。合作能够产生更高利润，但只要任何一方（例如企业A）采取不合作的态度（定低价），它就可能获得对它更有利的结果，而另一方（企业B）则会受损（即此时A可盈利180万元，而B则仅获利30万元）（见表5－7）。

表5－7　　A、B两家企业的收益矩阵　　单位：万元

		企业B	
		30元	50元
企业A	30元	100，80	180，30
	50元	50，170	150，120

上述博弈最有可能出现的结局就是（30元，30元）策略组合，此时企业A获得利润100万元，企业B获得利润80万元。

（2）性别之战与公共标准之争。

①性别之战。

例如，一对恋人准备在周末晚上一起出去活动，男生更喜欢听音乐会，女生却更喜欢看电影。当然，两个人都不愿意分开活动。不同的选择给他们带来的满足度如表5－8表示。

表5－8　　两个人的收益矩阵

		女	
		音乐会	电影
男	音乐会	2，1	0，0
	电影	0，0	1，2

从上述收益矩阵中可以看到，分开将使他们两人的收益均为零，即得不到任何满足，但两人在一起会得到正的收益，即得到一定程度的满足，不管是在一起看电影还是听音乐会。收益矩阵显示音乐会将使男生得到更大满足，看电影则使女生得到更大满足。在这样一个博弈过程中，男生和女生的最优策略依赖于对方的选择，一旦对方选定了某一项活动，另一个人选择同样的活动就是最好的策略。那么，在这个博弈中是否存在均衡状态呢？容易看到，两人都去看电影即（电影，电影）组合策略是一种均衡状态。也就是说，在这种状态下，双方都不想再改变他们的策略。同样地，（音乐会，音乐会）组合策略也是一种均衡状态。

②公共标准的争夺。在市场竞争中，存在与性别之战类似的博弈过程。例如，20世纪90年代初，日本企业在高清晰度电视（HDTV）的发展方面居于领先地位，但高清晰度电视的发展如何确定世界范围内的技术标准？日本企业已经有了它们自己的标准，这种标准被称为MUSE，而欧洲企业也在开发它们自己的技术标准。假定这两类企业的技术标准的策略选择将使它们得到如表5－9所示的收益矩阵。

表5-9 高清晰度电视技术标准的争夺的收益矩阵

		欧洲企业	
		日本标准	欧洲标准
日本企业	日本标准	100，50	30，20
	欧洲标准	0，0	60，90

从表5-9的收益矩阵可见，对日本企业来说，如果日本企业和欧洲企业都采用日本标准，它们获得最大收益；同样的，对欧洲企业来说，它们的最大收益也要求双方都采用欧洲标准。但如果它们各自采用自己的标准，它们的收益都将远远低于采用同一种标准的情况。

在这一博弈过程中，我们也可以找到两个均衡点，即（日本标准，日本标准）组合策略，和（欧洲标准，欧洲标准）组合策略。也就是说，一旦一方选定了某种标准，另一方的最好策略就是采用与对方同样的技术标准。但实际情况是，日本与欧洲至今并未达成有关HDTV技术标准的协议，他们仍在各自发展自己的标准。此外，美国企业也在发展它们自己的技术标准，而这一标准既不同于日本的技术标准，也不同于欧洲的技术标准。

因此这个复杂的技术标准选择问题值得我们进一步研究，除了计算可能的利润收益外，还需要调研其他的非货币收益，从而更好地解释各国企业发展各自标准的实际选择。

2. 静态寡头市场模型：古诺模型

古诺模型（Cournot model）是法国数理经济学家奥斯汀·古诺丁1836年提出来的。古诺模型非常契合现代的博弈论元素，模型的解暗示着纳什均衡的概念。古诺模型中，企业的决策变量是产量。

此模型的假定是由A、B两个企业组成寡头垄断，它们彼此独立行动，产品完全替代，各自追求各自的利润最大化。

A、B两个寡头垄断企业共同面对的需求曲线为：

$$P = f(Q_A + Q_B)$$

则A、B两个企业的利润函数分别为：

$$\pi_A = PQ_A - TC_A = f(Q_A + Q_B)Q_A - TC_A$$

$$\pi_B = PQ_B - TC_B = f(Q_A + Q_B)Q_B - TC_B$$

A、B两个企业各自追求各自的利润最大化，利润最大化的必要条件是：

$$\frac{\partial \pi_A}{\partial Q_A} = 0$$

$$\frac{\partial \pi_B}{\partial Q_B} = 0$$

若这两个企业的边际成本函数已知，则通过以上两式就不难解出这两个企业的产销量，并进而得到市场价格，这就是古诺均衡点。

假定有一种产品，它的需求方程为线性函数 $P=a-bQ=a-b(Q_A+Q_B)$。

这里 Q 为市场上所有供给者的总产量，Q_A 是企业 A 选择的产量，Q_B 是企业 B 选择的产量。假设每个企业的固定边际成本相等，为 c。

由于假定两个企业相互独立行动，企业 A 在确定其利润最大化产量时就像是垄断企业一样，企业 A 的边际收入方程为 $MR_A=(a-bQ_B)-2bQ_A$。

同样，企业 B 的边际收入方程为 $MR_B=(a-bQ_A)-2bQ_B$。

令边际收入等于边际成本，可以求得利润最大化产量，即：

$$\text{企业 A}\quad MR_A=(a-bQ_B)-2bQ_A=c$$
$$\text{企业 B}\quad MR_B=(a-bQ_A)-2bQ_B=c$$

解每个方程，求产量得：

$$\text{企业 A}\quad Q_A=\frac{a-c}{2b}-\frac{Q_B}{2}$$

$$\text{企业 B}\quad Q_B=\frac{a-c}{2b}-\frac{Q_A}{2}$$

企业 A 的利润最大化产量 Q_A^* 随着企业 B 的产量 Q_B 的增加而下降，企业 B 的利润最大化产量 Q_B^* 也随着企业 A 的产量 Q_A 的增加而下降。联立上述两个产量方程，可以得到：

$$Q_A^*=\frac{a-c}{3b},\ Q_B^*=\frac{a-c}{3b},\ Q^*=\frac{2(a-c)}{3b},\ P^*=\frac{a+2c}{3},\ \pi_A^*=\pi_B^*=\frac{(a-c)^2}{9b}$$

古诺模型一直受到批评，因为它所确定的每家寡头厂商对其竞争对手行为的假定条件是不现实的。古诺假定其他厂商将保持其产量不变的假设是与理性的经济行为不一致的，特别当这种相互影响的假设在最初的决策中被证明是不正确的时候。正常的情况应该是，双寡头厂商会从过去的错误中吸取教训，如果可能，要么对竞争对手行为的假设作出某些调整，要么（正式或非正式地）与对方厂商达成共谋协议来提高价格和增加利润。

尽管古诺模型存在着缺点，但它对寡头厂商之间相互影响的性质提出了看法，指出必须要对竞争对手如何对厂商的价格和产量决策作出反应来确定某些假设条件。

3. 动态博弈

（1）无限次重复博弈。在前面所分析的博弈过程都是一次性的，没有重复性，但在现实中，企业之间的竞争一般都是长时期内的重复博弈过程。在重复博弈的情况下，企业在选择策略的时候不仅需要考虑当前的博弈，而且还需考虑当前选择的策略对于以后的博弈将产生怎样的影响。以囚徒困境为例，在他们选择的过程中不仅要考虑当前这次坦白的后果，还要考虑坦白后会不会被对方报复。

①“以牙还牙”或“针锋相对”：美国密执安大学教授罗伯特·艾克赛罗曾邀请博弈论专家就案犯的困境问题提交计算机程序，以竞赛方式来决定哪种策略

将是最好的策略。有14位来自经济学、心理学、政治学、社会学和数学领域的博弈论专家提交了程序。艾克赛罗让这些程序及一个随机程序进行循环赛，共重复了5次，总共进行了12万次对局。结果令人吃惊，获胜的程序就是最简单的程序："以牙还牙"。这一程序以合作的策略开始，以后每一次的选择都只是模仿对方上一次的选择。其后，艾克赛罗公布了第一次竞赛的结果，并再次征集新的程序。这一次他收到了62个程序，许多程序设计复杂而精巧，还有的程序是对"以牙还牙"策略的改进。但第二次竞赛的结果与第一次一样，获胜的仍然是最简单的原则——"以牙还牙"。

②价格竞争中的策略选择：在多次价格博弈中，一旦双方中的一方在某次选择低价竞争，那么另一方就会在下次削价竞争；如果一方一直选择高价，另一方也会维持高价策略。在理论上需要参与者都预期这一博弈将永远持续下去而不会停止。如果对局的次数是有限的话，上述结论将不再有效。

（2）序列博弈。如果参与者选择策略有时间先后的顺序，某些参与者可能率先采取行动，这种博弈方式为序列博弈，是另一种动态博弈。

先行者优势：在序列博弈中，先行者可能占据一定的有利地位。比如在涉及市场进入的竞争时，先行者优势对于企业的经营具有关键意义。如表5－10所示，一家企业先进入市场，第二家企业的理性选择就是不进入的策略，否则就是"鱼死网破"的结局，每家企业都亏损20万元，而理性行为使先进入市场的垄断者获取50万元的年利润，获得先行者优势。

表5－10　　市场进入的博弈

		企业B	
		进入	不进入
企业A	进入	－20，－20	50，0
	不进入	0，50	0，0

管理案例

QQ与ICQ、MSN的博弈①

腾讯在即时通讯社交软件市场上面临着多次市场进入的博弈。很多年来一直有科技人士吐槽腾讯的抄袭，质疑腾讯的方式。

（1）QQ进入ICQ市场的博弈。ICQ成为美国AOL旗下重要的产品，永久的消失在人们的视野里，而腾讯却依旧活着，而且活成了市值过万亿人民币的庞然大物。暂且不去考虑国际市场，拿中国市场来说，QQ具有以下优势：

① 资料来源：创业网，https：//www.admin5.com/article/20160105/641093.shtml，2016年10月。

首先，ICQ的全部信息存储于用户端，一旦用户换电脑登录，以往添加的好友就此消失，而QQ的用户资料存储于云服务器，在任何终端都可以登录聊天。

其次，ICQ只能在好友在线时才能聊天。QQ首创离线消息发送功能，隐身登录功能，可以随意选择聊天对象，可以有自己的个性化头像。

最后，ICQ通过来自给企业定制的即时通讯软件获利，而QQ坚持通过面向消费者的免费服务寻求商业化机会。

分析：QQ通过不断解决用户本质的需求，在进入ICQ市场中获得胜利和长远发展。

（2）MSN进入QQ市场的博弈。MSN于1999年正式开通，由于绑定在微软的操作系统上，用户群迅猛增长，并于2001年顺利击败AOL成为世界上最大的即时通讯平台。2003年MSN凭着微软强大的技术实力与雄厚的资金基础满怀信心地进入中国。随后腾讯推出了QQTM服务，正面回击MSN，由于一系列的技术创新，如文件断点续传，文件直接拖放窗口，共享文件夹，屏幕截图，好友分组，聊天记录备份和快速查询，短信互通，视频会议，网络硬盘，软键盘密码保护，个人名片……悄悄地我们发现流失的用户逐渐又回到了腾讯，而MSN却被束之高阁。

分析：MSN进入QQ中国市场，腾讯通过不断完善的创新体验，用新产品、新功能不断满足用户的需要，打败了MSN的进入。

思考分析QQ在两次博弈中的先行者优势与后行者优势？

4. 斯塔克尔伯格模型与产量竞争

Stackelberg寡头模型与古诺模型类似，两家厂商都选择产量进行竞争，区别是现在的行动是序贯的而不是同步的。第一个行动并选择其产量水平的厂商称为领导厂商，第二个行动的厂商被称为跟随厂商。序贯选择产出使得博弈是动态的，但是厂商仅仅接触一次，他们的相互作用产生了一个一劳永逸的市场出清结果。

假定有一种产品，它的需求方程为$P=a-bQ=a-b(Q_A+Q_B)$。

这里Q为市场上所有供给者的总产量，Q_A是企业A选择的产量，企业A为领导者首先行动，Q_B是企业B选择的产量，企业B作为跟随者在领导者做出产量选择之后选择自己的产出。假设每个企业都有相同的不变边际成本c。

我们需要依靠一个事实：两个厂商都是理性和有策略的，两个厂商都知道这一点而且知道对方知道这一点。结果企业A在决策时将考虑最优估计下的企业B对观察到的Q_A选择的理性反应，即企业A将计算企业B对每个Q_A的最佳反应，并假设企业B会做出对应产出的最优反应，然后选择Q_A，从而最大化企业A的利润。

我们可以像古诺模型里所做的那样计算出企业B的最优产量函数：

企业B的边际收入方程为$MR_B=(a-bQ_A)-2bQ_B$

企业B利润最大化条件为 $MR_B = (a - bQ_A) - 2bQ_B = c$

求解企业B的最优产量为 $Q_B^* = \frac{a-c}{2b} - \frac{Q_A}{2}$

如果企业A是理性的，企业A将了解上述企业B的产量反应函数，我们将上述反应函数概括为 $Q_B^*(Q_A)$。则在需求函数中，厂商A能够用 $Q_B^*(Q_A)$ 代替 Q_B，反需求函数可以写成：

$$P = a - bQ = \frac{a+c}{2} - \frac{b}{2}Q_A$$

相应地，这意味着企业A的利润函数为：

$$\pi_A(Q_A, Q_B^*(Q_A)) = \left(\frac{a+c}{2} - \frac{b}{2}Q_A - c\right)Q_A = \left(\frac{a-c}{2} - \frac{b}{2}Q_A\right)Q_A$$

最大化企业A的利润，得到企业A的最优产量 $Q_A^* = \frac{a-c}{2b}$，代入 $Q_B(Q_A)$，得到企业B的最优产量 $Q_B^* = \frac{a-c}{4b}$，得到行业总最优产量 $Q^* = \frac{3(a-c)}{4b}$。

很明显，斯塔克尔伯格模型较古诺模型产生更高的行业产出，相应地，斯塔克尔伯格分析的均衡价格低于古诺分析的均衡价格。同时，斯塔克尔伯格模型表明先行能够拥有优势，因此能成为策略互动的主要因素。

管理案例

拉斯维加斯商业街：寡头竞争的演化①

拉斯维加斯商业街位于拉斯维加斯城外Sahara大道和Russell路之间的拉斯维加斯一个延伸带上。迄今为止，Caesars娱乐公司和MGM休闲开发公司成功强化了当地的酒店产业。2010年，在此区域共有67000间酒店房间，Caesars管理其中的22880间，而MGM管理着超过12000间。

经济大萧条初期，拉斯维加斯商业街迎来了两家新的开发公司。2009年下半年，CityCenter，一家由MGM控股50%并管理的公司，增加了超过4000间酒店房间。然后在2010年下半年，Cosmopolitan一家被德意志银行通过建设贷款偿贷收购的公司，增加了200间房间，并在2011年又增加了超过1000间房间。

穆迪的分析师Peggy Holloway将这个结果称为“完美风暴”：在消费者数量由于经济萧条减少时，新的开发商强势进驻市场。在2008～2010年3年间，MGM的酒店入住率由92%下降到91%，再下降到89%，而日均价格也从148美元下降到111美元，再下降到108美元。在商业街北段，拥有1720间房间的Sahara地区酒店已于2011年5月关闭。

MGM在拉斯维加斯商业街采取的策略与产量领先地位是相关的。MGM公司

① 资料来源：［新加坡］方博亮：《管理经济学》，中国人民大学出版社2013年版。

和 Caesars 两家公司主导了这一地区的酒店产业。通过增加供给量，MGM 获得了更大的市场份额。像 Sahara 这种竞争力较弱的酒店被迫关闭。MGM 酒店的入住价格由于经济大萧条产生了下降，但从长期来看，它可以通过更大的市场份额获取更高的收入。

5. 其他经营决策模型

（1）价格领导模型。由行业中某一个企业来制定和变动价格，其他企业在相当程度上自动跟着定价和变动。价格领导可分为两种形式：有支配力企业的价格领导和气压表式价格领导。

①有支配力的价格领导，通常是由生产规模和市场份额占有率比较大、且有一定稳定地位的企业来执行。规模经济给企业带来较低的生产成本条件，可以有能力承担首先调整价格所带来的风险；在市场上销售方面的优势，也有能力预见到其他企业也能跟随自己确定价格。这样的领导企业在一定程度上就处在一个相当于完全垄断的地位。

图 5 – 18 中 D_m 是整个行业的市场需求曲线。由于非领导企业是类似于在完全竞争市场上决定价格与产量，它们是价格领导企业所决定价格的被动接受者。利润最大化时的产量就是边际成本等于价格时的产量。这样，它们在短期内各自平均变动成本最低点以上部分的边际成本曲线就是各自的供给曲线，它们各自的边际成本曲线横坐标之和就是这些企业的总供给曲线，如图 5 – 18 中 S_f 所示。而价格领导企业的需求曲线是在同一价格下市场总需求减去非领导企业的总供给得到的，即图 5 – 18 中的 D_L 是由 FGHJ 构成的一条折线。价格领导企业相当于一个完全垄断企业，其边际收益曲线为 MR_L，由于面对的需求曲线 D_L 是一条扭结的折线，边际收益曲线 MR_L 就是断开的。利润最大化的必要条件是 $MR_L = MC_L$，这就决定价格领导企业的产量是 Q_L，相应的价格水平是 P_L。非领导企业接受价格领导企业所设立的价格 P_L，因此，全体非领导企业像完全竞争那样决定产量为 Q_f，$Q_T = Q_f + Q_L$。

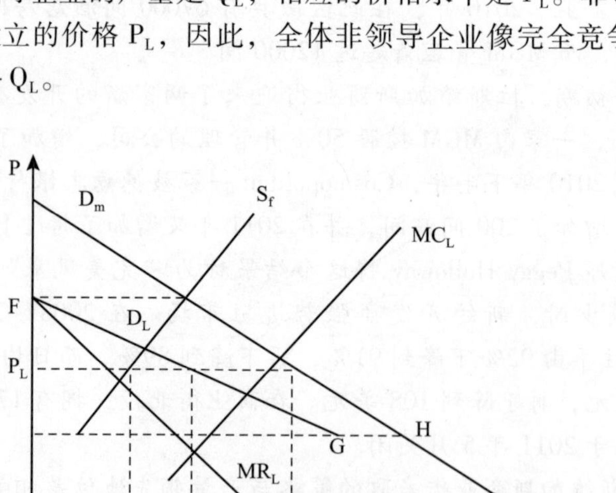

图 5 – 18　价格领导模型的产量与价格

一般来讲，是由生产成本较低的企业制定价格。如有 A、B 两企业，B 企业的生产成本低于 A 企业的生产成本，当然 B 企业有条件将价格降到 A 企业的平均成本最低点以下，这样 A 企业发生亏损，有可能退出行业，B 企业成了完全垄断企业，这会触犯反垄断法，企业 B 的合适做法就是将价格降到企业 A 的平均成本最低点，使 A 企业仍然愿意继续留在这个行业内，而 B 企业因成本更低而取得经济利润。

②气压表式价格领导是指即使市场上没有支配企业，也能产生的价格领导。当价格变化只是对市场上明确的、众所周知的变化的反应，就会出现气压表式价格领导。例如，全球范围内的气候异常或灾难使咖啡豆种植失败，势必会提高咖啡豆的价格，导致咖啡的原材料成本上涨，行业中一家企业比如星巴克会首先宣布咖啡涨价，由于价格提高反映的是整个行业的成本变化，其他企业就很可能跟着涨价。

在气压表式价格领导的情况下，不一定始终由同一家企业充当价格领袖，关键是它拥有解释市场条件的能力，即其他企业愿意跟随它提出的价格而变动。确切地说，气压表式价格领导为需要进行价格变动提供信号，是一种公认的、合法的价格调整方法。

（2）弯折需求曲线模型。弯折需求曲线模型是一类重要的寡头垄断市场模型，模型的基本设定前提是：在既定的市场价格水平上，任何一个寡头垄断者都不敢随意变动其销售量和价格，如果其中一个厂商提高价格，其他厂商因为担心销售量减少而不会跟着提价；如果其中一个厂商降低价格，则其他厂商必定也会跟着降价竞相销售，以争取更多的销售量。由此可见，在模型的设定之下，寡头所面对的需求曲线是一条弯折的曲线，一段弹性大，另一段弹性小。

如图 5－19 所示，假设寡头垄断厂商以价格 P_1 出售商品，在此价格上的销售为 Q_1。如果寡头垄断厂商把价格降至 P_2，其他寡头垄断厂商必定也会跟着降价竞相销售，这使得该寡头的企图受到影响，销售量只能是 Q_2；如果寡头垄断厂商把价格升至 P_3，由于其他厂商不降价，该寡头处于高价销售状态，从而会失去更多的顾客，销售量只能是 Q_3。

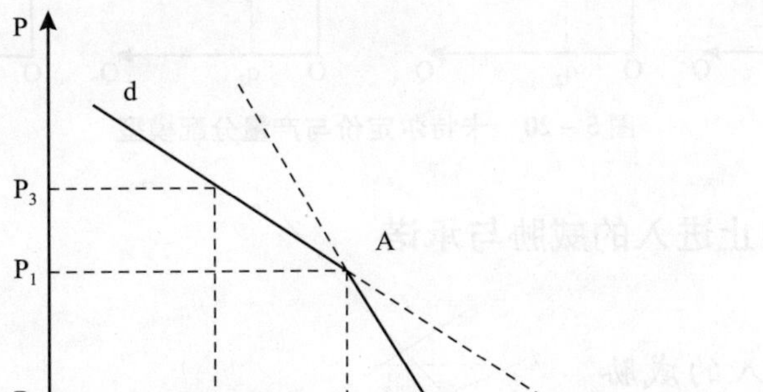

图 5－19　寡头垄断厂商的需求曲线

(3) 卡特尔模型。此模型的基本设定是寡头之间通过达成一种协议来共同操纵市场，分享利润。如果寡头垄断行业中的各家企业通过明确的、通常是正式的协议来协调其各自的产量、价格或其他诸如销售地区分配等事项，它们就形成一个所谓的卡特尔。

中东的石油输出国组织（OPEC）就是卡特尔模型的一个典型案例。根据欧佩克制定的长期目标，成员国政府应该：（1）决定石油价格；（2）拥有和控制它们的石油资源。在过去的几年内，石油需求疲软、生产能力过剩、成员国随意地破坏价格和产量配额，以及两个欧佩克成员国之间的战争所导致的灾难和损失，导致对欧佩克解体的推测一直不断。尽管存在这些问题，欧佩克仍在设法存在下去。

卡特尔模型作为一个整体进行决策，类似于一个完全垄断者，是以全体企业的总利润最大为目标。根据所面临的市场需求曲线可以确定市场上总的边际收益曲线 MR，根据参加卡特尔各企业的边际成本曲线横坐标之和构成总的边际成本曲线 MC。令 MR = MC，则交点为卡特尔的最优总产量，再由市场需求曲线确定卡特尔统一的"垄断"市场价格。按企业成员的边际成本都相等的原则，进行产量限额的分配，如图 5-20 所示。

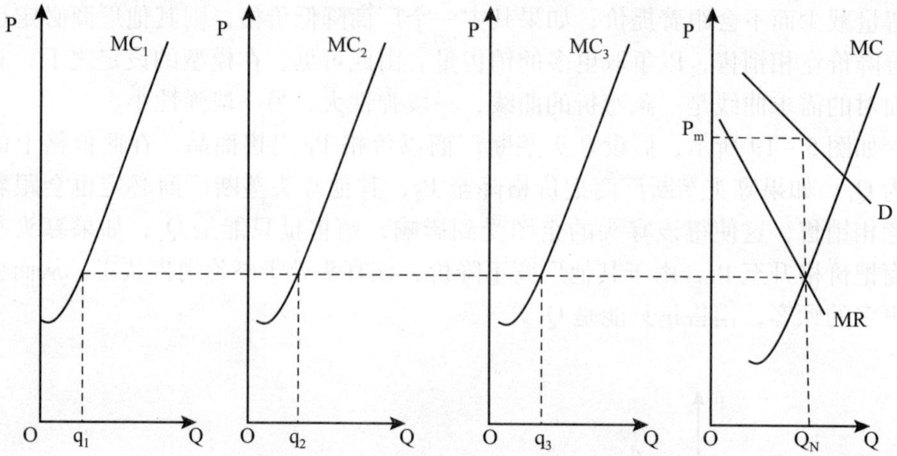

图 5-20　卡特尔定价与产量分配模型

5.5.4　阻止进入的威胁与承诺

1. 阻止进入的威胁

假定在一个市场中，有一个企业先进入市场，利用先行者优势，在一定时期内确立了垄断者的地位。现在有另一家企业作为潜在的竞争者，试图进入这个市场。对垄断者来说，如果它想要保持其垄断地位，就会设法阻止潜在竞争者的进入。在这个博弈中，潜在竞争者可以选择进入或不进入，如果新企业进入，垄断者可以选择相应地默许进入或与进入者打一场商战。这个博弈的收益矩阵如表5-11所示。

表5-11　垄断者与潜在进入者的收益矩阵

		垄断者	
		斗争	容忍
潜在进入者	进入	-200，600	900，1100
	不进入	0，3000	0，3000

策略的选择是有着确定顺序的。首先是潜在进入者要做出进入市场或不进入市场的选择，然后垄断者再来决定是默许它的进入还是与进入者进行一场商战。假定潜在进入者进入市场需要花费进入成本200万元，这是无法收回的沉没成本。新企业进入市场后，如果垄断者默许的时候，新企业就可以与垄断者分享市场，获取900万元的净利润；但如果垄断者选择商战的策略，垄断者利用其已在市场中的优势仍可获得600万元的利润，而新企业就需要亏损200万元的沉没成本（见图5-21）。

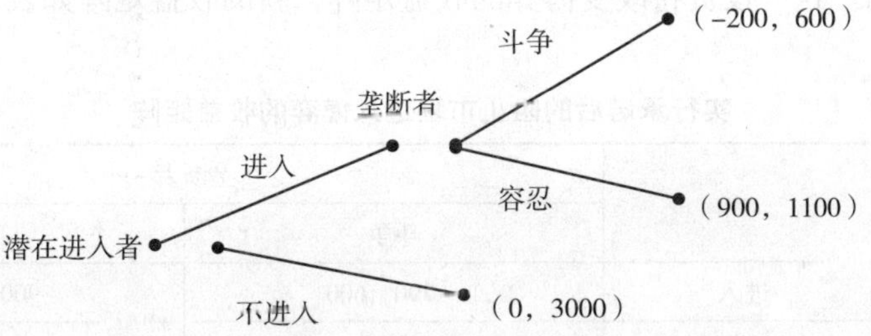

图5-21　垄断者与潜在进入者博弈的扩展形式

垄断者如何才能阻止市场进入？常用的策略是垄断者通过某种信息渠道对潜在进入者进行威胁。但在面对如表5-11的收益矩阵的情况下，垄断者的威胁是不可信的。事实上，如果垄断者是理性的，垄断者对新进入者并不会选择商战的策略，而只会默许它的进入。因此，垄断者的这种声明并不能达到它阻止新企业进入的目的，进入者仍然会进入市场。这种威胁被称为空头威胁。

2. 承诺与可信性

所谓承诺，是指参与者所采取的某种行动，这种行动使其威胁成为一种令人可信的威胁。那么，一种威胁在什么条件下会变得令人可信呢？一般是，只有当参与者在不实行这种威胁会遭受更大损失的时候。或者当参与者采取了某种行动，而且这种行动需要较高的成本的时候，才会使威胁变得可信。

我们仍用阻止市场进入的例子来分析承诺的效果。

垄断者的商战与垄断者的生产成本有关。商战的形式通常就是低价竞争，那么，如果垄断者实行低价竞争的商战策略，将需要垄断者具有足够的生产能力来应付市场上大幅度扩大的需求。事实上，如果垄断者仅仅依靠短期的加班加点来提高产量，其生产成本会相当高，使得其低价竞争的策略很难长期维持。因此，垄断者阻止进入的一种重要承诺就是通过投资来形成一部分剩余的生产能力。这部分生产能力在没有其他企业进入市场的时候是多余的，但在进入发生时则成为其低价竞争的有力武器（见图 5－22）。

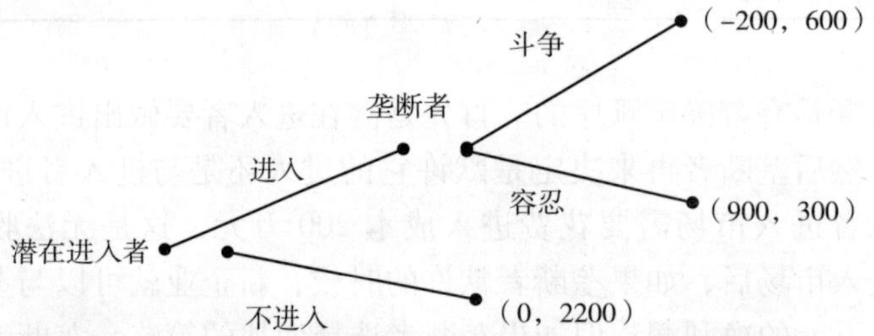

图 5－22　垄断者与潜在进入者实行承诺后的博弈扩展形式

当然，生产能力的扩大需要额外的投入，我们假定垄断者需要投资 800 万元来实行这个承诺。这一投资将改变博弈的收益矩阵，新的收益矩阵如表 5－12 所示。

表 5－12　　实行承诺后的阻止市场进入博弈的收益矩阵

		垄断者	
		斗争	容忍
潜在进入者	进入	-200，600	900，300
	不进入	0，2200	0，2200

花费较大的承诺是可信的，但在某些情况下，只要承诺是可信的，其代价也可能相当小。

例如，IBM 公司曾经作出过这样的承诺，即对一些刚刚推向市场的新型电脑宣布二三年以后的很低的价格。

分析：消费者知道二三年后的低价，许多人就会推迟购买，这将降低 IBM 的销量。但实际上，IBM 公司这样做是为了阻止其他计算机公司模仿它的产品。由于存在大量的仿造者，它们往往紧跟在 IBM 公司之后推出它们的仿造品，价格比 IBM 计算机还低 10%～30%。那么，当 IBM 公司作出如此承诺之后，对那些仿造者来说，仿造 IBM 的产品就变得无利可图，因为等它们仿造出这种产品并推向市场的时候，IBM 将很快或已经降低了售价，消费者就不会购买它们的产品。由于计算机技术发展的速度是如此之快，对 IBM 来说，作出这一承诺并不需要花费太大的成本，因为这种价格降低的趋势是必然的。

可信的承诺确实能够阻止市场的进入，但作出承诺的企业也确实因此而对自己的行为施加了较严格的限制。这种通过限制自己的行为来获得竞争优势的做法被称为企业的“策略性行动”。托马斯·斯科林给出了较明确的解释：“一种策略性行动就是某人通过影响其他人对自己的行为的预期，来促使其他人选择对自己有利的策略，是某人通过限制自己的行为来限制其对局者的选择。”

管理案例

OPEC 配额欺诈博弈[①]

当 2008 年 7 月每桶石油价格升至 147 美元时，OPEC 的石油部长开始连续降低卡特尔的配额，以防止石油价格陷入历史上最糟糕的全球经济衰退中。在下滑之前，原油价格下降了 40 美元。Sanford C. Bernstein 石油分析师 Neil. McMahon 评论说：OPEC 正逐渐成为一个不相干的组织。市场似乎也证明了这一点。在 2008 年 12 月，沙特石油部长 Ali al－Naimi 宣布 OPEC 每天减少产量 220 万桶，石油市场上的代理们并不相信减产的承诺是可信的，石油价格继续下落。

OPEC 在 1982 年开始石油生产的配额制度，为了控制全球的原油供给和原油价格，OPEC 为每个成员国设置每天最大产量，即配额。配额根据 OPEC 希望的目标价格变化，响应全球需求和供给条件的变化。然而，OPEC 的领导在如何设置每个成员国的配额上是不清楚的，最大可能是以每个成员国的生产能力为依据。OPEC 成员国生产并销售的数量多于它的配额，通常被称作“欺诈”。OPEC 为卡特尔组织的最为成功之处就在于始终追踪成员国的能力并控制欺诈。

每个国家都知道，如果所有的成员都忠诚于他们各自的配额，卡特尔总的收益和利润都要高于欺诈广泛发生引起石油产能过剩、价格下降时的收益和利润。但是，所有成员遵循各自的配额存在战略的不稳定性，因为，每个成员都知道，通过悄悄的单方面降低石油价格，能够增加自己的销售和利润，并且他们也是预计卡特尔每个成员最终也是想悄悄欺诈，这样就产生了囚徒困境，即每个国家都会开始欺诈。

Dibooglu 和 AlGudhea（2007）应用复杂的计量经济学的方法，来计算成员国的欺诈数值，根据 1986～2004 年的历史数据计算，OPEC 总的平均欺诈百分比（实际产量和配额之间平均偏差的百分比）为 3.4%。需要注意的是沙特阿拉伯的平均欺诈百分比为 4.1%。所以，沙特阿拉伯，这个全球最大的石油输出国，真的是通过吸收欺诈造成的多产量来实现配额制度的执法者吗？如果是，对于其他国家广泛欺诈能通过沙特阿拉伯减少自身的产出水平来抵消，足以稳定 OPEC 的总产量。

研究发现，沙特阿拉伯通常容忍其他 OPEC 成员减少的欺诈，而当发觉欺诈

① 资料来源：［美］克里斯托弗·托马斯：《管理经济学》，机械工业出版社 2014 年版。

太多时，才大量减少产量。换句话说，沙特阿拉伯在惩罚成员国欺诈时，采取的是针锋相对策略：如果你今天大量地超出你的配额，那我每天都会进行更大的欺诈。如果其他成员国欺诈足够大量时，会触发沙特阿拉伯在国际市场上注入大量的沙特原油，使原油价格急剧下降来惩罚欺诈国，结果是所有原油生产国都痛苦不已。

你可能会想，沙特阿拉伯针锋相对的惩罚可以防止 OPEC 成员欺诈，但是，欺诈是通常而广泛的，也许这些欺诈国并不认为沙特阿拉伯的威胁是可信的，因为受惩罚期间，沙特阿拉伯也伤害了自己的利益。当然，沙特石油部部长为了通过建立针锋相对的惩罚的威信，达到长期的合作，在短期内是可以接受合理的利润损失。

学者研究建议沙特阿拉伯对于欺诈要有一个相对高的处罚水平。在低水平上的欺诈，沙特阿拉伯可以减少自己的生产维持整体产量稳定；在高水平上的欺诈，沙特阿拉伯要展现为一个针锋相对的欺诈者行为。

实践应用：义马气化厂企业经营决策[①]

一、企业概况

义马气化厂始建于 1997 年，是河南能源化工集团下属重要化工生产企业和全国煤炭行业首家实现煤炭就地转化的重点项目。2014 年，该厂产品结构调整项目建成投产，实现了从单一产品到多元化发展的历史飞跃，产品种类丰富至煤制天然气、甲醇、二甲醚、醋酸、液氨、硝酸铵等。单一产品生产时，仅以数量（产量/销量）增大，企业便可获得较多利润的经营决策，已不能满足经营管理所需。由于国内外经济环境异常严峻，煤化工产业相继出现严重过剩，企业盈利能力脆弱。因此，必须利用科学、有效的方法，迅速进行经营决策，以不断增加收入，降低成本。

二、"本量利"分析法

在企业多产品生产经营决策中的具体应用"本量利"分析，也称为 CVP 分析（Cost—Volume—Profit Analysis），是指在变动成本计算模式的基础上，以数学化的会计模型和图文，揭示固定成本、变动成本、销售量、单价、销售额、利润等变量之间内在规律性的联系，为预测、决策和规划提供必要的财务信息的一种定量分析方法。

其基本公式：营业净利润 = 销售收入 - 总成本 = 销售收入 - 变动成本 - 固定成本 = 单价 × 销售量 - 单位变动成本 × 销售量 - 固定成本 =（单价 - 单位变动成本）× 销售量 - 固定成本。

① 资料来源：梁学博等：《"本量利"分析法在煤化工企业经营决策中的应用——义马气化厂案例分析》，载《经营与管理》2016 年第 2 期。

（一）分析单位边际贡献和单位边际贡献率，进行产品组合决策

由于义马气化厂产品种类多，需要计算各种产品的边际贡献，进行产品组合分析，科学合理地安排生产运行模式。单位边际贡献＝单位售价－单位变动成本，单位边际贡献率＝单位边际贡献÷单位售价。

1. 单位边际贡献和边际贡献率分析

从表5－13可知，企业应向边际利润率大的产品方向优化，即应多生产粗甲醇，保障二甲醚创造更多的边际利润。但又由于煤化工工艺的固有特性，各产品化学反应、原料消耗不一样，可造成不同的产品组合，其产品产量变化及企业经营效果将发生很大变化。所以，需要对厂内工艺流程及反应物料消耗进行分析后，才能确定经济的产品组合。

表5－13　　义马气化厂2014年1月主要产品资料

项目	天然气	粗甲醇	醋酸	甲醚（自）	甲醚（外）	合成氨	硝铵
单位售价（元）	2.47	1986	2564	3557	3557	2222	1282
单位变动成本（元）	1.93	1004	1578	1689	3199	1417	900
单位边际贡献	0.54	982	986	1861	358	805	382
边际贡献率（%）	21.86	49.45	38.45	52.32	10.06	36.23	29.8
固定成本/月（万元）	4240						

注：产品售价为2014年1月不含税价，月固定成本按2014年度计划费用指标。

2. 根据物料平衡原理，分析主要产品之间的关系

主要产品的化学反应方程式及设计消耗为：

（1）$CO+2H_2 \rightarrow CH_3OH$

700Nm^3　1400Nm^3　1吨

（2）$CH_3OH+CO \rightarrow CH_3COOH$

0.54吨　450Nm^3　1吨

（3）$N_2\ +\ 3H_2\ \rightarrow 2NH_3$

667Nm^3　1996Nm^3　1吨

（4）$NH_3 \rightarrow HNO_3 \rightarrow 1/2NH_4NO_3$

1吨　　可生产约2吨硝铵

由该厂特殊的工艺特点及设计消耗可知，用于生产1吨甲醇所需的700Nm^3 CO和1400Nm^3 H_2，可生产1.5吨醋酸、0.7吨液氨（0.7吨液氨又可生产约1.5吨硝铵）。即在净煤气量一定的前提下，若多生产甲醇，那么醋酸、合成氨的产量会减少。由于企业总边际贡献＝$\sum$（产品单位边际贡献×该产品销售量），为实现企业总边际贡献最大，我们根据甲醇、醋酸、合成氨、硝铵之间的消耗关系，进行边际贡献对比。

1吨（粗）甲醇的边际贡献＝982（元）＜1.5吨醋酸边际贡献＋0.7吨合成

氨边际贡献 $=1.5\times986+0.7\times805=2042.5$（元）$<1.5$ 吨醋酸边际贡献 $+1.5$ 吨硝铵边际贡献 $=1.5\times986+1.5\times382=2052$（元）。由此可看出：企业若增加甲醇产量，其企业总边际贡献将变小。因此，应降低甲醇产量使其净煤气中的 CO、H_2进一步深加工成为醋酸、液氨或硝酸铵，其企业总边际贡献才趋向变大。3 月，该厂又对在净煤气产量 240 万方/天的条件下，三种不同生产模式的总边际贡献进行了验证比较（见表 5-14）。

表 5-14　　不同生产模式下效益对比

生产模式	天然气（万方）	粗甲醇（吨）	醋酸（吨）	合成氨（吨）	总边际贡献（万元）
第一种模式	35	888	0	0	132.1
第二种模本	35	701	300	133	145.8
第三种模式	35	576	500	220	154.8

从表 5-14 可看出，随着醋酸、合成氨产量的不断提高，企业日总边际贡献由 132.1 万元，增加到 154.8 万元，表明上述结论正确。

3. 合理安排生产模式，科学进行经营决策

根据上述结论，2014 年，义马气化厂明确提出生产组织方式应以醋酸、液氨稳产、高产为重点，并及时成立义马气化厂醋酸、合成氨和硝铵攻关小组，全力推进试车进度，尽快发挥醋酸、液氨装置产能。该决策的提出成为该厂 2014 年当年实现扭亏为盈的重大前提。

（二）进行短期经营决策

1. 半成品或成品是否进一步加工的分析与决策

在生产组织过程中还会遇到：净煤气中分离出的氢气，是外售还是进一步加工成合成氨，以及合成氨产品进行外售，还是进一步加工成硝酸铵进行外售的决策。通过“本量利”分析中的差量分析法，原则为：进一步加工后的销售收入－半成品的销售收入，大于进一步加工的追加成本，应进一步加工；反之，应出售半成品。

例 1：5 月液氨价格 1920 元/吨（不含税），外部市场有对氢气的需求，是否外售？已知氢气制成合成氨追加成本 242 元/吨，1 吨合成氨设计消耗氢气 1993 方。因此，可反推氢气价格：$(1920-242)\div1993=0.84$（元/方），含税价 0.985 元/方。可知，只要外售氢气市场价格在 1 元/方以上，则外卖氢气经济效益高。5 月，该厂充分抓住可外售氢气市场机会，增加利润约 130 万元。

例 2：8 月，液氨价格下降到 1838 元/吨（不含税价），硝酸铵装置是否开车？已知硝酸铵价格 1154 元（不含税价），合成氨制成硝酸铵追加成本 302 元/吨。生产 1 吨硝酸铵需消耗约 0.5 吨合成氨。1 吨硝酸铵收入 -0.5×1 吨合成氨收入 $=1154-0.5\times1838=235$，$235<302$。可知，合成氨加工制成硝酸铵，其进一步加工后增加的销售收入小于追加的成本，故当前虽合成氨价格下降，但仍应

以合成氨外售为宜。

2. 亏损产品生产与否分析与决策

亏损产品按其亏损情况分为两类：一是实亏产品，即边际贡献为负数；二是虚亏产品，即能提供边际贡献。就亏损企业停产而言，其衡量标准不是产品收入总额是否能够补偿全部成本、是否能够提供经营净收益，而是看其总收入在补偿变动成本后能否提供边际贡献。只要能提供边际贡献，就表明此产品在经济上是有益的。

义马气化厂2014年8月、10月、11月合成氨产品均是亏损，但8月、10月仍存在一定的单位边际贡献装置未停产，而11月由于合成氨价格继续下跌，边际利润近乎无，因此降低了合成氨产量，将部分氢气外售来增加利润。当亏损产品不提供边际贡献时，应慎重决定。首先，应考虑是否尚有潜力可挖，若能通过改善管理，降低成本就应暂不停产；其次，即使无潜力可挖，应考虑亏损产品停产后是否影响其他产品的生产等因素。

（三）保本点分析

保本点又叫盈亏临界点，即企业处于不盈不亏的产量/销售量，可用保本销售量或保本销售额表示。保本点对企业来说是个关键点，在这点上不盈不亏，超出该点便产生利润。基本公式：营业净利润=（单价－单位变动成本）×销售量－固定成本。令营业净利润=0，则保本销售量=固定成本÷（单价－单位变动成本）。保本销售额=保本销售量×单价=固定成本÷边际贡献率。

由于义马气化厂各种产品产量是根据净煤气中的成分决定的，因此采用销售数量配合法，进行保本点分析。其方法是根据销售数量总和中各种数量之间的比例，测算各产品保本点。2014年11月计算企业保本点时，即将每生产1万方天然气、18.3吨粗甲醇、14.3吨醋酸、4.2吨合成氨视为一套完整系列，然后，计算每套产品的边际贡献率，从而计算保本点。

（1）每一套产品的边际贡献=1×1万方天然气边际贡献+14.3×醋酸单位边际贡献+18.3×粗甲醇单位边际贡献+4.2×合成氨单位边际贡献。

（2）综合保本销售量=固定成本÷每一套产品的边际贡献。

（3）各种产品的保本销售量=综合保本销售量×每套产品中的量。

（4）各种产品的保本销售额=各种产品的保本销售量×产品售价。

（5）综合保本销售额=天然气保本额+粗甲醇保本额+醋酸保本额+合成氨保本额=14199.56（万元）。

结论：2014年11月企业月度综合保本销售额

14199.56万元，对应生产模式（保本量）：日产净煤气290万方时，天然气41万方、粗甲醇747吨、醋酸584吨、合成氨171吨时，可实现企业的盈亏平衡。

（四）安全边际分析

安全边际的大小，在一定程度上反映企业经营风险的大小。安全边际越大，企业经营风险越小。2014年第四季度，煤化工产品持续低迷，企业的盈利能力依然堪忧。11 月企业经营虽取得一定的成绩，但仍需进一步了解企业生产经营安全程度。根据前述保本点分析，11 月企业保本额为 14199.56 万元，11 月实际营业收入为 15676 万元。安全边际额 = 实际销售额 - 保本额 = 15676 - 14199.56 = 1476.44（万元）。安全边际率 = 安全边际额 ÷ 实际销售额 = 1476.44 ÷ 15676 = 9.42%。对照安全性检验标准（见表 5 - 15），11 月企业的安全边际率在 10% 以下，整体经营状况依然处于危险程度。要想降低风险，就应分析哪些因素会对利润造成影响及影响程度如何，有必要进行利润敏感性分析。

表 5 - 15　安全性检验标准

安全边际率	10% 以下	10% ~20%	20% ~30%	30% ~40%	40%
安全程度	危险	值得注意	比较安全	安全	很安全

（五）进行利润敏感性分析，抓住经营管控重点

1. 分析各参数变化对利润变化的影响程度

反应敏感程度的指标是敏感系数。敏感系数 = 利润变动百分比 ÷ 参数变动百分比。根据 2014 年 7 月财务报表数据信息，对二甲醚、醋酸进行利润敏感性分析（见表 5 - 16、表 5 - 17）。

表 5 - 16　二甲醚利润敏感性分析模型

影响因素	变动程度（%）	变动后利润（元）	利润增加额（元）	利润增加率（%）	敏感系数
销售单价	1	6819428.48	587092.48	9.42	9.42
单位变动成本	-1	6599747.20	367411.20	5.90	5.90
固定成本	-1	6389693.92	157357.92	2.52	2.52
销售量	1	6452017.28	219681.28	3.52	3.52

从表 5 - 16、表 5 - 17 可看出，影响产品利润的因素中，敏感程度依次是销价、变动成本、销售量、固定成本。

表 5 - 17　醋酸利润敏感性分析模型

影响因素	变动程度（%）	变动后利润（元）	利润增加额（元）	利润增加率（%）	敏感系数
销售单价	1	11922060.90	493113.90	0.04	4.31
单位变动成本	-1	11692499.70	263552.70	0.02	-2.31
固定成本	-1	11544218.73	11527.73	0.01	-1.01
销售量	1	11658508.20	229561.20	0.02	2.01

2. 利润敏感性分析及应用

（1）当前，煤化工产品处于买方市场，企业很难左右价格，只能随行就市，

抓好产品高价时的生产和销售工作，以此提高利润。

（2）增加销量。一方面，积极开拓市场，制定合理的销售策略；另一方面，提高产量，通过周密的生产组织，提高设备的运转率与负荷率。

（3）降低变动成本与固定成本。固定成本大都存在降低困难的问题，但通过技术改造，优化工艺操作等，尽可能降低可变成本是可以做到的。

2014年，义马气化厂在内部市场化方案中加大对生产消耗、费用指标考核力度，下半年提高产量工资结算比例，以此推动成本降低。同时紧跟市场变化，8月醋酸价格一路攀升至3850元/吨，该厂全力组织好醋酸装置的高负荷生产，当月实现生产经营盈利1219.11万元。

三、结论

多种产品生产时，其产品结构发生变化，会带来产量变化，故而会带来企业利润的巨大变化。对煤化工企业而言，每个企业都有特定的工艺流程及反应消耗，考虑单纯增加边际利润率高的产品产量，以获取更佳经济效益的做法未必是正确的。对此，可利用“本量利”分析法，确定多产品的最佳组合，使生产模式向经济最大化调整，是提高经济效益的有效之举。义马气化厂利用“本量利”分析方法，找出了生产经营中亟待改进的方面，使管理决策、经营决策得以及时跟进，经济运行质量不断提高，创造了显著的经济效益。2014年，该厂一举实现扭亏为盈：全年累计实现利润2908.57万元，同比增长189.97%；工业总产值完成17.26亿元，同比增长56.22%。

第6章 定价实践

管理案例

你可以在迪斯尼世界里“免费”乘坐米老鼠[①]

沃特·迪斯尼世界主题公园给参观者提供很多品种的门票选择。对这些门票选择中有一点是相同的，那就是这些门票都包括一次固定入场费，并且允许消费者不需要花费其他费用就可以任意乘坐米老鼠。例如，如果消费者花42美元购买一张1天/1个公园的门票，那么该消费者在某1天可以无限次数地进入该公园。同样的，如果购买一套通票的话，那么在5天的时间内，该票的持有者可以无限制地进入4个迪斯尼主题公园，并且可以免费使用迪斯尼交通系统。

如果迪斯尼向消费者收取交通费用，也就是说，参观者每次乘坐米老鼠或使用迪斯尼的交通工具都必须支付7美元的话，那么迪斯尼能够获得更大的利润吗?

6.1 定价目标与方法

价格是在市场上分配商品与服务的推动力，通常由生产成本、流通费用、利润和税金四个部分组成。对消费者来说，价格是购物的货币成本；对生产者或消费者来说，价格有助于决定供给品和生产资源的分配[②]。价格是影响生产厂家、经销商、顾客和产品是否具有市场的重要因素，因此，制定合适的价格，对于维护生产厂家利益、调动经销商积极性、吸引顾客、获取竞争力、开发和巩固市场等具有重要意义。根据经济学理论中的基本关系——需求法则，某一时期的需求量与价格成反比例关系。简单来说，成本决定了价格的最低限，需求决定了价格的最高限，成本与需求之间的浮动情况则取决于竞争。

---

① 资料来源：米歇尔·R. 贝叶著，张志勇等译：《管理经济学与商务战略》（第3版），社会科学文献出版社2003年版。

② 加里·L. 利连，阿温德·朗格斯瓦米：《营销工程与应用》，中国人民大学出版社2005年版，第512~513页。

如果你是某厂商的经理，对你来说，知道一些基本定价策略以使厂商的利润最大化就显得很重要了。在市场经济中，价格竞争是一种重要的竞争。企业为了生存发展、战胜竞争对手，必须正确地制定价格。从第5章我们知道，完全竞争厂商对产品的价格没有控制力，价格是由市场力量决定的。在完全竞争条件情况下，定价决策是非常简单的，即与市场上其他厂商定同样的价格。垄断、垄断竞争和寡头垄断厂商可影响它们产品的价格。从理论上看这些定价策略似乎很简单，但是经济理论总是对现实的简化。经理们如何利用一些容易得到的信息来制定价格策略呢？

现实中，企业处于极其复杂的竞争环境中，其面临的定价问题具有多样化和复杂性特征。例如，一个企业可能要面对多个市场的竞争（如本地市场和外地市场，国内市场和海外市场等），面对不同类型的竞争市场，企业需要制定不同的定价策略以获取竞争优势；企业的价格决策是面向未来的，但由于企业无法精确地预测未来所需生产要素投入价格、商品需求和竞争者策略等各类影响企业制定决策的因素，所以企业很难精确计算其边际收益和边际成本；另外，目前许多大型企业往往有多个紧密联系的生产部门，企业内部的中间产品的科学定价决策也是一个需要深入研究的复杂问题。企业的定价目标多种多样，但即使企业的定价目标不变，为应对不同的市场反应，企业也会采取不同的定价策略。因此，最佳定价策略随企业和市场的变化而不同，其取决于企业的战略目标、所处的市场结构、竞争市场的环境和竞争对手的策略，同时，最佳定价策略也与企业所生产的产品或服务的类型有关。

6.1.1　企业定价的目标和程序

企业定价是一项复杂的系统工程，其定价决策受产品成本、市场需求、消费者偏好、市场环境、竞争者定价策略及相关政策法规等众多因素的影响。但是，不论企业定价工作多么复杂，其首要阶段均是明确定价目标，只有根据定价目标的要求，才能确定最佳的定价方法，进而制定最佳的定价策略。

1. 定价目标的概念

定价目标是指导企业定价行为的具体化目标，是企业在定价过程中应该达到的目的要求，简单来说，企业定价目标是指企业通过制定一定水平的价格，所要达到的预期目的。定价目标在企业的定价决策中发挥着主导作用，直接影响甚至决定着产品价格，因此企业所有产品的定价实践，都应在定价目标的指导下进行。例如，当企业是以稳定价格作为定价目标时，它在经营过程中对于价格升降就会显得比较慎重，通常情况下不会对产品价格进行调整，而是通过改变其他方面的生产经营活动，努力维护价格的一致。古典经济学模型假设企业的定价目标是为实现产品短期利润最大化，一般来说，企业的定价目标都比较具体，而且具有比较强的针对性。

企业不仅应该根据市场的变化调整其产品或服务的定价，也应当关注市场价格自身的变化。企业应将其价格目标作为观察市场变动的探测器，一旦市场价格发生波动影响到企业的定价目标时，企业的决策者就应深入探究价格波动的原因，从中发现影响产品价格的真正因素，并及时捕捉市场需求、竞争对手和相关政策法规的变化信息，为企业整体目标的调整和完善提供依据。

2. 定价目标的设置程序

企业在制定自身的定价目标时，会受到各种情况和条件的约束，而且几乎所有企业的定价均包含多重目标，因此，企业的定价决策是一项相当复杂的系统工作。为了提高企业定价的科学性和效果，企业决策者可以按照一定的程序来确定产品的定价目标。具体如下：

（1）分析企业的整体目标。首先，决策者需要对企业进行分解细化，找出企业对产品价格方面的要求。换言之，企业应该制定什么样的定价目标，才能保证企业整体目标的实现。

（2）提出各种可能的定价目标。企业的定价目标有多种选择。在制定企业目标这一过程中，决策者应根据企业整体目标的要求，提出各种满足整体目标要求的定价子目标。其中关键是要从企业目标出发，提出各种符合条件的可能的定价目标。

（3）对各种定价目标进行可行性判断。对定价目标的可行性判断主要包括三个方面的内容：是否适应外部环境；是否适应内部条件；是否适应产品本身的要求。通过对各种可能的定价目标进行合理性评判，可以剔除那些具体、不具现实可行条件的目标，为企业提供切合实际的定价参考。

（4）定价目标优化。定价目标优化是指在确定出可行的定价目标基础上，进一步对企业定价目标进行系统优化，以获得最优的定价效果。

（5）目标的确定。根据优化后的结果，确定最终的企业定价目标。

3. 定价目标优化的原则

目标优化是制定企业定价目标过程中的重要环节。对定价目标进行优化，可以进一步提高产品定价活动的针对性和有效性，使企业的价格目标更加切实可行。而且，定价目标制定的越合理，企业整体目标的实现也就越有保证，经营的效果也就越好。

（1）市场性原则。所谓定价的市场原则，就是要在企业的定价过程中，始终把握市场供求的变化动态，坚持以市场为导向，根据市场的要求不断完善和优化企业的定价目标。在现代经营条件下，市场是企业一切生产经营活动的基础，因而企业定价也必须遵循市场要求。根据市场原则优化定价目标，具体地说，就是要在产品生产前、生产中、生产后的全过程贯穿市场的要求，将产品价格的形成紧密地与市场联系在一起，即在产品价格产生的每一个环节都体现市场的需要。总之，要将市场机制引入企业定价的始终，在全面追踪市场变化的基础上优化企业的定价目标。

（2）边际性原则。在优化企业定价目标时，需要遵循边际分析原则，即只要定价目标的每一次优化调整，均不会对企业整体目标造成损害，则这种调整就是合理和有效的，直到改变价格目标所带来的边际收益趋于零时，企业的定价目标才处于最优区域。按照边际原则调整定价行为，可以使企业产品的价格体系达到或接近最优状态。

（3）协调性原则。由于在大多数企业中，生产的产品都不只是一种，因此企业对于各种产品的定价目标有可能不一致。协调性原则是指在企业内部的各种定价目标之间，应保持协调有序的关系。一方面，各种定价目标与企业的总体目标相适应；另一方面，各类定价目标本身又要相互匹配，以保证各种产品的定价能力为企业带来最大的收益。需要注意的是，协调只是一种相对的状态，由于环境及企业自身的变化，各类定价目标常会处于矛盾的交替循环，这就要求我们应根据情况的变化，不断调整各种定价目标之间的关系，使之实现动态的平衡。

4. 常见的定价目标

企业的定价目标可以分为财务目标和市场目标两类。其中，财务目标包括成本目标和利润目标等；市场目标包括销售额目标、市场占有率目标和稳定价格目标等。企业常见的定价目标有以下6种。

（1）追求最大利润。追求并获取最大限度的利润是每一个企业应有的目标。但是，追求最大利润并不等于追求最高价格，当企业的产品在市场上处于绝对优势地位时，它固然可以实行高价策略，并能获得超额利润。然而，由于诸多原因的影响，如竞争加剧、替代品增加、需求减少等，企业要想长期维持过高的价格几乎是不可能的。因此，最大利润并不来自于最高的价格，只有合理的价格策略才是企业获取最大利润的保障。

追求最大利润通常有两层含义：一是指长期利润最大化，即企业应该着眼于获取长期的最大利润。从长远着手，企业就有可能在竞争中获得更好的发展，这是因为，企业的利润归根结底要来自于顾客，如果产品价格居高不下，则势必使顾客难于接受，造成产品销售困难。当然，在某些特定的情况下，企业可以高价来获取短时的最大利润，但富有远见的经营决策者，一般都会及早对企业的长期利润做出安排，以保证企业的持续发展。当今计算机界的翘楚公司就是一个典型的例子，当奔腾芯片刚刚推出时，它制定相对较高的价格，但随着产品的不断升级，Intel便及时调整定价策略，使热销之中的产品始终保持顾客能接受的合适价位，从而取得了长期的经营佳绩。二是指整体利润最大化。也就是说，企业获取的利润应从多种的产品来考虑，有时尽管某些产品的定价可能会损害企业利益，但从整体来考虑，利润还是可以实现最大化的。例如，美国吉列公司曾以低价推销其刀架，目的是为了吸引更多的消费者购买其刀片。

（2）获取一定的投资收益率（资金利润率）。对任何企业来说，其任何一项投资行为都是为了获取一定的回报。产品开发作为企业最重要的投资活动之一，自然对其有一定的收益要求。这种预期的报酬水平通常是通过投资收益来反映，因此，企业为了实现预期的利润目标，在产品定价时就要以达到这一目标为标准。由于竞争环境、企业综合实力及产品（服务）的质量和特征等具有差异性，导致各个企业的投资收益率也各不相同，但无论企业处于何种环境和生产何种产品，其在确定自身的投资收益率时，都要首先进行相应的投入产出分析，即根据生产某种产品（服务）时的各类要素的投入以及对应的产出情况，合理地确定自身的收益水平。有了明确的获利标准，企业就可以按此要求确定自身的定价目标。

（3）保持稳定的价格。保持价格的稳定性通常是企业获取其目标收益的必要条件。企业产品价格的频繁波动，会导致市场紊乱，损害产品甚至企业在消费者心中或社会上的形象；当然，产品价格的稳定性是一种相对稳定，并不是严格意义上的永远保持不变的价格。通常，市场上出现的价格相对稳定的状态是由价格领袖（即领导者价格）导致的，价格领袖即该行业中的大企业或主导企业先制定价格，其他企业的价格与之保持一定的比例，这样，便使得该产品的价格稳定在一定水平上。保持价格的稳定性，对大企业（主导企业）和小企业而言均具有重要作用。保持价格稳定对大企业来说是企业的一种稳妥的保护策略；而对小企业来说，由于大企业（主导企业）的产品价格不随意波动，因此小企业的利润也可以得到相应的保障，同时也可以避免不必要的价格竞争或价格骤变的风险。在企业的后备资源较为丰富，或者企业的长期发展战略需要一个稳定的市场，或者某产品的市场供求和价格频繁波动等情况下，企业往往希望维持一个稳定的价格，以确保自身的地位不受影响。保持价格的稳定性这一定价目标适用于在行业中占据主导地位的企业和以供应原材料为主的基础性行业。

（4）维持和增加市场占有率。市场是企业的生存基础，维持和增加市场占有率对任何企业来说均极其重要。某企业的产品市场占有率越高，说明该企业的经营状况越好，产品竞争能力越强。一个企业只有在产品市场占有率不断扩大和销售额不断增加的情况下，才有可能获得长期发展。因而，有学者认为，用企业产品的市场占有率来表示企业的经营状况，甚至比资金利润率还要更确切！这是因为，某些企业产品过去拥有较高的市场占有率，会导致其将来一定时期的资金利润率较高。如果其产品的市场占有率不断下降，那么该企业的高资金利润率将无法维持；而若该企业产品的市场占有率不断上升，那么该企业也会有长足的发展，因为其资金利润率不高只是暂时的。企业以市场占有率为确定企业定价目标的指标，一般是基于两种考虑：一是该企业为了维持其原有的市场份额，从而延长其产品的获利周期；二是该企业为了打破现有的市场结构，开辟新的市场。必须指出，不管出于哪种考虑，如果单靠价格一个因素，企业是难以达到稳定和扩大市场占有份额的目标的，价格只是其中一个重要但并非唯一的决定因素。在更多的情况下，市场份额的增加要通过非价格因素的竞争才能实现。

（5）应对竞争。竞争是市场经济的一项本质特征，市场经济中每一个企业都必须面对并参与竞争。基于此，许多企业在制定价格决策时，都会将如何应对竞争作为企业追求的目标。在这种情况下，企业通常是以对产品价格有决定作用的竞争者的产品定价为基础，在比较权衡的基础上，确定自身的价格目标。一般而言，企业定价目标有三种可能的选择：①该企业的产品定价低于竞争者的价格；②该企业的产品定价与竞争者的价格相同；③该企业的产品定价高于竞争者的价格。基于应对竞争的目标，企业在选择定价策略时，应根据企业具体的情况具体分析，要综合考虑产品性质、企业实力和竞争环境等因素，准确选择企业的定价目标。例如，小企业由于销售费用较低，一般其产品的定价略低于领导企业，而对于资力雄厚、产品质量高的企业来说，则可以将产品的价格定得略高于竞争对手，以获得更多的利润。

（6）保持良好的分销渠道。随着卖方市场向买方市场的转变，产品的销售日渐困难，建立并且保持顺畅的销售渠道也就显得尤为重要。特别是对于那些大部分产品都需经由中间商推销的企业来说，更是如此。有效的价格策略是维持产品分销渠道的稳定性的一种方便有效的手段，越来越多的企业在制定价格时都将这一方面的要求列入了可供选择的目标范围之中。事实上，在产品定价时考虑到中间销售商的利益是正常而且必要的举动，因为就大多数企业来说，其产品的销售都是通过分销商来进行的。为了保证分销渠道的畅通无阻，企业必须明确价格对中间商的影响，并为中间商留有足够的利润空间，从而调动其推销本企业产品的积极性。

总体来说，企业的定价目标一般有最大长期利润、最大短期利润等，如表6－1所示。

表6－1　企业的定价目标

1. 最大长期利润	11. 避免供应者的更高需求
2. 最大短期利润	12. 提高公司信誉
3. 增长率	13. 关心消费者的赞誉
4. 稳定市场	14. 建立对项目的奖励与刺激
5. 均化消费者对价格的敏感	15. 考虑竞争对方的可靠的价格
6. 保持价格的领导地位	16. 对消费困难的项目提供帮助
7. 阻止新加入者	17. 通过削价限制别人发展
8. 边际公司的退出	18. 产品为人所了解
9. 避免政府调查和控制	19. 为保持高价格而“夺取”市场
10. 维护中间商和销售人员的支持	20. 确立贸易关系

美国15家大公司的定价目标概述如表6－2所示。

表 6-2　　　　美国 15 家公司的定价目标概述

公司名称	定价主要目标	定价相关目标
阿尔卡公司	投资报酬率（税前）为 20%，新产品稍高［税后投资报酬率约为 10%］	为产品另行制定促销策略；求价格稳定
美国制罐公司	保持市场占有率	应付竞争（替代产品成本决定价格）；保持价格稳定
两洋公司	增加市场占有率	全面促销（低利润率政策）
杜邦公司	目标投资报酬	保持长期的交易；根据产品寿命周期对新产品定价
爱克森公司	合理投资报酬率目标	保持市场占有率；求价格稳
通用电气公司	投资报酬率（税后）20%；销售利润率（税后）7%	新产品促销策略；保持全国广告宣传第一
通用食品公司	毛利率 33.3%（1/3 制造，1/3 销售，1/3 利润），只希望新产品完全实现目标	保持市场占有率
通用汽车公司	投资报酬（税后）20%	保持市场占有率
古特异公司	应付竞争	保持地位；保持价格稳定
海湾公司	根据各地最主要的同业市场	保持市场占有率；求价格稳定
国际收割机公司	投资报酬（税后）10%	保持稍低于统治地位的市场占有率
琼斯—罗维尔公司	投资报酬率略高于过去 15 年的平均数（均为税后 15%），新产品价格稍高	市场占有率不大于 20%；保持价格稳定
基尼科特公司	稳定价格	
美国钢铁公司	根据市场价格	

5. 企业定价的程序

企业定价的一般程序如图 6-1 所示。

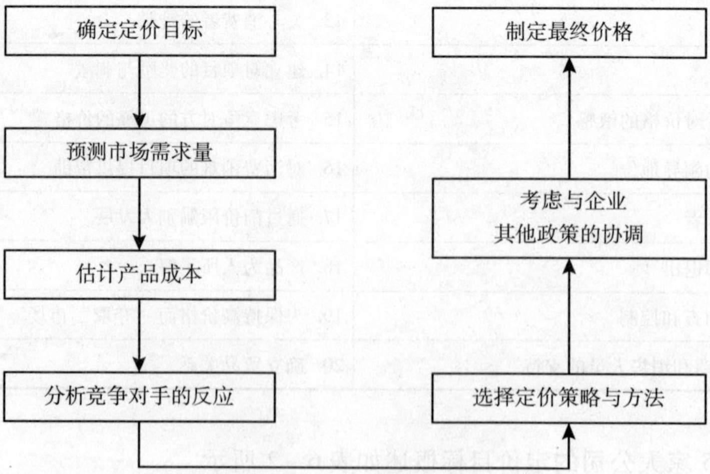

图 6-1　企业的定价程序

（1）确定定价目标。首先根据企业经营目标，确定企业的产品定价目标。企业的定价目标一般有八种选择：投资收益率目标、市场占有率目标、稳定价格目标、防止竞争目标、利润最大化目标、渠道关系目标、渡过困难目标、塑造形象目标（社会形象目标）。

（2）预测市场需求。市场销售量预测的准确与否关系到新产品投放市场和老商品拓宽市场的成败，方法如下：

①了解市场预期价格。预测价格是影响商品定价的一个重要因素，商品价格高于或低于预期价格，都会影响商品的销售。因此，企业在进行市场销售潜量估算时，首先要了解市场上是否已存在预期价格。

②估算不同价格下的销售量。计算各种销售价格的均衡点以及何种价格最为有利。

（3）估计产品成本。企业在制定商品价格时，要进行成本估算。企业商品价格的最高限度取决于市场需求及有关限制因素，而最低价格不能低于商品的经营成本费用，这是企业价格的下限。

企业的成本包括固定成本和变动成本。在成本估算中，离不开对"产量—成本—利润"关系的分析，而其中一个重要的概念是分析"边际成本"。因为边际成本影响到企业的边际收益，所以企业必须予以极大的关注。

（4）分析竞争对手反应。现实的和潜在的竞争对手对于商品价格的影响极大，特别是那些容易经营、利润可观的产品，潜在的竞争威胁最大。竞争对手分析应该包括三个方面的内容：分析企业竞争地位；协调企业的定价方向；估计竞争企业的反应。

（5）制定最终价格。价格的制定有许多策略，下边会详细介绍。

（6）考虑与企业其他政策的协调。企业在定价之前要综合、全面地考察企业整个的市场营销计划，如产品开发计划、商品推销计划以及分配渠道的选择，并考虑与企业其他政策的协调。

（7）选择定价策略与方法。经过以上程序的分析，企业最后选择具体的定价策略与定价方法来确定产品的价格。在最后确定价格时，必须遵循这样四项原则：商品价格的制定与企业预期的定价目标的一致性；商品价格的制定符合国家政策法令的有关规定；商品价格的制定符合消费者整体及长远利益；商品价格的制定与企业市场营销组合中的非价格因素是否协调一致、互相配合，为达到企业营销目标服务。

6.1.2 定价的基本方法

企业定价的基本方法主要有以下三种：

（1）基于成本的定价方法。是一种以成本为中心的定价方法，也是应用最为普遍的定价方法之一。

（2）基于市场的定价方法。基于市场的定价方式是以竞争为中心，以竞争对手的定价为主要依据的定价方法。

（3）基于心理感觉的定价方法。某件产品的价值与购买该产品的消费者的心理感受有着很大的关系，这为应用心理定价策略提供了理论基础，这样企业在制定产品价格时可以利用消费者的心理因素适当调节产品价格，以满足消费者的多层次需求。同时，企业可以利用消费者对企业产品的偏爱或忠诚，扩大产品市场，从而获得最大利益。基于心理感觉的定价方法是以消费者的心理感觉为中心的企业定价方法，它是根据消费者对商品的需求强度和对商品价值的认识程度来制定企业价格。常用的心理定价策略有整数定价、尾数定价、声望定价和招徕定价。

管理案例

苹果电脑的定价：市场份额与利润率①

苹果电脑公司制造和销售麦金托什系列个人电脑（PC机），与IBM、康柏和Packard Bell等电脑公司相互竞争。苹果使用摩托罗拉公司设计的微处理芯片作为其个人电脑的“大脑”，而其他大多数电脑生产者都采用英特尔的微处理芯片。

苹果电脑对其麦金托什电脑的定价在历史上曾高于其他电脑公司的同类机型。比如，1995年初尽管苹果电脑公司和其他电脑公司都降低了价格，但麦金托什电脑的价格仍比一些基于英特尔处理器系统的同类电脑高出500～1000美元。苹果在全世界范围内的市场份额从1993年的9.4%降到了1994年的8.1%，其部分原因就是价格较高。另外，尽管1994年第四季度个人电脑行业的销售量增长了32%，可是苹果公司的销售量持平。虽然市场占有率下降，但苹果公司的毛利却从1994年初的24%上升到第四季度的29%，每股股票盈余为1.46美元，是1993年第四季度0.34美元的4倍。

一位电脑行业分析家指出：“我认为苹果公司是为利润而牺牲了市场份额。”苹果公司强调利润重于市场份额，就要承担今后失去更多市场份额的风险。软件开发商更愿意为拥有更大市场份额的个人电脑（如以英特尔微处理器为基础的个人电脑）编写和销售应用程序。缺乏品种广泛的应用程序会进一步限制市场对麦金托什个人电脑的需求。苹果公司的一些管理人员认为，公司必须使市场份额提高20%，或者大约等于1995年市场占有率的两倍，才能促使软件公司为麦金托什个人电脑编写应用程序。

苹果公司销售副总裁（Ian Diery）为公司的高价政策辩解道，公司只有通过改善其资产负债表的状况才能维持研究与销售工作。他宣称：“以一个强有力的资产负债表为基础来谋求市场占有率的增长要比有一个弱不禁风的资产负债表好

① 资料来源：麦圭根等著，李国津译：《管理经济学：应用、战略与策略》，机械工业出版社2000年版。

得多。”苹果公司对产品索取高价的战略在长期内是否成功这个问题还一直没有答案。

6.2　基于成本的定价方法

6.2.1　成本加成定价法

[**例6-1**] M公司是一家计算机企业，它按照以下的程序为其型号为1000X的计算机制定价格。首先估算平均生产成本（已包括间接成本），再加上33%的加成，最后的结果如下：

工厂成本：	3192000
33%的加成：	64000
在中国的价格：	8256000

公司从可信赖度、精度和灵活性上判断，其产品是同类型产品中性能最好的。因此它并不想在此价格基础上出售1000X型计算机。虽然公司所制定的价格常高于竞争对手，但优良的品质使其产品能在中国和海外的竞争中获胜。公司的管理者认为降价“不仅减少利润，而且会对公司的品质形象产生不利影响”。当然，如果这种避免降价的行动没有正确地使用，那么公司成本将是昂贵的。

1. *成本加成定价法原理*

成本加成定价法是企业追求长期利润最大化目标的一个手段。通过以前章节的学习，我们已经知道，所谓短期的定价决策是以边际收益等于边际成本时企业利润最大（或亏损最小）为依据的。然而，有证据表明，很多企业也会采用另一种有效的定价方法——成本加成方法来决定价格和产量。尤其是在很难对需求函数做出精确估计的时候，多数经理只能获得有限的需求和成本信息，要获得能够准确估计边际收入和边际成本所需的信息是很费钱的，甚至是不可能的。西方国家的学术研究机构及其他组织或个人对商业定价行为进行过调查，调查结果是：绝大多数企业不按边际原则定价，而采用加成定价法（全部成本法）。

成本加成定价法是最常用的一种成本定价方法，它是以全部成本（固定成本加变动成本）作为基础，在产品的平均成本之上增加一定比例的百分比作为目标利润（或毛利），然后以平均成本加利润（或毛利）就得到了产品的价格。按照成本加成定价方法，产品的价格分三步来确定：

第一步：估计单位产品的变动成本（如直接材料、直接人工等）；

第二步：估计固定费用，然后按照标准产量（一般为生产能力的2/3～4/5），把总固定成本分摊到单位产品上，求得平均固定成本AFC，再加上平均变动成本AVC得到平均成本AC；

第三步：在平均成本 AC 的基础上加上用目标利润率计算的利润额，得到价格 P。这里的目标利润率通常是指平均利润率 η。即：$P = AC(1+\eta)$。

［**例 6－2**］某企业生产某产品的平均变动成本为每件 10 元，标准产量为 500000 件，总固定成本为 2500000 元。如果企业的目标成本利润率为 33.3%，问价格应定为多少？

解：变动成本 = 10（元/件）

固定成本 = 2500000/500000 = 5（元/件）

全部成本 = 10 + 5 = 15（元）

价格 = 15 + 15 × 33.3% = 20（元）

这样定出来的价格 20 元还应当根据市场的情况适当加以调整。如果其他企业同类产品的价格低于 20 元，或者等于 20 元，则该企业的该产品销售量将达不到标准产量 500000 件，故该企业要降低该产品的价格，进而降低该产品的利润率，以使得该产品的销售量达到标准产量。

2. 成本加成定价的经济学分析

成本加成法得到广泛应用的原因是这种方法所需的数据比较少，计算公式简单易用，有利于价格的稳定，为企业变动价格提供了正当的理由。该定价方法更多地用于平均成本变化不大的产品。但成本加成法也在许多方面受到批评，一个问题就是，它是根据成本计算出来的，并没有考虑需求条件，这一缺点因所用的成本数据可能有误而加重。成本加成定价法使用的是历史或会计数据，不是增量或机会成本。另外，在应用中，多数情况下是把共同成本全部分摊给企业生产的各种产品。①

而加成定价法将价格视为平均成本的函数，则完全颠倒了因果关系，因为平均成本的高低由产量决定，而产量的大小则取决于价格。

成本加成公式为：价格 = 成本（1 + 加成）

即 $P = AC(1+S) = TFC/Q + TVC/Q + \pi/Q$

其中，Q 是依据标准开工率计算的预计产量，如果市场需求不足，实际产量达不到预计数量，那么为了实现加成率 S，应该提高价格。但是提高价格会使市场需求萎缩，产量又会进一步减少。显然在这样的情况下，成本加成导致错误的结果。

但是不少文献指出，在一定条件下成本加成定价法和目标利润最大化的定价方法是一致的。由以前章节可知：$MR = P(1 + 1/E_{dp})$

根据企业利润最大化原理，MR = MC，对于平均成本变化不大的产品，有 MC 近似等于 AC，

则：

① H. 克雷格、彼得森等著，吴德庆译：《管理经济学》（第四版），中国人民大学出版社 2003 年版，第 370 页。

$$MC = P(1 + 1/E_{dp})$$
$$AC = P(1 + 1/E_{dp})$$
$$P = AC[1 - 1/(1 + E_{dp})]$$

$-1/(1+E_{dp})$ 就是加成率（或目标利润率），加成定价法就会实现企业利润最大化。此时加成率（目标利润率）完全依赖于企业产品需求价格弹性。如 $E_{dp} = -1.5$ 时，目标利润率可达200%，$E_{dp} = -2$ 时，目标利润率可达100%；而 $E_{dp} = -3$ 时，目标利润率就是50%。由此看出商品的需求价格弹性越大，可实现的目标利润率越低。在社会经济生活中，对于需求价格弹性小的商品可以期待高的目标利润率，在竞争加强时，商品的需求价格弹性加大，目标利润率也要下降。

如果某产业的成本结构满足 AC = MC 的条件。则成本加成定价是利润最大化边际原则定价的一种实现形式。许多文献指出，零售企业中长期成本与平均成本往往差别不大，因此成本加成定价法是零售企业谋求利润最大化的一种合理方法。

表6-3列出了与各种弹性相对应的利润最大化的加成百分比。它提供的信息能帮助企业经营者推算和制定一个有效的定价政策。

表6-3　　最优加成百分比与需求价格弹性的关系

需求的价格弹性	最优的加成（%）
1.2	500
1.4	250
1.8	125
2.5	67
5.0	25
10.0	11

杂货店通常使用加成定价法。典型的对各种产品的加成如表6-4所示。

表6-4　　杂货店各种产品的加成

产品	加成（百分比）	产品	加成（百分比）
咖啡	5	冻肉	30
软饮料	5	新鲜水果	45
早餐壳类食品	10	新鲜蔬菜	45
汤类	10	调味品	50
冰淇淋	20	专卖药品	50

从调味品和新鲜蔬菜类商品的价格弹性低于咖啡和软饮料这个意义上讲，该定价体系将使得杂货店的利润趋于最大化。通常来说，杂货店会对价格弹性低的商品（如新鲜水果、新鲜蔬菜、调味品和专卖药品等）制定较高的加成，杂货店认为该类商品的高加成是安全的；另外，对那些价格弹性高的商品（如咖啡、软饮料和早餐壳类食品等）一般会制定较低的加成，因为消费者对该类商品的价格敏感度较高，提高加成会降低杂货店该类商品的销售量，消费者转而到别的杂货店购买同类产品。

6.2.2 增量分析定价法

1. 增量分析定价法原理

增量分析定价法是通过计算由价格决策引起的利润增量来判断定价方案的效果的定价方法。若利润增量为正值，说明方案可以接受；若利润增量为负值，则方案不可以接受。

增量分析定价法可以看作边际分析法的具体化。利润的增量是边际收益和边际成本之差，利润增量为零时，也就是边际收益等于边际成本，企业实现利润的最大化。

2. 适用条件

对于具有剩余生产能力的短期经营企业来说，最佳的定价方法是增量分析定价法，这是因为对于该类企业来说其管理费用和固定成本已经摊派，而其新增的变动成本不大。

运用增量分析定价法进行产品定价需要注意以下三点：

第一，决策引起的利润增量应当是指决策引起的各种效果的总和；

第二，在计算利润增量时，不仅要考虑短期效果，也要考虑长期效果；

第三，由于管理费用和固定成本必须分摊，并非所有的定价都可以用增量分析法来定价。

增量分析定价法综合考虑了企业的短期效益和长期效益，也考虑了需求和生产的关系，该方法为企业灵活地制定定价策略提供了科学依据。

管理案例

2017 年手机将卖得更贵：低端机涨价成风，中高端刷新定价[①]

一贯以来越卖越便宜的电子消费品，2017 年价格或会暂时走出相反轨迹。

① 资料来源：马燕：《2017 年手机将卖得更贵：低端机涨价成风，中高端刷新定价》，http://it.people.com.cn/n1/2017/0207/c1009-29063982.html，2017.27/2017.2.20。

新年伊始，小米就宣布红米手机涨价，掀起了2017年国产手机涨价的序幕。就在小米宣布涨价的当天下午，一加手机CEO刘作虎就表示“2017年手机行业的主旋律是涨价”。

日前，红米手机官方微博发出公告称：由于元器件采购成本上涨和汇率波动影响，红米4和4A成本剧增，之前制定的零售价已严重低于产品成本。为保证正常供应，我们决定红米4系列价格均上调100元。

从2016年底电子产品就时不时地传出涨价的声音，魅蓝Note5、乐视电视、小米电视均有此举。目前，多家国产手机厂商已经逐步在完成价格层级上的调整。魅族率先打响了2017年手机涨价的第一枪。1月3日，魅蓝Note5悄悄地调整了售价，除顶配版外均提价100元。魅蓝Note5 16GB售价调至999元，32GB售价调至1099元，只有64GB版本售价保持不变为1499元。并且，这一调整已于1月3日起，在魅族官方商城、京东、天猫、苏宁官方旗舰店等所有线上渠道开始执行。360的N4S骁龙版，也从1月9日开始调整了售价。并在天猫和京东两个平台出现了不同程度的涨价现象。除此之外，华为、小米、乐视等也都有不止一款型号上调了售价。据悉，华为P9 Plus价格上调50元，华为P9全网通版涨价100元；小米小幅上调，小米MIX上涨30元，小米5S Plus涨价85元，红米也有多个型号上涨30~50元不等；乐视涨幅最大，乐视Pro 3普通版4+64G上涨80元，乐视Max2顶配版上调280元。

事实上，不少国产手机厂商已经多次向外界透露出2017年要上调手机价格的信息。对于这波手机涨价潮来说，除了汇率变化等原因外，原材料涨价是最重要最直接的一个因素。众所周知，自2016年下半年起，像屏幕、处理器、内存、闪存、摄像头、指纹识别模块这些必备元器件除了涨价就是缺货，尤其是屏幕与FLASH等关键配件的缺货现象已经非常严重。据《证券日报》记者了解，目前涨价的手机主要是超低端机型。物料成本是手机等电子产品最大的成本。对于一些原本就利薄的超低端手机来说，成本上涨势必没有利润空间，厂家不可能亏钱卖，涨价也就成了必然。

此前，华为终端CEO余承东曾表示，2017年将是华为终端的决胜之年，除了提升市场规模之外，盈利能力也要提升，提高利润自然离不开高端机市场的贡献。

众多调研机构所公布的数据均显示国产智能手机进入了销售价格上升期。譬如据智研咨询公布的2016年Q2数据显示，中国智能手机的平均售价已经从2015年同期的1256.11元上涨到了2016年Q2的1714元，将近500元的涨幅，体现出的是中高端市场的增量。

怎样把握好产品溢价和市场占有率之间的最佳平衡，或许是2017年手机厂商的一个主要课题。

6.3 基于市场的定价方法

6.3.1 差别定价法

1. 差别定价法原理

差别定价法，又叫价格歧视（price discrimination），是指同一种产品或服务，对不同的消费者，在不同的场合，采取不同的价格。一般来说，同一个商品以不同的价格出售，取决于购买者的收入水平、消费者的爱好、性别、年龄、地理位置、产品本身的性质、服务和时间以及替代品的难易程度等。如航空公司向商务旅行者收取的某一航班班次机票的价格高于普通旅客所支付的价格，同一商品在偏僻地区和繁华地区的价格不同，长途电话、旅游、旅馆等在不同时段不同的收费标准，工业用电和生活用电的价格不同。

即使产品不完全相同，只要产品制定的价格对于它们各自的成本是不成比例的，也会形成价格歧视。例如，一家香水制造商将一种香水装入普通的玻璃瓶中，给以命名树立形象，定价为500元；然后用一种花瓶装入同样的香水，给以不同的命名与形象，定价为1500元。这就是典型的价格歧视。显然相似产品的价格之间存在不同并不能说明已形成价格歧视；只有当这种价格的不同没有真实反映成本不同的时候才形成价格歧视。[①]

2. 差别定价法的适用条件

差别定价法的适用条件主要有以下三条。

（1）企业必须拥有一定的市场垄断力量，是一个价格制定者。垄断者对价格有一定的控制能力，他的产品具有一定倾斜的需求曲线，因为凡是具有向右下方倾斜需求曲线的卖主都可以独立的定价，垄断企业具有实行差别定价的可能性。

（2）相互隔绝的市场。商品要有两个或两个以上被分割的市场，就是说，在这两个或两个以上的市场之间，消费者不能直接倒卖商品。否则不同市场的价格因商品能互相倒卖而趋于相等。垄断者可通过采取相应的控制手段和利用市场的不完全性，来做好市场细分，使各个细分的市场相互隔绝。

（3）不同的市场，需求价格弹性不同。实行差别价格是利用不同市场的需求价格弹性不同，采取不同的价格，来获取最大的利润。在需求价格弹性较大的市场，价格定的低一点；弹性小的市场，价格定的高一些。这样对不同市场实行不同的价格，可增加销售收入，扩大企业的总利润。

---

① 周勤：《管理经济学》（第二版），北京师范大学出版社2008年版，第228页。

差别定价的种类通常按照索取消费者剩余的多少，企业所拥有的购买信息的多少而定，差别定价的不同依据将各种表现形式的差别定价分为一级差别定价、二级差别定价、三级差别定价。

一级差别定价是一种理想的情况，即企业对它所销售的每一单位产品都索取最高的可能价格。这种情况下企业必须完全了解市场需求曲线和每个消费者的保留价格，否则，企业就无法按保留价格去剥夺消费者剩余。这种情况与艺术品拍卖市场相近，即通过所有对所拍卖的艺术品感兴趣的消费者之间的竞价，使得每一件艺术品都可能以其最高的价格出售。当然，由于艺术品通常具有稀缺性，都是独一无二的，因此其与商品实行一级差别定价仍是有所不同的。

当企业非常了解其消费者时，企业将有可能完全实行或近似地实行一级差别定价。这种现象较多地发生在一些特殊行业的专业人员身上，如医生、律师、会计师、建筑设计师等，此时，每一个个体就是一家“企业”，凭着其对消费者的了解，或者通过讨价还价，能够较准确地估计出顾客愿意支付多少费用，从而就可能按顾客的保留价格来定价。

二级差别定价是企业按照消费者购买商品的数量来确定商品价格的定价方法。二级差别定价的典型例子是电力公司实行的分段定价。电力供给行业是较为典型的自然垄断行业，在一定意义上，二级差别定价可以视为对自然垄断行业进行规制的一种措施。对于自然垄断行业来说，生产能力的充分利用也就意味着其生产成本的大幅度降低，这对资源的有效配置无疑是有利的。另外，对垄断企业来说，通过二级差别定价将可获得一定的超额利润。一般来说，对那些消费数量较易测定的商品，如电力、煤气、自来水、电话等行业，采用二级差别定价是较为可行的，企业将由此提高利润水平。

当企业把市场细分为两个及两个以上不同的子市场，并且不同子市场中同一种产品的销售价格不同时，则该企业即实行了三级差别定价。企业实行差别定价的目的就是获得最大利润，当企业把整个市场划分为不同的子市场之后，为实行差别定价，企业需要回答如下问题：企业的总产量应是多少？企业如何在各个子市场之间分配其销售量？最关键的是，各个子市场的价格如何确定？这里以两个子市场的情况为例进行分析。

3. 差别定价法的确定

某企业在两个分割的市场 A 和 B 出售同一种商品，若 A 市场的需求曲线为 D_A，B 市场的需求曲线为 D_B，两者的需求弹性不一样，如该商品的边际成本曲线为 MC，应怎样来确定该企业在 A、B 两个市场上的市场价格和销售量呢？

由此可得两个子市场的边际收益曲线 MR_A 和 MR_B，把两个子市场的需求曲线水平相加可以得到整个市场的需求曲线 D，即 $D = D_A + D_B$；整个市场的边际收益曲线为 MR，$MR = MR_A + MR_B$；总产量为 Q，企业生产的是同一种产品，因此其生产过程是唯一的，其生产成本也与市场的分割无关，这样，企业的总产量就由利润最大化的准则 MR = MC 来决定；产量的分配应使得两个子市场上的边际收益相等，即 $MR_A = MR_B$；同时，两个子市场上的边际收益都等于企业的边际成本，即 $MR_A = MR_B = MC$（见图 6-2）。

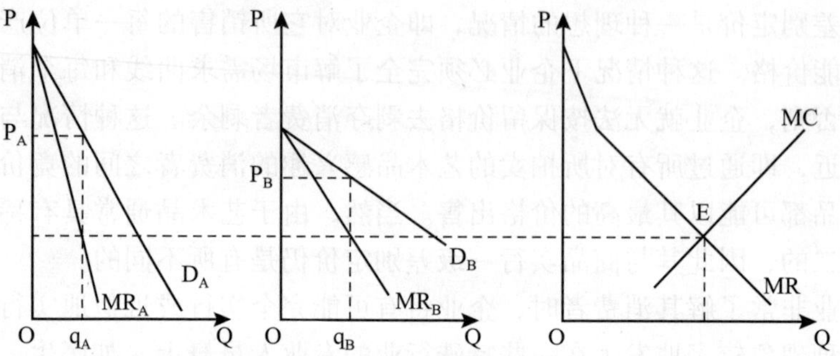

图 6-2　差别定价法

只要企业能把市场分割成两个或两个以上的不同市场，采用差别定价就能比采用统一的价格取得更多的利润。

［例 6-3］一家企业在两个分割的市场上销售产品，生产产品的边际成本是常数 2。这两个市场的需求曲线分别为：

市场 1：$P_1 = 14 - 2Q_1$　　　　市场 2：$P_2 = 10 - Q_2$

①计算统一价格时所得的利润；②若实施差别定价，企业在两个市场上应如何分别确定销量和价格？

解：（1）总市场的需求曲线为 $Q_T = 17 - 1.5P$

其相应的边际收益曲线方程为 $\sum MR = 11\frac{1}{3} - \frac{4}{3}Q_T$

使 $\sum MR = MC = 2$，则可得到 $Q_T = 7$，进而可求得 $P = 6\frac{2}{3}$，利润为 $32\frac{2}{3}$。

（2）根据两个市场的需求曲线，可求得两个市场的边际收入曲线：

市场 1：$MR_1 = 14 - 4Q_1$

市场 2：$MR_2 = 10 - 2Q_2$

根据 $MR_1 = MR_2 = MC$，得 $14 - 4Q_1 = 2$，$10 - 2Q_2 = 2$

解得 $Q_1 = 3$，$Q_2 = 4$

把 Q_1 和 Q_2 分别代入需求方程，得 $P_1 = 8$，$P_2 = 6$。

差别定价时的总利润 = 18 + 16 = 34，大于统一定价时的总利润。

差别定价大致可以利用以下几种形式实现：

（1）地区的差别定价。不同地区的差别价格是利用消费者所处的地域差异，制定不同的价格。同一商品在国内和在国外市场的价格通常不一样。

（2）时间的差别定价。不同时间的差别定价是针对消费者对商品的需求价格弹性随时间变化而采用的方法。如长途电话，在白天上班的时间，因使用电话的人特别多，价格就定的高，而晚间和夜里，需求量减少，价格就定得低一些，来鼓励消费者利用这段时间，使资源得到充分利用。旅游的旺季和淡季，对门票、交通费、住宿费采取不同的价格，也是同样的道理。

（3）商品用途的差别定价。对于同一商品的不同用途也可以采用差别价格。我国的电力、煤气公司对居民用户和商业用户实行不同的收费标准，公交车对成人和学生乘坐实行不同票价，火车对儿童和成人实行儿童票和全价票，都是商品用途的差别定价。

（4）数量的差别定价。消费者在购买不同数量的商品时，定不同的价格也是差别定价常见的一种形式。我们常看到一些商品的促销，如卖袜子的促销："三元一双，五元两双。"即一次购买的越多，价格就越便宜。这是一种薄利多销的具体措施。

6.3.2 多产品定价法

在实际生活中，大多数厂商生产和销售不止一种产品，而是几种或多种产品。这些产品之间往往存在关联，或者互相分担成本，或者产品需求相互依赖，因此，单一产品定价方法就可能不合适了。多产品在生产过程中也可能会有一定的联系，如用同样的原材料、经过同一生产过程、生产出两种以上的产品，这些产品就叫做联产品。从消费需求方面来说，联产品包括互补产品和替代产品。联产品可分为固定比例生产的联产品和变动比例生产的联产品。屠宰场宰杀生猪，同时得到猪肉、猪皮、猪排、猪内脏等，而且其比例一般是不变的，这称为固定比例生产的联产品；而炼油厂原油提炼，可同时得到汽油、柴油、沥青等，其比例可能会变动，这称作变动比例生产的联产品。

1. 固定比例生产的联产品定价

这种固定比例生产的联产品由于产品之间的产量比例不能调整，所以实际上可以把它看作一组产品。

例如，某企业有固定比例生产的联产品 A 和 B，它们的需求曲线分别为 D_A 和 D_B，产品组的成本曲线为 MC，如图 6－3 所示。如何来确定该产品组的最优产量以及产品 A 和 B 的市场价格呢？

由于它们之间的产量比例是固定的，它们产量的单位数可以相同，这就有可能用同一横坐标来表示。

确定产品组合 AB 的最优产量及其市场价格的步骤如下：

第一步：求产品组的最优产量。

（1）画出给定的产品 A 和产品 B 的需求曲线 D_A 和 D_B；

（2）根据 D_A 和 D_B 求出产品 A 和产品 B 的边际收入曲线 MR_A 和 MR_B，把 MR_A 和 MR_B 的纵坐标垂直相加可得到产品组的边际收入曲线 MR_T；

（3）画出给定的 MC 曲线，与 MR_T 交于 E 点，即 $MR_T = MC$，可得最优产量为 Q_0。

第二步：求产品 A 和产品 B 的最优价格。

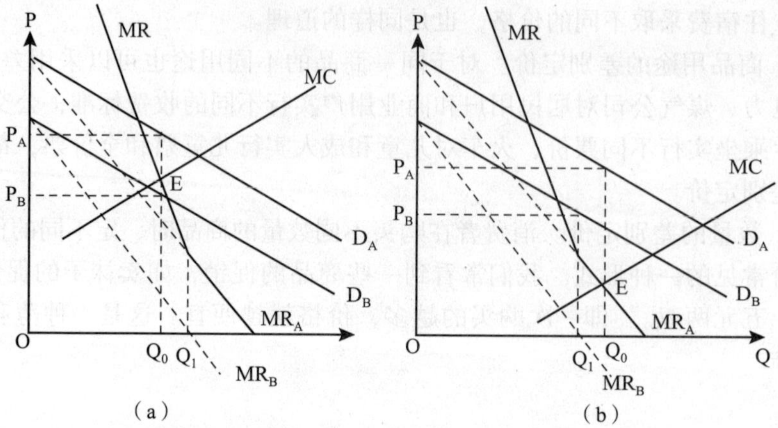

图 6－3　固定比例生产的联产品产量和价格

从 Q_0 画一条垂直线，与 D_A、D_B 相交可得出最优价格 P_A、P_B。

注意：若 MC 和 MR_T 交于 Q_1 的右边，如图 6－2（b）所示，产品组的最优产量为 Q_0。则 A 产品的销量仍为 Q_0，但 B 产品的销售量为 Q_1。Q_0-Q_1 部分的销售量，由于 MR_B 为负值，企业不会出售，除非处理或储存的成本较高，否则不应把多余的 B 产品推向市场。

2. 变动比例生产的联产品定价

当 A 和 B 两种产品之间的生产比例是可以调整的，如何来确定 A 和 B 产品的最优组合呢？

如图 6－4 所示，在产品 A 和 B 的空间内，根据可能的产品组合可以画出等成本线 TC_1、TC_2、TC_3……。在同一等成本线上，不同组合的产品组的总成本相等。同样，根据联产品的价格，可以画出等收益线 TR_1、TR_2、TR_3……。在同一等收益线上，不同组合的产品组销售后的收益相等。在产品市场价格不变时，等收益线是一条直线。

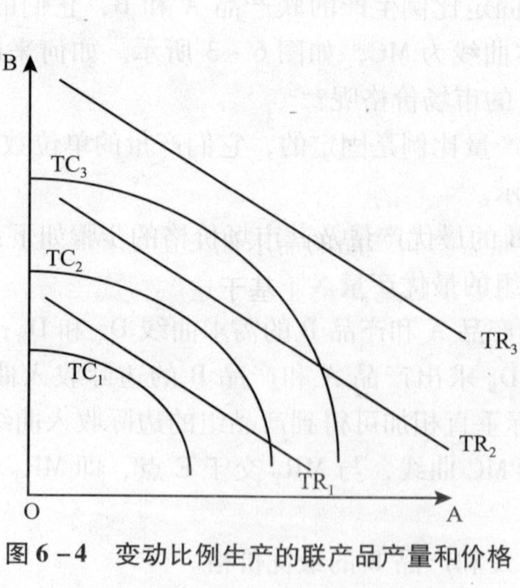

图 6－4　变动比例生产的联产品产量和价格

等收益曲线和等成本曲线的切点代表了不同成本水平上最优的产量组合，此时为一定成本下收益最大。而收益与成本之间的差就是利润，在这一系列的切点中，找出利润最大的对应切点，就是企业联产品的最优产量组合。[①]

6.3.3 新产品定价法

对于企业生产的新产品，由于没有历史的数据估计该产品的需求函数，因此对于这类产品来说只能采用特定的方法来确定其价格。在针对该类产品的定价方法中，撇油定价法和渗透定价法是其中最重要的定价策略。

1. 撇油定价法（高价定价法）

企业基于短期收回成本或短期内获取最大利益的目的，将其新产品的价格定得较高，这种定价方法叫做撇油定价法。新产品上市初期，把价格定得较高，就可以尽快收回垫付资金，补偿企业的消耗，进而可以在最短的时间内尽可能赚更多的钱。撇油定价法实质上是差别定价法的一种，即随时间的推移而定出不同的价格。撇油定价法通常适用于下列情况：

（1）由于不同的消费者有不同的需求价格弹性，因此企业可以充分利用消费者的这一特征，在一定时间内先让需求价格弹性小的消费者充分购买，然后，再适当地调节产品的价格向需求价格弹性大的消费者推广。因此，企业有充分的时间来控制需求曲线，对弹性低的消费者尽可能索取高价。

（2）若某种新产品生产技术复杂、生产周期较长或者受专利保护，竞争对手难以模仿，那么该企业可以对该产品实行撇油定价。这是由于此时市场中没有竞争对手，也无替代品进入市场，在这种情况下，企业可以高价销售新产品以获得超额利润。例如，1945 年美国雷诺公司从阿根廷引进圆珠笔技术，并快速投入市场，尽管当时圆珠笔的生产成本仅为 0.5 美元/支，但其批发价高达 10 美元/支，零售价更达到 30 美元/支，雷诺公司在竞争对手进入市场以前的一定时期内赚取了大量利润。

（3）尽管小规模生产的成本较高，但高价仍能带来显著的收益。

（4）建立品牌。高价能给人以这样的形象，是高档品，质量好，这就使得一部分消费者愿意为此付出高昂的代价。

（5）企业不能精准预测新产品的需求曲线和生产成本，较低的产品定价可能会给企业带来较大的风险，因此，企业基于这层考虑会将新产品的价格定得略高以便留下足够的降价空间。

---

① 汤伟钢：《管理经济学》，东北财经大学出版社 2003 年版，第 321 页；
Lilien、Gary L、Rangaswamy、Arvind 著，魏立原、成栋译：《营销工程与应用》，中国人民大学出版社 2005 年版，第 530 页。

2. 渗透定价法（低价定价法）

企业基于开拓市场或阻挡竞争者进入市场的目的，将其新产品的价格定得较低，这种定价方法称为渗透定价法。一方面，企业可以利用渗透定价法的低价策略迅速打开产品市场，占领市场份额，从多销中增加企业利润；另一方面，企业也可以利用渗透价格的低价策略建立价格壁垒，有效地组织竞争者进入市场，从而有利于控制市场。如果企业研制出了一种新产品，而企业对该产品的定价目标是占领市场或者挤进现有市场，那么该企业可以采用渗透定价法。现实中，渗透定价法常用于竞争比较激烈的日用小商品，如牙膏、香皂之类。下列情况适合采用渗透定价法：

（1）当某商品的需求价格弹性较大，可以用较低的价格吸引较多的消费者时，企业可以对该商品采用渗透定价法。当某产品供求相对平衡，而需求价格弹性较大时，利用低价策略能够吸引大批新的消费者，从而扩大市场占有率。

（2）当某产品存在一定的规模经济，需要大批量生产才能降低生产成本时，可以对该产品采用渗透定价策略。若企业在开发新产品时，市场上已有类似替代品，但企业生产能力较强，能够通过大量生产来降低产品成本，即当规模经济明显时，企业出于竞争原因，需要尽快占领市场时，企业可以采取渗透定价策略。

（3）当消费者对某类商品具有较高的“商标忠实性”，企业需要对该类商品的新产品采用低价策略以消除消费者对原有品牌的重视性时，可以采用渗透定价策略，以吸引消费者并使他们建立新的品牌忠实性。

（4）当制造新产品的技术已经公开，或者易于仿制，竞争者不存在技术壁垒，企业需要用低价来阻止竞争对手打入市场，或者需要用低价吸引大量消费者来扩大市场、拓展市场份额时，企业可以采用渗透定价策略。

当企业通过初期的低价渗透达到其市场占有目标之后，就可能逐步将价格提高到正常水平。因此，低价渗透法是一种为实现企业的长期目标（长期利润、长期销售量等）而深思熟虑地牺牲短期利润的经营策略。

管理案例

联想电脑美国售价远低于国内①

近年来，国产品牌不断加速“走出去”的步伐，华为、小米、中兴等国产手机品牌纷纷抢占海外市场。近日，国产手机海外售价曝光，引发网友的极大关注。人民网 IT 频道注意到，与国产手机国内便宜，海外贵的情况不同，作为全球最大 PC 厂商的国产品牌联想，旗下多系列电脑产品在海外售价大大低于国内售价。

从曝光的国产手机海内外价格对比数据来看，华为荣耀 6 Plus 国内售价 1999

① 资料来源：胡晓：《联想电脑美国售价远低于国内》，人民网，http：//it. people. com. cn/n/2015/0424/c1009 -26898997. html，2015. 4. 24/2017. 2. 20。

元，同款产品在美国亚马逊售价折算成人民币为2950元，差价近1000元；魅族MX4 Pro 16GB 国内售价2199元，国际官网售价3588元人民币，差价在1000元以上。小米、OPPO 等国产手机品牌都是海外价格高于国内售价。

人民网 IT 频道对联想部分型号笔记本中外售价进行了对比。对比发现，联想 ThinkPad X240（i3－4010U 处理器、12.5 英寸高清显示屏、4GB 内存、500GB 硬盘），美国联想官网售价768美元，按照即时汇率（1美元=6.1966人民币元）计算，折合成人民币为4758元，相同型号、类似配置产品在中国官网售价为5699元（i3－4010U 处理器、12.5 英寸高清显示屏、4GB 内存、500GB 硬盘），差价近1000元。联想 ThinkPad X1 Carbon2（i5－4200u 处理器、14 英寸高清显示屏、4GB 内存、128GB 固态硬盘），美国联想官网售价941.46美元，折合成人民币为5833元，中国官网售卖的配置稍有升级的机型（i5－4210U 处理器、14 英寸显示屏、4GB 内存、180GB 固态硬盘）价格则为9399元。

不仅是联想官方网站，电商网站上价格也有明显差距。同等配置的联想 ThinkPad W540（i7－4700MQ 处理器、8GB 内存、15.6 英寸全高清显示屏、500GB 硬盘），在美国亚马逊官网售价为1374.95美元，折合成人民币为8520元，京东官网售价基本在15000元以上（i7－4700MQ 处理器、8GB 内存、15.6 英寸全高清显示屏、1T 硬盘配置，价格为19899元）。联想 Yoga 3 Pro，同等配置机型，美国亚马逊官网（Intel Core M 5Y70 处理器、13.3. 英寸 QHD 显示屏、8GB 内存、512GB 固态硬盘）售价为1499.99美元，折合成人民币为9294元，京东商城（Intel Core M 5Y70 处理器、13.3. 英寸 QHD 显示屏、8GB 内存、512GB 固态硬盘）售价为10999元，差价近2000元。

2011年10月，联想 ThinkPad Tablet 正式上市时，香港与内地市场的价格差距高达1700元，引发了消费者和业界质疑。联想当时的回应是：确定该定价体系是基于多方因素综合考虑的，并非针对不同市场进行价格歧视。联想集团董事长 CEO 杨元庆也对媒体“喊冤”，称国内增值税税率高达17%，联想电脑在国内卖得贵实属无奈。

记者调查中发现，联想各系列笔记本，国内价格普遍高于国外价格，其中差价最高的为 X 系列和 W 系列，国外售价会比国内低1/3，甚至1/2。此前，网易数码、腾讯数码等媒体对联想部分型号笔记本价格进行了对比，指出部分机型存在令人咋舌的1倍之差，ThinkPad T61 机型甚至相差1万多元。

6.4　公共品与非营利机构的定价实践

6.4.1　公共品的供求

1. 公共物品的性质

从经济物品的分类可知，公共物品具有广义和狭义之分。狭义的公共物品是指既具有非排他性又具有非竞争性的物品；广义的公共物品是指那些具有非排他性或非竞争性的物品，一般包括俱乐部物品或自然垄断物品、公共池塘资源以及狭义的公共物品三类。一般来说，公共物品（public goods）是指供给整个社会共同享用的物品，例如，国防、警察、消防、公共道路、教育、公共卫生、无线信号、道路上的路标等。与此相对的是私人物品，私人物品指的是市场提供给个人享用的物品。如商店里出售的衣服、家用电器、食品等。公共物品一般是由政府提供。但并不意味着必须完全由政府来提供，某些商品可以由市场提供，如私人兴办教育。

（1）非竞争性是指某人对一种商品的消费不妨碍影响其他人同时也消费这种商品，也就是说对该种商品的消费具有非竞争性。例如，一个人在公园里欣赏观看公园里的花，他并不能阻止其他人对同种花的观看，在公园里的每个人都能观看公园里的花。

（2）非排他性是一旦公共物品可用，那么每一个人都可以得到它，在享用该物品时没有人被排除在外。例如良好的公共环境，每一个人都可以享受良好环境带来的舒适放松的美感，不可能只有某个人才能享受这种良好的环境。

2. 公共品的需求

由于公共品消费具有非对抗性，因此每个人从中所得到的效用远小于他们为此支付的代价，从而想做一个免费搭车者，给定数量的公共品能同时被多个消费者消费，那么，公共品的需求曲线可以从消费该公共品的各消费者需求曲线的垂直坐标之和来得到。这就不同于个人消费品的需求曲线。

如图 6－5 所示，若某公共品 X 只有两个消费者，其需求曲线分别是 D_A 和 D_B，由于该公共品是被这两个消费者同时消费的，因此消费者对公共品 X 的需求曲线是两个消费者需求曲线的垂直坐标之和，即 $D_T = D_A + D_B$。这与个人消费

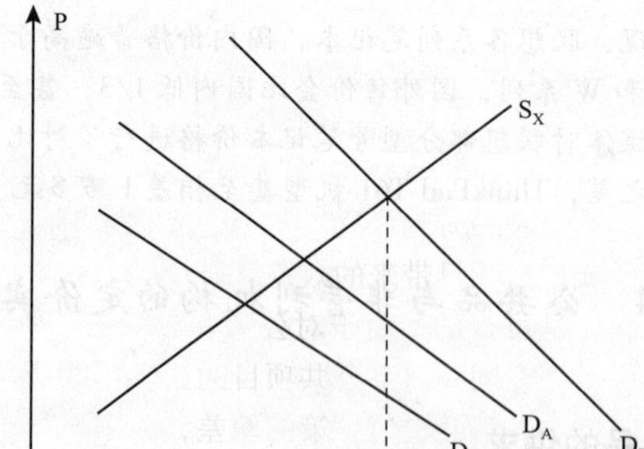

图 6－5　公共品的需求曲线

品不同，因为个人消费品具有对抗性，所以对于个人消费品来说，其市场需求曲线是个体消费者需求曲线的横坐标之和。

3. 公共品的供给

边际成本低是公共品的重要特征。例如，建造一座公园的费用相当高昂，但增加一名游客的边际成本微乎其微；我们也很难发现某一电视台所增加的一名观众。从全社会的角度看，当市场价格等于边际成本时，资源配置最有效。因此，当公共品的市场价格等于其边际成本时，公共品的市场价格就趋于零。即公共品市场的有效资源配置原则就是免费提供给想利用它的任何人，这就是公共品的外部性，其外在的成本和外在的收益都很难进行核算。

任何一个企业均是以盈利为目的，因此企业显然不愿意进行公共品投资，而让公共品的受益者来集资又面临许多问题。由于公共品具有非排他性，消费者即使不对公共品的建设做任何贡献，他们也可以“搭便车”（free-rider）享受公共品提供的服务，而不能把他们排除在外。解决“搭便车”这类问题只有一个办法，就是用政府的税收来支付公共品的建设费用。但是政府需要提供多少公共品以满足消费者的需求？我们可以用费用效益分析来回答这一问题。

6.4.2 费用效益分析

1. 费用效益分析法的概念及其依据

（1）费用效益分析法的含义。费用效益分析是评估提供公共品服务的公共项目费用与效益的有效方法，可以为公共项目的决策提供科学依据。由于需要深入考虑公共项目的间接费用和效益，所以公共项目的费用效益分析一般比企业的项目投资决策更为复杂。而且，在对公共项目进行折现计算时，也很难确定其社会贴现率。

通常，公共部门和非营利机构的项目主要采用费用效益分析，如城市基础设施建设、环境保护、公共交通、教育、医疗卫生、国防等。近年来，世界上也有一些国家规定，对投资金额巨大的非公共部门的项目也要进行费用效益分析。

（2）费用效益分析法的判别原则。边际分析是费用效益分析的基础，费用效益分析要计算一个新建或扩建项目带来的效益和所投成本之间的比值。只有当这一比例大于1时，项目才是可行的。由于对公共项目间接效益与成本难以估计，因此，费用效益分析更多用在同一类型公共项目的比较。这是由于不同类型项目的效益与成本的高估或低估，都会造成决策的偏差，而相同类型的公共项目由于具有相似性，偏差会小一些。

（3）费用与效益分析的理论依据。公共项目并不会使所有的人都受益，多数公共项目在使得一部分人受益的同时也会使一部分人的利益受到损害。例如，对社会医疗保险项目来说，每位参保人员均需要缴纳一定量的保险金，其中必有一部分人身体较差，从中所得益处大于所缴纳的保险金；但对于其中一些身体十分健康者，从中所得益处要小于所交纳的保险金。为了衡量某公共项目的费用和效益，卡尔多和希克斯提出了“卡尔多—希克斯准则”——对于某一特定的公共项目，所有得益者的得益总和至少要能补偿所受损者的受损总和，该项目就通过了费用效益检验——这也是费用效益分析的理论依据。

2. 费用效益分析法的步骤

（1）估计费用。典型的公共项目的直接费用可分为基建、运行和维护三个科目。公共项目的费用估计通常是由项目的设计施工人员进行，因为项目的设计和施工费用很可能占了大部分的直接费用。例如，一个水库的建造，除大坝的建设费用外，可能要淹没成千上万公顷的土地，损失的土地、房屋和其他资产需要估值，并对所有者给予补偿，这些补偿的费用也都要计入项目的成本。除此以外，还有一些间接的费用要产生。例如，水库的建设造成的库底移民会引起周围居民居住的拥挤和心理上的不快；可能会威胁濒临灭绝的物种；也有可能对自然生态环境产生不利的影响；当然也有可能造成对文物古迹的破坏。我国的长江三峡水库的建设就因此论证多年。有一些间接成本非常难以定量的计算，在进行费用效益分析时，典型的做法是不将其列入成本科目中，但应列入作为不可定量化的外部环境成本，在作决策时加以考虑。

（2）估计效益。效益也分为直接效益和间接效益。项目引起的国民收入的增加是直接效益，例如，水库电站发了电，灌溉的农田增加了农作物的产量，这些都可以计入国民收入的增长。费用效益分析应考虑的直接效益大体上可分成以下四类：

①国民经济发展效益：国民生产总值或国民收入的变化。

②环境质量效益：对于文化和环境的非货币化的影响。

③区域经济发展效益：促进区域经济的发展。

④其他社会效益：以上三条以外的社会效益。

公共项目通常还伴随着显著的间接效益。如某一公共项目的执行，增加了就业的人数，减少了失业的人数，进而减少了政府发放的事业救济金；一条高速公路的建成，引起了两旁地租的上升等。

（3）确定社会贴现率。绝大多数的公共项目往往都要延续多期，因此就需要将收益和成本都折成现值计算。公共项目的资金来自于整个社会，常用社会折现率（social discount rate）计算折现。社会折现率取决于资金从非公共部门转移到公共部门的机会成本。若资金来自于企业上缴的税收，机会成本就是企业居民放弃消费的成本，定期存款的利率和国库券的利率通常被看作是居民放弃消费的成本。社会贴现率就是这两部分资金机会成本加权平均值。不同公共部门的资金来源不同，不同部门的社会贴现率也有所不同。

（4）费用效益检验。一旦估计了项目的费用与效益，又确定了社会贴现率，最后一步就是对费用和效益进行折现计算，并比较这两个数值的大小。费用效益检验的通常做法是看效益的现值和费用的现值之间的比例是否大于1。如果大于1，就通过了费用效益的检验。在有多个项目可供选择的情况下，选择效益费用比大的项目。

6.4.3　非营利机构的定价实践

非营利机构，也称为事业单位，其定价实践不同于企业的定价实践。有些非营利机构在经费上需要自给自足，比如大多数医院，必须为所提供的服务设置一个合适的价格，以便得到适当的收益来补偿全部的成本。而另一些非营利机构，能得到政府财政的拨款和有关方面的捐赠，因此所提供服务的价格可以低于平均成本，例如我国的高等教育。也有一些非营利机构是完全靠政府财政或捐赠支持运行，也就无偿地提供服务，不收取任何费用，如消防、交通等。

1. 拉姆齐定价

（1）拉姆齐定价原理。拉姆齐定价是指价格偏离边际成本的距离应当与需求弹性成反比，即对需求弹性大的产品，价格应定得与边际成本较近；反之，对需求弹性相对小的产品，价格应定得离边际成本较远。

（2）拉姆齐定价适用范围。拉姆齐定价适用于受管制的企业（它们的利润最高额是受限制的）和非营利企业（它们只期望能补偿成本就行）。

（3）拉姆齐定价的确定。假设有一家企业生产两种产品X和Y。产品X的需求弹性比产品Y大，它们的边际成本都是常数。如果X和Y都按边际成本定价（分别为P_X和P_Y），那么，X的需求量为Q_X，Y的需求量为Q_Y（见图6-6）。但由于企业的共同成本，总收入就会小于总成本。为使企业的总成本得到补偿，两种产品中至少必须有一种产品的定价要高于边际成本。在图6-6中，产品X的价格应定的比产品Y的价格更接近边际成本。价格定为P'_X，其需求量为Q'_X；P'_Y的需求量为Q'_Y。每个图的阴影面积代表每种产品为补偿企业的共同成本能做出多少贡献，可以看出，产品Y的贡献要大于产品Y的贡献。

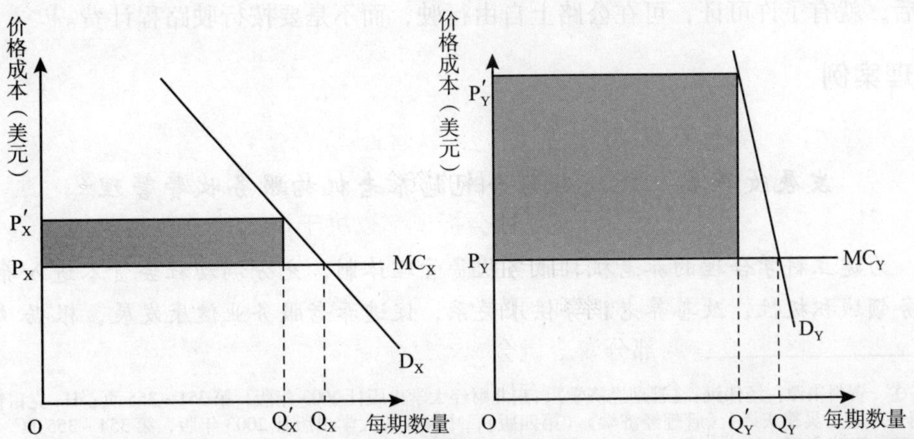

图6-6　拉姆齐定价法

（4）对拉姆齐定价的评价。根据以前的知识我们知道，任何偏离边际成本的定价都会导致资源配置的低效率。若目标是高效率，就需要一种次优方案，允许企业至少不盈不亏，用拉姆齐定价方法，使资源配置的消极影响降到最小。但拉姆齐定价方法也遭到批评，因为对那些替代品最少的产品（即需求弹性最小的产品）在定价时偏离边际成本最远。如果这种产品的价格增加很多，消费者就会转而购买其他的产品，消费量就会急剧降低。这样企业从弹性大的产品中几乎得不到对固定成本的贡献。

2. 外部效益与补贴判据

由于某些非营利机构所提供的服务具有公共品性质，其外部效益较大，所以政府需要对该类非营利机构进行补贴。由于出资者和非出资者均可以从非营利机构中受益，而且非出资者也并未补偿出资者，因此，有无外部效益就成了是否应当对其进行补贴的判据。具体的补贴量根据需求价格弹性而定，需求价格弹性小的服务应提供较多的补贴，对需求价格弹性大的服务提供较少的补贴。

3. 纯公共品的特殊定价

尽管绝大多数的人都会同意这样的公共品有益于大家，应当提供。但是没有一种机制可以使得每一个受益者因得益而自觉的有所支付。政府必须用权利征税，然后提供资金免费向大家提供服务，纯公共品的价格为零。

4. 会员制和许可证

非营利单位提供的服务，有些不是按数量来收取费用，而是由消费者支付一定的费用成为会员，或者由消费者购买一张许可证，然后随意消费。

这种会员制和许可证的做法，有长处也有不足。不足在于价格的合理功能被限制了，消费的数量可能会超过个人的边际效益等于社会边际成本的点，造成资源的浪费；其优点主要是管理方便。例如，我国的汽车在交纳一定数量的养路费以后，就有了许可证，可在公路上自由行驶，而不是要按行驶路程计费。①

管理案例

发展改革委　民政部联合规范养老机构服务收费管理②

为建立科学合理的养老机构服务收费管理体制，充分调动社会资本进入养老服务领域积极性，改善养老服务供求关系，促进养老服务业健康发展，根据《中

---

① 资料来源：汤伟钢：《管理经济学》，东北财经大学出版社 2003 年版，第 351 ~ 355 页；H. 克雷格·彼得森等著，吴德庆译：《管理经济学》（第四版），中国人民大学出版社 2003 年版，第 354 ~ 355 页。

② 资料来源：社会福利和慈善事业促进司：《发展改革委　民政部联合规范养老机构服务收费管理》，http://www.chinadaily.com.cn/hqpl/zggc/2015-03-04/content_13316933.html，2015.3.4/2017.2.20。

华人民共和国老年人权益保障法》《国务院关于加快发展养老服务业的若干意见》《国务院关于创新重点领域投融资机制鼓励社会投资的指导意见》等有关规定，近日，发展改革委、民政部联合下发《关于规范养老机构服务收费管理促进养老服务业健康发展的指导意见》（以下简称《指导意见》）。

《指导意见》指出，要建立市场形成价格为主的养老机构服务收费管理机制。民办养老机构服务收费标准由市场形成，政府投资兴办养老机构区分服务对象实行不同收费政策。同时，积极探索公建民营等方式运营的养老机构收费管理模式。

《指导意见》强调，要科学合理制定政府投资兴办养老机构服务收费标准，划清管理权限，明确定价原则。进一步规范养老机构服务收费行为，加强收费公示工作，建立年度财务报表公开制度。养老机构不得违反老年人意愿强制服务，强制收费。

《指导意见》提出，要切实落实相关收费和价格减免政策，认真落实国家规定的价格和收费优惠政策。所有养老机构用电、用水、用气、用热按居民生活类价格执行。政府及相关部门要严格按照国家统一规定，对非营利性养老机构建设免征有关行政事业性收费，对营利性养老机构建设要减半征收有关行政事业性收费，对养老机构提供养老服务也要适当减免行政事业性收费。鼓励各地根据本地区情况，减免本地区设立的相关行政事业性收费项目，降低养老机构有线电视收视维护费等相关服务收费标准。

第7章 政府与企业

管理案例

李克强要求国务院部门带头治“费”①

“一个国家的经济发展在于蓬勃兴旺的市场活力，而市场活力的主体就是企业。我们今天就要进一步统一思想：把大力清理和规范涉企收费与深化简政放权放到同等重要的位置，从源头上降低企业制度性交易成本。国务院部门要带头治‘费’，切实起到‘以上率下’的作用。”李克强总理在2月8日的国务院常务会议上明确要求。

当天会议决定降低和规范涉企收费，进一步为实体经济减负。李克强表示，2013年以来，各地区各部门持续推出减费降费措施，去年以来推进的营改增改革，又进一步减轻了企业税负，激发了市场活力。下一步要深化认识，深挖潜力，国务院部门要带头以更大决心清理和降低涉企收费。

“现在许多企业呼声最普遍的一个问题，就是各种‘费’不仅项目繁多，而且征收不规范。”总理说，“一个企业要对应许多个收费机构、部门，甚至还有中介等单位，经营人员根本不明就里。一些地方和部门收费标准还各不相同，自由裁量权过大。”

他强调，年底前要建立政府定价管理的涉企收费目录清单制度，给企业一本明明白白的账目。他说：“市场经济是法治经济，必须讲规则。只有让各类市场主体得到充分竞争、公平竞争，我们的市场和经济才能真正‘活’起来。”

李克强翻阅着手中的文件，不时点出其中一些“被取消的收费项目”说：“这些被清理的行政事业性收费，有多少是真正为了保证产品质量的？又有多少是保证公共安全的？相关部门是否应对仍然保留的涉企收费再进行一次必要的清理？”

“尤其是那些中介机构利用政府影响违规收费，必须坚决取消！”李克强厉声说道。

他坦言，清理涉企收费这项工作看似简单其实利益盘根错节，会动到不少机

① 资料来源：中国政府网，2017-2-8，19：31。

构的“奶酪”。“所以我们必须下决心压减政府行政性开支，用政府的‘紧日子’，真正换取企业和百姓的‘好日子’！”总理说，“要尽快推出制度性、管长远、见实效的清费举措，切实降低企业成本。优化实体经济环境。”

“今天就定下来，各部门要统一思想、负起责任，抓紧清理，尽早给百姓和企业一个满意的交代。到今年年底要让市场主体切实感受到清费成效！”李克强说。

不要认为市场上只有厂商和消费者在一起进行产品和服务的交易，政府从来都不干预。政府所制定的并执行的规则、法规几乎影响着企业和消费者的任何一个决策。如果你想成为一位高层管理者，你要准备好与同事和竞争者打交道以及和政府机构打交道的准备。管理者不仅要在企业的经营决策中努力掌握市场价格动态变化的趋势，还必须考虑国家经济政策的变化，加强对策研究。

7.1　市场效率与市场失灵概述

现实的经济运行条件同前面教材中所讲的假设条件往往有很大差别，从而导致市场机制无法自发有效地配置资源，这种情况就被称为市场失灵。

7.1.1　市场的效率与帕累托最优

由于资源的稀缺性，人们一般都希望资源能够得到充分的使用。市场的效率就是指市场在配置资源方面的效率，大多数经济学家认为衡量市场效率最有效的标准是帕累托标准或叫帕累托最优。

1. 市场经济的理想状态

市场经济通常是指生产资料私有、经济决策高度分散的自由私人制度，在这种制度中，生产什么、如何生产和为谁生产是由价格机制决定的。具体地讲，生产什么取决于消费者的需求；如何生产取决于企业间的竞争，为了在竞争中获得最大利润，企业必须采用成本最低，效率最高的生产方法；为谁生产则取决于市场供求均衡时的要素价格。

在完全竞争条件下，当一切的价格最终等于一切的边际成本，一切的要素价格最终等于它们的边际收益产品，以及当个人的真正欲望都被以它们的货币支付所表示的边际效用来代表时，市场机制将最终使经济体系达于均衡。市场实现了稀缺资源最优配置、产品的最低生产成本、社会最大满足程度，而这就是帕累托最优。

2. 帕累托最优

假设某市场中存在两个消费者A和B，该市场只有两种总量有限的商品X

和Y可供A和B消费和交换，故我们可以绘制消费者A和B的无差异曲线即图7－1——埃齐沃斯盒。图中Xa、Oa、Ya为消费者A的坐标系，Ia_1、Ia_2、Ia_3……是消费者A的无差异曲线族，离Oa点越远代表效用越高，相应的Xb、Ob、Yb为消费者B的坐标系，Ib_1、Ib_2、Ib_3……是消费者B的无差异曲线族，离Ob点越远代表效用越高。如果消费者A、B最初拥有的X、Y商品均相等，即此时他们的无差异曲线相交于W点，当Ia_2向靠近Ob点的位置移动而Ib_2不动时，这意味着消费者A通过交换商品使得自己的效用提高而B的效用不变；当Ib_2向靠近Oa点的位置移动而Ia_2不动时，这意味着消费者B通过交换商品使得自己的效用提高而A的效用不变；当Ia_2、Ib_2同时向背离本坐标系原点的方向移动时意味着两者的效用均增加，以上过程均被称为帕累托改进。但是当两者的无差异曲线相切即两者消费X、Y两种商品的边际替代率相等时，此时任何一方继续交换都会损害另一方的效用，这种均衡状态就被称作帕累托最优。两位消费者都有无数条无差异曲线，由此产生无数个切点即无数种帕累托最优状态，将所有帕累托最优点相连得到的曲线被称为契约线。

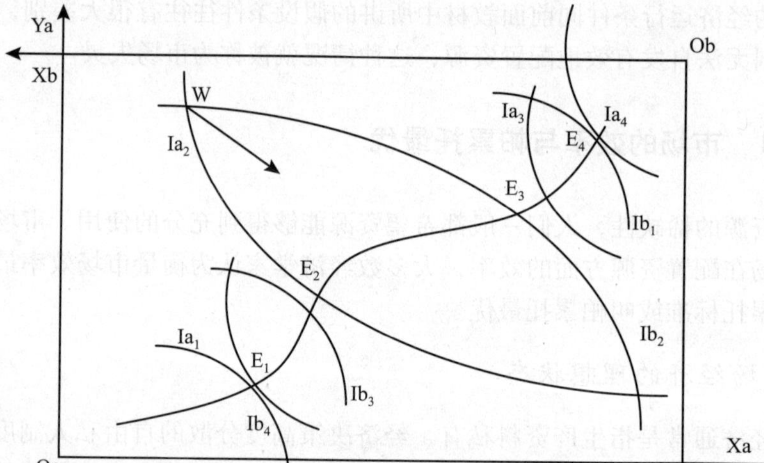

图7－1　埃齐沃斯盒

所以，帕累托最优可以作为经济运行所要达到的目标，当还没有达到时，总能通过某些方法改进，如改进经济运行机制、提高资源配置效率等使得经济运行的状态更接近帕累托最优，这样总会使得经济社会中的一部分主体提高收益而不损害其他主体的利益。

7.1.2　市场失灵

但帕累托最优的成立需要满足如下的假设条件：（1）市场达到一定规模；

（2）所有的消费者和生产者都按规则从事经济活动；（3）存在均衡的状态。但经济运行的实际情况往往不能满足以上所有条件，导致资源配置效率达不到理想状态即市场失灵。

所谓市场失灵是指现实市场经济中无法满足帕累托最优的条件而导致资源不能有效配置，使市场存在着一定缺陷和不足。市场失灵表现机制的故障，主要有市场竞争的不完全、外部性、信息与市场失灵、公共物品与公共资源等几方面。本章将在后面分节介绍以上几种情况及相应的经济政策。

7.2　市场竞争的不完全

市场竞争的一个特点是优胜劣汰，随着优胜者在壮大市场中的竞争逐渐减少，从而走向垄断。对于有明显规模经济的行业，更容易走向自然的垄断。在市场上，单个参与者一般无法去任意操纵价格，而只能随行就市，按竞争规则行事没有什么损失，但一旦他占有的资源占据重要的份额，有了一定程度的垄断，垄断者就能影响价格，并从中得到好处，市场优胜劣汰的结果就破坏了按竞争规则办事的假定。不同市场结构的竞争分析，说明了市场竞争的不完全。本节将重点探讨两种市场竞争不完全的情况：垄断与自然垄断，并介绍政府相应的管制措施。

7.2.1　垄断及其管制

1. 垄断分析

如图7-2所示，假设该市场初期为一个处于完全竞争状态的农产品市场。行业需求曲线为D，行业供给曲线S与边际成本曲线和平均成本曲线重合，且MC=AC。该农产品市场在满足条件P=MC时达到均衡，此时行业需求曲线与行业供给曲线相交于点C，均衡产量为Q_c，均衡价格为P_c。此时市场利润即生产者剩余为0，消费者剩余为三角形AEC的面积，社会剩余为生产者剩余和消费者剩余之和，此时等于消费者剩余。在完全竞争的条件下该市场的社会剩余最大。

假设有一个农产品集团收购了该市场上所有农产品厂商，对农产品统一订货、统一销售，从此该市场转变为垄断市场。垄断厂商利润最大化的条件为MR=MC，即MR曲线与行业供给曲线相交于点G时，此时垄断企业产量为Q_m，垄断价格为P_m。厂商超额利润即生产者剩余为矩形FBGE的面积，消费者剩余为三角形AFB的面积，故社会剩余为梯形AEGB的面积。所以，由于垄断，社会剩余较完全竞争时有所减少，减少的社会剩余大小等于三角形BGC的面积，这部分损失被称为“无谓的损失（deadweight loss，DWL）”。

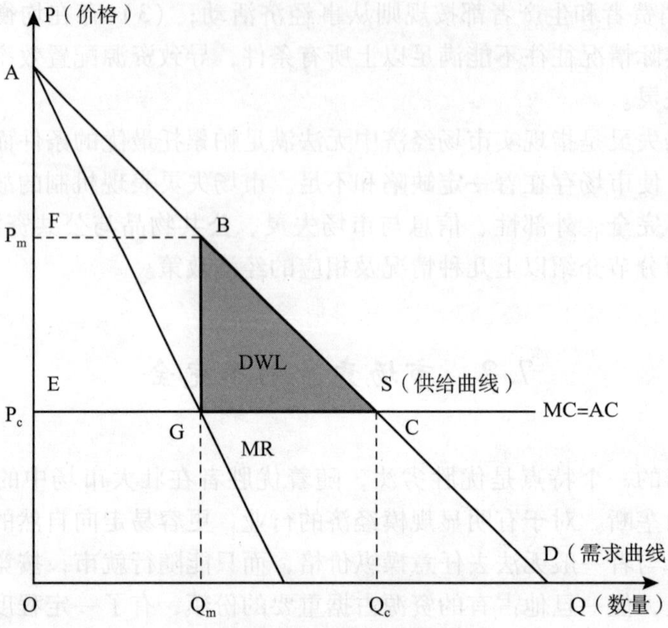

图 7－2　垄断的影响

“无谓的损失”是垄断造成的结果。根据经济学家 J. 布坎南和 A. 克鲁格等人的研究结果，如果关注获得和维持垄断地位的过程，最终会发现垄断带来的损失远远超过“无谓的损失”。为了获得和维持垄断地位，垄断企业需要采用多种方式。这种方式可能是合法的，比如参加招投标、聘请专门的游说机构向政府游说、积极参与政策制定等；也可能是非法的，比如向官员行贿。但无论合法与非法，这种活动的共同特点是不属于生产活动，本身不能创造价值，需要付出成本，属于“非生产性的寻利活动”。这种为了获得和维持垄断地位而付出代价的非生产性寻利活动就被称为寻租。寻租的成本来源于垄断厂商的超额利润，但最多不会超过全部的超额利润。在本例中，垄断厂商用于寻租的成本大小最多不超过矩形 FBGE 的面积，否则谋求垄断地位无意义。这仅仅是本垄断厂商在现有市场规模下的寻租成本，当市场扩大，寻租成本将会提高。而其他谋求进入该市场的厂商同样也会付出寻租成本，其他行业中也同样存在寻租现象。所以寻租带来的损失对整个社会来说非常大。

由此可见，在垄断因素的作用下，市场机制失灵，资源无法得到最优配置。

（1）效率的损失。商品价格高于边际成本，生产不在最优规模内，故商品的单位成本也不是最低的，这造成产量减少，生产能力剩余，资源被闲置。

（2）消费者福利损失。由于价格高于边际成本，使消费者本来可以得到的消费者剩余被剥夺，还造成福利的无谓损失，人们无法通过消费获得最大满足。

（3）妨碍技术进步。垄断企业为了让自己的产品销售，同时为了将固定设备的折旧收回，不惜扼杀新的创新。另外由于垄断企业获得垄断利润，还使他没有了竞争的压力和创新的冲动。

(4) 规模大造成管理内耗。垄断企业的规模庞大，管理层次众多，管理费用居高不下，造成企业的内耗和资源的浪费。

(5) 其他行业过度竞争，资源浪费。这表现在两个方面：一是垄断市场使其他企业难以进入，而进入其他竞争激烈的行业，造成这些行业全行业亏损，使资源浪费；二是垄断企业形成了买方市场，对上游产品压价采购，使上游产业过度竞争，生产者剩余被剥夺。

(6) 寻租行为造成资源浪费，甚至破坏法治和市场环境。寻租行为将本该用于扩大生产的资金用于不创造价值的维持垄断地位的活动上，其中诸如行贿一类的非法活动严重破坏法制，增加了守法企业进入市场的难度，最终不利于市场经济的健康发展。

2. 对垄断的管制

(1) 反不正当竞争。市场经济的本质特点就是竞争。而不正当竞争破坏市场经济运行，故而市场经济国家通常通过法律手段来遏制。我国于 2017 年 11 月 14 日对《中华人民共和国反不正当竞争法》进行了立法 24 年来的首次大修，自 2018 年 1 月 1 日正式实施。其中对不正当竞争有如下定义：经营者在生产经营活动中，违反本法规定，扰乱市场竞争秩序，损害其他经营者或者消费者的合法权益的行为。第二章详细列举了不正当竞争行为，共计七种，归纳如下：

①引人误认为是他人商品或者与他人存在特定联系的混淆行为；

②采用财物或者其他手段贿赂特定单位或个人以谋取交易机会或竞争优势；

③对其商品的性能、功能、质量、销售状况、用户评价、曾获荣誉等作虚假或者引人误解的商业宣传；

④侵犯商业秘密的行为；

⑤违反规定的有奖销售行为；

⑥编造、传播虚假信息或者误导性信息损害竞争对手的商业信誉、商品声誉；

⑦利用技术手段实施妨碍、破坏其他经营者合法提供的网络产品或者服务正常运行的行为。

第三章规定了对涉嫌不正当竞争行为的调查，第四章规定了经营者、监督检查部门等当事方违反本法需要承担的法律责任。值得一提的是，本次修法对与现行其他法律交叉、矛盾的条文给予了删除或修改，完善充实了对不正当竞争行为的法律界定，补充了打击商业贿赂、加强商业秘密保护和互联网领域反不正当竞争等规定，强化了民事赔偿责任，加大了对违法行为的信用惩戒和行政处罚力度。

(2) 限制垄断。除了反对不正当竞争，市场经济体制还需要限制垄断对竞争的破坏。每个市场主体都要追求利润最大化，所以都有追求垄断的动机和行动，这种行动则会破坏自由竞争的局面。为保护公平竞争，市场经济国家通过制定实施反垄断法来保护竞争、限制垄断。美国先后制定了《谢尔曼法》(Sherman

Act)、《克莱顿法》《联邦贸易委员会法》《罗宾逊—帕特曼法》《塞勒—凯弗维尔反兼并法》等一系列法律，由联邦贸易委员会、司法部反托拉斯局负责执法。我国则于2008年8月1日施行《中华人民共和国反垄断法》，共分总则，垄断协议，滥用市场支配地位，经营者集中，滥用行政权力排除、限制竞争，对涉嫌垄断行为的调查、法律责任，附则八章，总计57条。

根据反垄断法的规定，垄断行为包括以下三种：①经营者达成垄断协议；②经营者滥用市场支配地位；③具有或者可能具有排除、限制竞争效果的经营者集中。同时，第五章专门针对行政机关滥用行政权力排除、限制竞争的所谓“行政垄断”行为做出了界定。另外，针对学界对反垄断法可能限制企业发展的担忧，我国反垄断法第五条明确规定，经营者可以通过公平竞争、自愿联合，依法实施集中，扩大经营规模，提高市场竞争能力。所以，反垄断法并未限制企业谋取市场支配地位，而是反对企业滥用市场支配地位的行为。而对于国有经济占控制地位的关系国民经济命脉和国家安全的行业以及依法实行专营专卖的行业，反垄断法也明确予以保护。反垄断法确立了垄断协议豁免制度、市场支配地位推定制度、经营者集中申报制度、经营者承诺制度等，这些制度既借鉴了国外反垄断法的经验，同时也考虑了中国国情，能够有效地规制垄断行为。

在反垄断法实施方面，以往国务院反垄断委员会负责日常调研协调工作，具体执法由发改委价格监督检查与反垄断局、商务部反垄断局和国家工商总局反垄断与反不正当竞争执法局负责。其中，发改委主要负责“价格垄断行为”，商务部主要负责“经营者集中”即并购行为的反垄断审查，国家工商总局主要负责垄断协议、滥用市场支配地位、滥用行政权力排除限制竞争方面的反垄断执法工作（价格垄断行为除外）。2018年3月，中共中央印发《深化党和国家机构改革方案》，将国家工商行政管理总局的职责，国家质量监督检验检疫总局的职责，国家食品药品监督管理总局的职责，国家发展和改革委员会的价格监督检查与反垄断执法职责，商务部的经营者集中反垄断执法以及国务院反垄断委员会办公室等职责整合，组建国家市场监督管理总局，实现了反垄断和反不正当竞争的统一执法。

管理案例

可口可乐并购汇源案例简介①

2008年9月3日，汇源果汁发布公告称，可口可乐将以每股报价12.2港元，合计197.2亿港元收购汇源果汁集团有限公司股本中的全部已发行股份以及全部未行使可换股债券。可口可乐现已取得汇源三大股东签署的接受要约不可撤销承诺，法国达能、朱新礼和华平投资三大股东共同拥有汇源66%的股份。

① 资料来源：三亿文库，http://3y.uu456.com/bp_3dxzn7ldj78c83h0eorj_1.html。

2008年9月6日，汇源果汁集团董事长朱新礼在位于北京顺义的总部召开小范围的新闻发布会，首次正面回应收购事件：这是汇源最大一笔招商引资，完全是一种正常的商业行为。并表示此桩收购不存在被迫无奈。特别是随后的“我觉得企业确确实实需要当儿子养，但是要当猪卖”，词语一出，更是引发各界争论。

2008年12月5日，可口可乐与汇源对外公布，并购案已经进入商务部审批阶段，同时称，双方最终签署的收购协议有效期为200天，若200天内没有得到商务部的回复，协议自动解除。同日商务部首次表态已经立案受理可口可乐并购汇源一案。

2009年1月15日，商务部新闻发言人姚坚表示，商务部正在对该案进行反垄断审查。3月11日商务部部长陈德铭透露案件最新进展情况，并表示对该案件的审查不会受到任何外部因素的影响。3月18日，经历了长达半年的马拉松式调查评估后，商务部对可口可乐并购汇源一案的反垄断审查做出裁决，依法否决了该申请，这是《反垄断法》自2008年8月1日实施以来首个未获通过的案例。

事后，汇源方面发表声明尊重商务部的批复，可口可乐方面虽觉得可惜但是也表示放弃收购汇源的计划。沸沸扬扬的可口可乐并购汇源一案终于落下帷幕。

以下是商务部作出否决的三点原因：

(1) 集中完成后，可口可乐公司有能力将其在碳酸软饮料市场上的支配地位传导到果汁饮料市场，对现有果汁饮料企业产生排除、限制竞争效果，进而损害饮料消费者的合法权益。

(2) 品牌是影响饮料市场有效竞争的关键因素，集中完成后，可口可乐公司通过控制“美汁源”和“汇源”两个知名果汁品牌，对果汁市场的控制力将明显增强，加之其在碳酸饮料市场已有的支配地位以及相应的传导效应，集中将使潜在竞争对手进入果汁饮料市场的障碍明显提高。

(3) 集中挤压了国内中小型果汁企业生存空间，抑制了国内企业在果汁饮料市场参与竞争和自主创新的能力，给中国果汁饮料市场有效竞争格局造成不良影响，不利于中国果汁行业的持续健康发展。

7.2.2 自然垄断及其管制

1. 自然垄断分析

上面所言的垄断活动所处的行业往往是可能存在竞争的行业，一旦发生垄断可能会对这些行业的发展产生不利影响。但也有一些行业垄断经营比竞争更有效，这种垄断就被称为自然垄断。典型行业有天然气、水、电力、电信等行业。这类行业的特征是需要进行大量的基础设施建设，如各类管线、信号铁塔等，而一旦建成即可服务大量客户。如果有多个企业面对同一客户群竞争时，则每个企业都将建设相关设施，最终造成设施的重复建设和资源浪费，使得成本急剧上升，这种现象叫作成本的次可加性（subadditive）。以电信行业为例，根据2008年国家审计署的一份报告显示，2002～2006年，中国移动、电信、联通、网通、铁通5家企业累计投入11235亿元用于基础设施建设，重复投资问题突出，网络资源利用率普遍偏低。故经过国资委、工信部、运营商之间协调酝酿后，2014年中国铁塔股份有限公司正式成立，负责统筹建设通信铁塔设施，进一步提高电信基础设施共建共享水平。所以通常这类行业中由一个或少数几个企业垄断经营，而政府则负责价格、服务等各方面的调控以合理的价格面向所有的消费者提供服务。

2. 管制措施

（1）理论基础。如图7－3所示，假设本图表现的是一家自然垄断的天然气公司的定价机制。横坐标为每月天然气的产量，纵坐标为价格。D为需求曲线，MR为边际收益曲线，MC为边际成本曲线，AC为平均成本曲线。如果不加以管制，则按照垄断厂商MR＝MC的利润最大化条件，每月天然气的产量为Q_A，价格为P_A，此时天然气公司的超额利润为矩形P_AAaP_a的面积。但这种情形下市场是低效率的，天然气产量低可能无法满足民众需求，同时价格过高，社会剩余的无谓损失过大，为三角形AEC的面积。而对民众而言最优的情况就是天然气市场满足P＝MC时的产量和价格，则此时每月产量为Q_C，价格为P_C，社会剩余最大，但天然气公司面临亏损，大小为矩形P_ddCP_C的面积。这对天然气公司而言是不可接受的，甚至从一开始天然气公司就不会建设管线。所以为了保证天然气公司不亏损，同时又尽可能使社会剩余最大，政府理论上可以通过调控规定一个

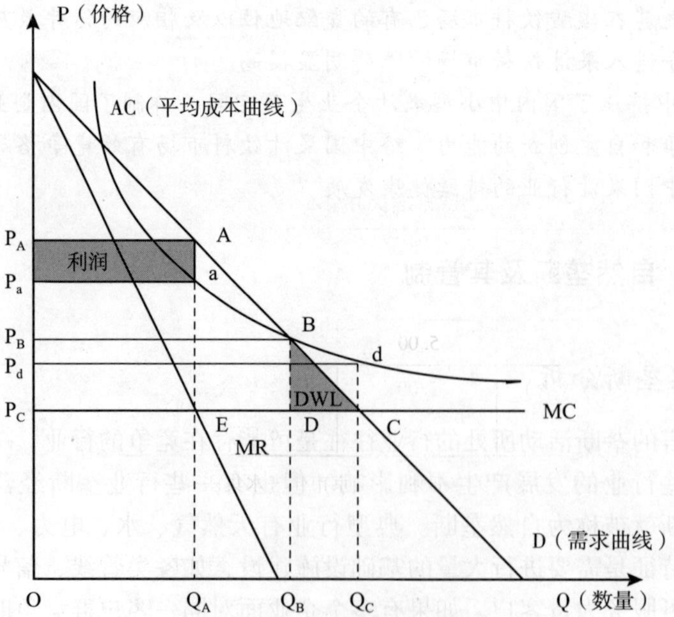

图7－3 自然垄断定价机制

最接近边际成本的价格即 P_B，产量为 Q_B，点（Q_B，P_B）即为需求曲线和平均成本曲线的交点 B，此时天然气公司的收益恰好等于成本，社会剩余的无谓损失仅为三角形 BDC 的面积。如果政府依然希望扩大天然气产量到 Q_C，则可以采用另一种定价方式——两部定价法（two-part pricing）。这种定价方式的机理是：每个消费者每月支付的天然气费用包含两部分，固定费用和燃气流量费。固定费用为亏损部分平摊给每位消费者的费用，每单位燃气流量费为边际成本 MC。设该天然气公司共服务 n 个消费者，每个消费者每月消费的天然气量为 Q，亏损部分为 C，每个消费者每月上交的天然气费用为 M，则 $M = MC \times Q + C/n$。我国电信行业曾长期实行这种收费方式，即每位消费者每月的费用包括月租和通话费用两部分，通话费用为每分钟费用与月通话总时间的乘积。

（2）管制实践。我国反垄断法第七条第一款规定：国有经济占控制地位的关系国民经济命脉和国家安全的行业以及依法实行专营专卖的行业，国家对其经营者的合法经营活动予以保护，并对经营者的经营行为及其商品和服务的价格依法实施监管和调控，维护消费者利益，促进技术进步。这一条款为国家对自然垄断行业进行监管提供了法律依据。

除了前面分析的平均成本定价、两部定价法外，价格管制的手段还有很多，具体采用何种手段取决于行业的性质，比如自来水、电力行业还常采用基于价格歧视的分段定价法。

（1）价格歧视。如果生产者能够做到将市场细分，比如供水部门将用水市场分为工业用水市场和居民用水市场，那么就可以针对不同的市场分别定价，从而获得更大的利益。这种将相同商品以不同价格销售给不同消费者的行为就被称为价格歧视。

（2）分段定价。当消费者需要根据不同的消费量来支付不同的价格时，这种定价方式就被称为分段定价。例如，北京市自来水集团用下列方式定价出售自来水，如表 7－1 所示。

表 7－1　　北京市居民用水阶梯水价　　单位：元/立方米

分档水量	户年用水量（立方米）	水价	其中		
			自来水费	水资源费	污水处理费
第一阶梯	0～180（含）	5.00	2.07	1.57	1.36
第二阶梯	181～260（含）	7.00	4.07		
第三阶梯	260 以上	9.00	6.07		

资料来源：《北京市居民阶梯水价实施细则》，北京市自来水集团，2014 年 4 月 29 日。

分段定价的方式有两种：一种是随着消费量的增加，单价降低，反映了当消费量增加时固定成本被分摊到更大的产量上从而降低了单位成本，这种通过价格折扣来分段定价的方式通常用来刺激消费，比如手机话费、移动流量费等；而为了节约资源，自来水公司采用的是另一种分段定价方式即随着消费量的增加单价提高，这样可以用高消费量客户的高价格来弥补低消费量客户由于低价格而带来的利润损失。

除了价格管制外，政府还常常采用以下措施管制自然垄断。

①市场进入管制。市场进入管制的主要办法是政府发放经营许可证。

②对垄断企业课税以方便将企业的超额利润抽走。

③分拆或引入竞争者。政府可以对自己控制的国有垄断企业进行分拆，或引入民间资本。例如中国电信市场、航空市场采用分拆的方法，高铁方面引入民间资本参与建设。

管理案例

全国政协委员、民建中央调研部部长蔡玲：加强制度创新开放自然垄断行业的竞争性业务①

"'十三五'时期是全面建成小康社会的决胜阶段，《中共中央关于制定国民经济和社会发展第十三个五年规划的建议》（以下简称《建议》）是引领经济发展新常态的行动纲领。适应新常态，把握新常态，引领新常态，离不开制度创新。《建议》一大亮点是加快开放电力、电信、交通、石油、天然气、市政公用等自然垄断行业的竞争性业务。"全国政协委员、民建中央调研部部长蔡玲在接受本报记者采访时表示。

那么如何落到实处呢？蔡玲指出，多年来，民营企业要求进入上述自然垄断行业的竞争性业务，但缺乏切实可行的实施细则，往往遭遇"玻璃门"。比如石油的开采、进口、提炼、批发、零售、运输等各个环节，民营企业根本无法与中石油等平等竞争，其有的分公司，对内实施油运价格低于民营企业数倍的"内外有别"价格歧视政策。交通、电信等自然垄断行业领域存在着广泛、复杂的垄断，有的形成了多个凭借行政权力垄断生存的既得利益群体，严重干扰市场公平竞争。这是深化改革遇到的难啃"硬骨头"问题。"为此，应加强制度创新，推动开放自然垄断行业的竞争性业务。"蔡玲强调。

蔡玲建议，加大改革创新，促进市场公平竞争。她指出，目前，电力、电信、交通、石油、天然气、市政公用等自然垄断行业仍然是政府价格管制较多的领域。要积极推进价格改革，扩大竞争性环节的范围。"比如电信技术的发展，使电信业务从接入到增值服务的竞争都显著加强。即使在重要公用设施、公益性服务和网络型自然垄断环节，政府在实施定价行为时，也要充分考虑市场供求关系、资源稀缺程度和环境损害成本。"蔡玲表示。此外，应建立自然垄断行业价

① 资料来源：全国政协委员、民建中央调研部部长蔡玲：《加强制度创新开放自然垄断行业的竞争性业务》，人民政协网，http：//www.rmzxb.com.cn/c/2015－11－10/617401.shtml。

格监管机制。一方面建立垄断行业成本约束机制，通过监审垄断行业成本、公开垄断行业成本、引入第三方成本评估等制度，形成垄断行业成本约束机制；另一方面建立垄断行业科学定价制度，在完善专家评审制度的同时，要提高政府定价过程的透明度和公众参与度。特别是关系百姓切身利益的价格调整，尽可能公开成本构成等信息，采取多种方式广泛听取公众意见建议。

"同时，应加强政策措施落实情况的督查。"蔡玲对记者表示。尤其要引入第三方机构，对开放自然垄断行业的竞争性业务成效、存在的问题进行评估。废除地方保护、分割市场、限制公平竞争的"土政策"和各种花样翻新的潜规则。把简政放权和加强监管同步推进。健全社会服务体系，规范律师、公证、会计、资产评估、咨询和仲裁等社会中介机构及行业协会的行为，为加快开放电力、电信、交通、石油、天然气、市政公用等自然垄断行业的竞争性业务创造良好的社会环境。

7.3　外　部　性

市场机制建立在私人成本等于社会成本基础之上，或者说是建立在一个生产者或消费者的行动不影响别人的福利的基础上，生产者和消费者通过销售和购买建立起相互联系，市场机制只对买卖双方的供求状况发挥作用，但是当一个消费者（生产者）的行动有利于或有害于另一个消费者（生产者）时，就会产生外在效应，有利的外在效应没有得到相应的回报，有害的外在效应又没有为此付出成本，在这些场合中，对个人利益的追求并不能导致社会福利的增大。

7.3.1　外在经济性

1. 生产中的外在经济性

经济系统中，由于一个单位所进行的生产活动导致其他经济单位获得无偿的利益称作生产中的外在经济性。例如养蜂人和养花人为邻，养蜂人得到了额外的好处，而养花人不能因此而索取回报；一家企业培训的工人后来流动到其他企业去工作，使其他企业节省了大量的培训费用；新能源汽车的生产除了满足消费者的代步需求外，更为环保做出了贡献。以上是直接的外在经济性。也有间接的外在经济性，例如，一架飞机制造厂的发展使炼铝厂从生产规模扩大中得到了好处，而这又使其他金属加工、机械制造企业可以获得价格便宜的铝材。在这些情况下，私人成本高于社会成本，社会所得高于企业所得。

如图7-4所示，以生产新能源汽车的厂商为例，新能源汽车在功能方面同普通汽车相差无几，但是由于生产工艺相对特殊，市场接受度还有待提升，所以新能源汽车厂商的边际收益较低，故按照 MR = MC 确定的均衡产量 Q_2 较低。但是因为新能源汽车的普及有利于环保，所以销售新能源汽车的边际社会效益（MSB）较高，理想产量 $Q_1>Q_2$。为了激励厂商提高产量，政府需要给予新能源汽车厂商相应的政策优惠（如税收减免、补贴等），使得 MR 曲线向右移动靠近 MSB 曲线，达到提高产量、改善环境的目的。

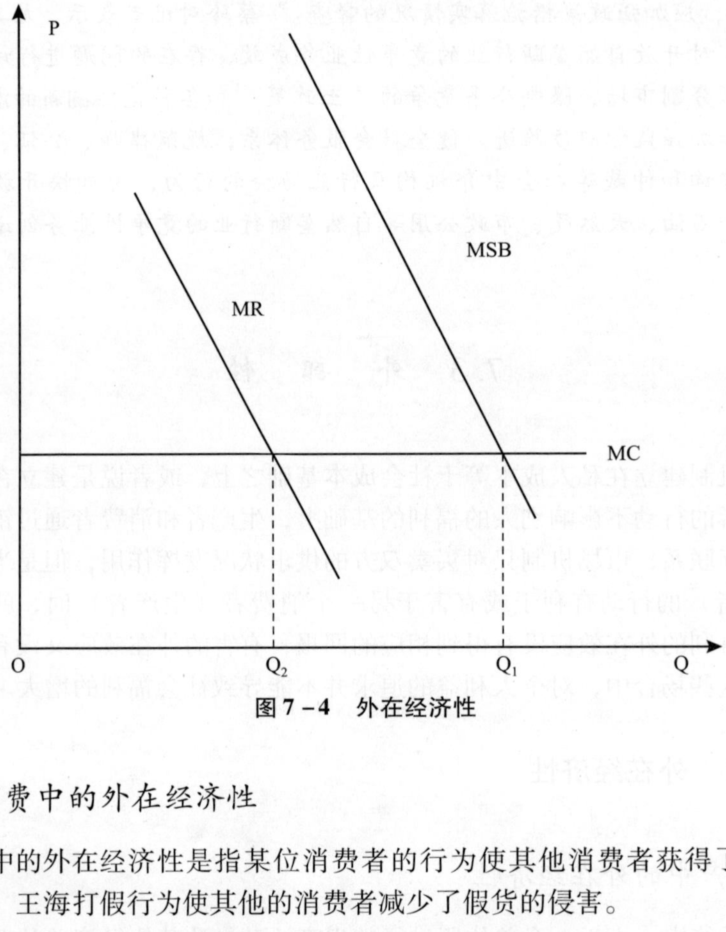

图 7－4　外在经济性

2. 消费中的外在经济性

消费中的外在经济性是指某位消费者的行为使其他消费者获得了无偿的利益。例如，王海打假行为使其他的消费者减少了假货的侵害。

7.3.2 外在的不经济性

1. 生产中的外在不经济性

经济系统中由于一个单位的生产活动导致其他单位无偿的支付成本。例如污染问题，一家企业可能向河里倾倒垃圾而污染河流，或向大气中排放烟尘而污染空气，从而使其他企业的成本加大。对于造成污染的企业来说，它的私人成本里不含对社会应支付的不利的外在效应。这里社会成本 = 私人成本 + 不利的外在效应。

2. 消费中的外在不经济性

消费中的外在不经济性是指一位消费者的行为给其他消费者带来无偿成本的情况。例如，一个消费者在居室外安置空调，所引起的噪音和水滴破坏了另一家居住环境等。

外在不利效应的存在使市场经济难以有效地配置资源。

图7－5中，私人企业的边际成本为S_0，社会的边际成本为S_1，它们也构成了供给曲线，由于社会成本未考虑进去，定价为P_0，产量为Q_0，而不是应该的P_1、Q_1。显然，存在外在效应时，生产者或消费者对他们的活动没有付出全部代价。市场机制的作用使产品过多而价格过低，达不到最佳的资源配置，形成市场故障。

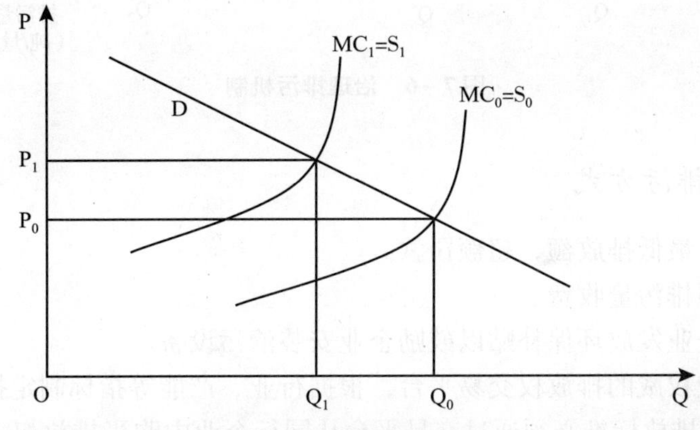

图7－5　外在不经济性

7.3.3　治理排污

1. 最优排污量的确定

从环保的角度来看，企业排污量越少越好，但企业会为此付出购置、运行环保设备等各方面的高额成本，是难以承受的，所以需要确定最优排污量。如图7－6所示，纵坐标代表污染控制成本，横坐标代表排污量。MC曲线是企业的治理污染边际成本曲线。Q_2为完全不治理时的排放量。当排放量较高时企业减排的难度相对小，故边际成本较低，当排放量很低时再减排的难度则较大，故边际成本也较大。MD曲线为污染物带给社会的边际损失曲线，由图7－6可知Q_1为对环境不会造成损害的最大排放量，该数值与污染物有关。当MC＞MD时，政府可以允许企业不治理污染，增加排污量；当MC＜MD时政府则应当要求企业治理污染，减少排污量。最终发现当MC＝MD时对应的排污量Q^*为最优排污量，此时对应的社会总成本（污染治理总成本＋污染造成的总损失）也是最小的，大小为三角形 AQ_1Q_2 的面积。

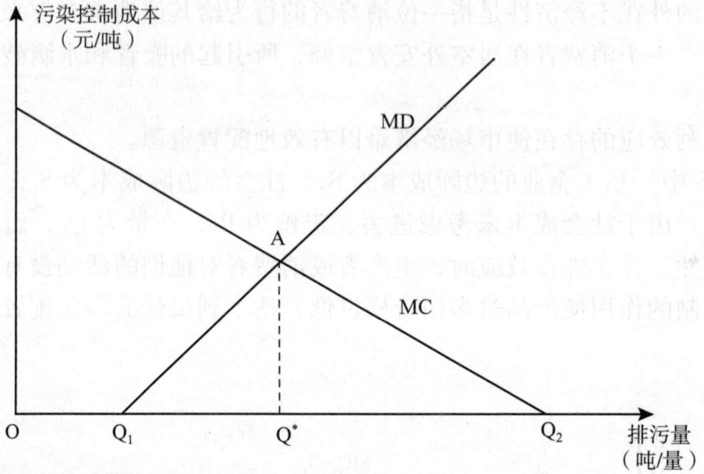

图 7－6　治理排污机制

2. 治理排污方式

（1）设置最低排放额，超额罚款。

（2）按照排污量收费。

（3）对企业发放环保补贴以鼓励企业安装治污设备。

（4）设置权威的排放权交易平台，根据行业、产能等指标制定排放标准，如果某企业超过排放标准必须通过交易平台从同行企业中购买排放权，排放权富余的企业则可以通过平台出售排放权。本地区本行业所有企业的总排放量也要有控制标准，不得因交易导致超额。

（5）关停并转，淘汰落后产能。

管理案例

生态环境部发布“水十条”2017 年造纸行业清洁化改造任务完成情况公示[①]

“人民网”北京 3 月 23 日电（陈灿）记者从生态环境部网站获悉，23 日，生态环境部发布关于《水污染防治行动计划》2017 年造纸行业清洁化改造任务完成情况的公示。

据了解，《水污染防治行动计划》（简称“水十条”）明确要求：2017 年底

① 资料来源：《生态环境部发布“水十条”2017 年造纸行业清洁化改造任务完成情况公示》，人民网—财经频道，http：//finance. people. com. cn/n1/2018/0323/c1004－29886143. html。

前，造纸、焦化（钢铁企业焦炉）、氮肥 3 个行业完成清洁化改造；制药（抗生素、维生素）、印染、制革 3 个行业实施清洁化改造。2017 年底前，造纸行业力争完成纸浆无元素氯漂白改造或采取其他低污染制浆技术。根据各省（区、市）报送材料，截至 2017 年底，各地共上报需进行清洁化改造造纸企业 250 家，完成清洁化改造工作企业 249 家。纸浆无元素氯漂白改造，目的在于替代纸浆含氯漂白工艺。后者排放具有致癌、致畸、致突变作用的可吸附有机卤素（AOX）等有毒有害水污染物，严重污染环境。

为切实落实"水十条"清洁化改造要求、保障公众健康，生态环境部现将造纸行业清洁化改造的详细信息予以公示，公示期为 2018 年 3 月 23 日至 4 月 23 日。公示期内，欢迎社会组织、企业、个人通过信函、电话、传真或电子邮件等方式，监督举报公示清单中存在清洁化改造弄虚作假行为的企业、清单外应报未报造纸企业、造纸企业存在的其他环保问题（如偷排污水、存在应淘汰取缔落后产能等）。举报信息一经核实，将依法依规进行处理。属于改造范围内但未上报相关信息的企业，在公示期内如实补充申报，将不再追究，公示期内仍不上报的，一经发现则按弄虚作假依法依规严肃处理。

下一步，生态环境部将陆续公开焦化（钢铁企业焦炉）、氮肥、制药（抗生素、维生素）、印染、制革等 5 个行业清洁化改造各地上报结果，接受公众监督举报。

7.4　信息与市场失灵

7.4.1　信息不完全与不对称

完全竞争的市场有一个重要的假定，即信息是完全的，不仅生产者对市场有关信息有着完全的了解，而且消费者对市场的各种信息也是完全了解的。这一假定是不符合现实的。在实践中，生产者也好，消费者也好，他们对市场有关信息的了解通常都是不完全的。因为信息的收集是需要成本的，在很多情况下，过高的信息成本使得生产者或消费者无法获取充分的信息，就只能在有限信息的条件下做出决策。

如果买者和卖者双方对信息了解的不充分是对称的，那么还不至于对市场均衡造成重大影响。但问题是，在现实中还存在着大量信息不对称的现象，通常是，卖者对其产品的了解程度要远远高于买者的了解程度，由此产生的结果是市场的失灵，即使得市场机制不能正常地发挥作用，使得社会资源的配置产生扭曲。

7.4.2 不完全和不对称的信息对市场的破坏

一旦供求双方所掌握的信息是不完全、非对称的，市场将出现问题，卖方可能以假冒伪劣商品欺骗消费者，消费者也可能出现败德行为而购买保险恶意索赔，这些都会破坏市场的运作，信息不完全和非对称的情况下导致的均衡结果对社会来讲可能是一种无效率的状况。

在市场信息不完全时，企业或商品的名誉至关重要。绝大多数销售实物商品的企业都希望在市场上长久生存下去，所以这些企业相对来说更加爱惜企业或商品的名誉。相反，在一些存在一次性交易特点的行业中，欺诈等现象发生的概率会大大提高。

面对信息不完全和信息不对称导致的市场失灵，政府可以通过法律（消费者权益保护法、反不正当竞争法）和行政手段来促使信息公开透明。

管理案例

一药多名时代行将终结①

根据国家食品药品监督管理局（SFDA）的规定，自国庆开始，所有药品都必须更换新包装。记者昨日了解到，药品“穿新衣”工作已经基本完成。

淡化商品名以防误导患者

据了解，SFDA 第“24 号令”第二十五条规定，2007 年 10 月 1 日起，药品新包装上，通用名称应当显著、突出，其字体、字号和颜色必须一致，药品商品名称不得与通用名称同行书写，并且其字体和颜色不得比通用名称更突出和显著，否则不能上市销售。

这意味着，今后药品包装将以通用名为主，这将有利于老百姓辨识药品成分，避免因商品名不同而导致重复用药。在以往，我国的药品名称较为混乱，同样化学成分的药，企业都冠以不同的商品名，也就是广被诟病的“一药多名”现象。起商品名的目的就是为了与同类产品有区别，方便打开市场搞销售。于是在实际操作过程中，企业都更愿意突出商品名，对其进行大肆宣传。

而新规的实施，将有助于规范市场上泛滥的“一药多名”现象，抑制医院因收受某药商的回扣而向患者专开或多开某种药品的行为；也能便于消费者在通用名相同的几种药里自由选择。

单品认知转向企业品牌

那么，当几个甚至十几个药品都以类似的面孔出现在药架上时，企业应如何

① 资料来源：《一药多名时代行将终结》，新浪财经，http：//finance.sina.com.cn/roll/20071009/00071704824.shtml。

开展销售？白云山制药总厂厂长陈矛表示，如何突出差异化营销，是企业需要思考的问题。不过相信消费者会选大厂家的产品。因此企业的营销模式也要发生相应的转变，以往是单品宣传，今后可能要更注重企业品牌的打造。而礼来、诺华等一些外企也表示换包装工作基本就绪。由于新旧交替过渡期很长，“因此预计影响不大”。

金康大药房总经理郑浩涛告诉记者，对于商品名已有一定知名度的药品，可能会有点“吃亏”，不过商品名虽然淡化了，但总归还是有的。另外，厂家还可以通过图案、底色等元素作出区别。

7.5 公共物品与公共资源

7.5.1 排他性与竞用性

经济学中通常研究的私人物品具有两个性质：排他性（exclusiveness）和竞用性（rivalness），即该物品需要付钱购买（排他性），同时数量有限，每个人的消费都会限制其他人消费（竞用性）。市场机制对同时具备排他性和竞用性的私人物品能充分发挥作用。还有一类商品具备排他性但不具备或至少是有限的竞用性，这类产品被布坎南称为“俱乐部产品”（An Economic Theory of Clubs），即俱乐部服务对外具有排他性，只有付费购买俱乐部会员资格才能享受，而每个俱乐部会员对俱乐部服务的消费不会或很难影响其他会员的消费，如优酷会员。本节主要研究探讨以下两个概念：公共物品（public goods）和公共资源（common resource）。前者具备非排他性和非竞用性，后者具备非排他性和竞用性。

7.5.2 公共物品与市场失灵

1. 相关分析

公共物品是指具有非竞用性和非排他性的物品，比如国防、航海灯塔等。公共物品无法排除任何人消费，而任何一个人的消费也不会导致公共物品减少从而限制他人的消费。所以向新增的一个消费者提供公共物品的边际成本为零，按照价格等于边际成本的完全竞争市场利润最大化原则公共物品的价格应当为零。而公共物品的生产需要成本，由此可见没有企业愿意生产公共物品，但公共物品又是社会必需的，所以此时市场失灵。

2. 解决途径：政府安排

政府的安排可以是多样的。对于国防这类关系到国家安全的公共物品政府通常通过划拨相应比例的税收来用于国防开支，提供国防服务。由于税收是具有强制性的，所以国防服务的开支即由全民承担，公众则可以通过合法的途径进行监督，以确保税收的开支落到实处。

对于公共设施等，政府可以根据潜在消费者范围的大小采用合理的机制。对于大型的市政建设，如城市道路养护通常由本市的居民缴税承担；而对于高速公路等由于使用群体大大减少可以通过“政府招标建设—建设企业建成后设置收费站向通行车辆收费以收回建设成本—最后移交政府”的 BOT 模式。但这种情形实际上改变了公共物品的非排他性质，相关企业也成了垄断企业，所以还需要采取监管垄断企业的相关措施。而对于居民区的公共设施虽然不能完全排除访客使用，但由于主要的使用者是本居民区的居民，所以这类公共物品通常由本居民区的管理者向居民收取物业费后提供，政府只需要制定相关法律法规进行监管即可。

7.5.3 公共资源与市场失灵

1. 相关分析

公共资源具备非排他性和竞用性。比如煤炭、天然气、海鱼即具有这类性质。如果不加规制，企业、个人都可以无偿获取资源，但每个个体的获取都会导致留给其他个体的资源减少。这两个性质导致公共资源可能会很快被获取殆尽，经济学家哈丁曾经在《公地的悲剧》一文中详细阐述过此类现象。

下面假设这样一种情形：两个渔业公司（A 公司和 B 公司）在同一片海域从事捕捞活动。捕捞活动要有节制，每次要限制捕捞的鱼的大小和数量，从而能够有充足的时间让小鱼长成大鱼，这样能够较为长久地在这片海域中捕捞下去。而如果过度捕捞，该海域的渔业资源将很快枯竭。两家公司都很清楚这一点，故收益矩阵如表 7－2 所示。

表 7－2　　A、B 公司收益矩阵

		B 公司捕捞速度	
		过度	节制
A 公司捕捞速度	过度	A 100，100	B 300，50
	节制	C 50，300	D 200，200

如果 A、B 两公司均能做到节制捕捞，则每个公司可捕捞 200 吨鱼，两个公司捕捞之和最大，整个市场受益最大。双方都知道 D 决策对整个市场而言是最好

的决策，但也同样知道只要其中一方过度捕捞，过度捕捞的一方就可捕捞300吨鱼，单方收益提升且达到最大，而节制捕捞的一方则只能捕获50吨鱼，因为一方的过度捕捞造成本海域减产，故捕捞总量降低到350吨。如果在没有规制的情况下，任何一方都担心对方可能的过度捕捞导致自身利益受损，故均选择过度捕捞，则每一方只能捕获100吨鱼，总共捕获200吨，本海域资源减产更快，这对整个市场而言是最差的决策。

2. 解决途径

以上情境和数据虽为假设，但却有现实背景，那就是我国近海渔业资源在大规模捕捞下已接近枯竭，类似的还有无节制开采有色金属、煤炭等。对于公共资源，政府应当主要从减少非排他性和控制开采方面入手。在减少非排他性方面，政府应当设置市场准入门槛，准入企业应当达到一定生产规模和生产标准，对于落后产能应坚决淘汰。控制开采包括直接和间接控制两方面。直接控制就是政府应当对开采速度、开采质量等行业指标制定严格的标准，并监督执行；间接控制就是政府从关联产业入手，推动产业的转型升级，减少对资源的依赖性。

管理案例

无鱼之渔：东海公地悲剧[①]

在经济学理论中，有“公共地悲剧”一说，即对于产权没有界定的公共资源，往往会由于众多的消费者自由进入及不受限制地开发利用，导致耗损殆尽。典型的例子是没有产权界定和公共监督的草地，会因牧人的过度放牧，最终变成一片荒漠。

我国美丽富饶的东海，正成为“公共地悲剧”的又一生动案例。东海有长江、钱塘江和甬江三大入海口带来的丰富营养物质，又有东海沿岸流、台湾暖流和黄海冷水团交汇搅动养分上浮，吸引着众多鱼群栖息洄游，渔业资源得天独厚。域内舟山渔场是中国最大的渔场，曾与俄罗斯千岛渔场、加拿大纽芬兰渔场和秘鲁渔场等世界级大渔场相齐名。然而，随着我国捕捞业的飞速壮大及严重的过度捕捞，东海渔业资源迅速枯竭。

20世纪80年代，舟山渔场的中心嵊泗列岛周围，整装待发的渔船曾桅立如林、壮观之极。但正是在那个时期，过强的捕捞能力使得东海大黄鱼、小黄鱼、带鱼、墨鱼等渔汛逐一消失。至20世纪末，东海渔业资源已过度开发，油尽灯枯。尤其这十多年来，众多渔船采用拖网、灯光围网、流刺网、电虾等方法进行“灭绝性”捕捞，更是给东海鱼类带来一场惨痛浩劫。近年来，东海虾蟹类产量

① 资料来源：《无鱼之渔：东海公地悲剧》，浙江新闻网，http：//zjnews. zjol. com. cn/system/2014/04/10/019960276. shtml。

稳中有升，今年还因白蟹产量过大导致白蟹“卖出了白菜价”。

但渔业专家指出，近海虾蟹的大量繁殖，是由于吃虾蟹的鱼少了，带鱼、小黄鱼、鲳鱼等大宗传统经济鱼类资源严重萎缩，是海洋渔业营养级下降、资源结构恶化的表现。

监测数据也显示，2000～2002年，东海渔业资源其中经济鱼类约占70%、低值鱼类约占30%；而2010～2012年，东海渔业资源其中经济鱼类约占30%、低值鱼类约占70%。

如何治理并防止“公共地悲剧”进一步恶化呢？途径有三：一是界定公共资源的产权归属。如划分各自的渔业作业海域，严格实施捕捞许可证制度等；二是降低资源开发耗损强度。如制定并延长禁渔期，启动沿海渔民“减船转产”工程，减轻海洋的捕捞强度；三是加强公共资源的管理和修复。如政府严格海洋生态环境保护和加大渔业执法力度，增加人工鱼礁和增殖放流的投入等。此外，市场机制作用下，也会让“悲剧”的公共地形成自我平衡。

随着海洋资源日益贫瘠，导致出海捕捞的收获日减，而出海捕捞的成本却越来越高，当捕捞收获不足弥补捕捞成本时，渔民就会停止出海捕鱼，使得东海渔业资源维持在一个脆弱的均衡点上。

据悉，目前渔船出海一次成本一般在3万多元左右，其中2万多元是油费，另外渔工月薪为6千元左右。但渔获越来越少，出海一次的捕捞所得往往只能卖千把元，越来越多的渔船已失去了出海捕鱼的热情。

但近年来的一项所谓的惠民补助政策，却让这脆弱的平衡又一次被打破。2009年底，财政部、农业部出台《渔业成品油价格补助专项资金管理暂行办法》，由中央财政预算安排专项资金，用于补助渔业生产者因成品油价格调整而增加的成本。

这是迄今为止渔业领域覆盖范围最广、资金规模最大的中央财政补助政策，2011年补贴规模达到171.65亿元。一艘主机功率48匹的渔船，每年仅补助就可领取6万元左右，而120匹以上的大渔船，每年更是可领取十多万元的补助。惠民补助让渔民欢欣，却也让原本有志于减船转产的渔民，又重新回到了捕捞行业。因有柴油补助的支持，渔民们重燃起出海捕鱼的热情，他们采用密如纱窗的渔网到大海中网罗鱼虾幼苗甚至鱼卵，或直接作为饲料，或加工成鱼粉。这对已非常贫瘠的东海而言，无异于杀鸡取卵、竭泽而渔。一项原本支渔惠渔的民生政策，却极可能因激励方向的偏差，导致东海公共地更为“悲剧”，这不禁令人深思。

看来，如果缺乏对现实世界和群众状况的真实了解，一味的好行小惠，其效果也会适得其反。而投入如此巨量的补助，若转而用在鼓励渔民减船转产、海洋生态维护及增殖放流上，那对深陷“公共地悲剧”的东海而言，又该有多好啊！

针对浙江渔业问题，专家们如是说：

浙江海洋学院院长吴常文认为，当前东海区海洋渔业发展存在两个严重问题。一是渔业资源衰退问题。二是渔业利益纠纷问题。为此，需抓紧制定维护渔业权益全方位战略、加快建设东海渔业资源种质保护基地和智能监测平台。

浙江海洋学院副院长徐汉祥认为，恢复浙江渔业资源，有两大突破口：第一，实行渔具准入和网具管理；第二，要制定可捕幼鱼的比例和可捕标准。此外，提高渔民的意识和觉悟也非常重要。

参考文献

[1] James A. Brickley:《管理经济学与组织结构》，清华大学出版社2001年版。

[2] 伊恩·M. 道布斯:《管理经济学：企业、市场和工商决策》，上海财经大学出版社2003年版。

[3] Png Ivan、张初愚、张乐等:《管理经济学：现代观点》，载《经济理论与经济管理》2005年第3期。

[4] 詹姆斯·R. 麦圭根、R. 查尔斯·莫耶、弗雷德里克·H. B. 哈里斯:《管理经济学：应用、战略与策略》，机械工业出版社2009年版。

[5] Mark Hirschey、Hirschey:《管理经济学基础》，清华大学出版社2010年版。

[6] 李德玉:《管理经济学的教改实践与总结》，载《经济研究导刊》2012年第29期。

[7] 陈章武:《管理经济学：简明版》，清华大学出版社2014年版。

[8] 蹇令香、李东兵、姜丽:《管理经济学》，清华大学出版社2015年版。

[9] 保罗·基特、菲利普·扬、斯蒂芬·艾弗尔:《管理经济学》，中国人民大学出版社2015年版。

[10] Christopher R. Thomas、S. Charles Maurice、克里斯托弗 R. 托马斯等:《管理经济学》，机械工业出版社2015年版。

[11] 金雪军、王利刚:《准双边垄断下地区专产性小品种农产品价格波动研究——基于浙贝母产区特殊市场结构的一个案例分析》，载《华南农业大学学报》2005年第4期。

[12] 范晓阁、李思婷:《滴滴联姻Uber始末》，载《金融》2016年第9期。

[13] 罗仲伟、任国良、焦豪、蔡宏波、许扬帆:《动态能力、技术范式转变与创新战略——基于腾讯微信"整合"与"迭代"微创新的纵向案例分析》，载《管理世界》2014年第8期。

[14] 哈福德:《卧底经济学》，中信出版社2006年版。

[15] Bruce Einhorn. "*Chipmakers on the Edge*", Business Week, 2009.

[16] Avi cohen. "*Memory Chips Signal Sector Getting Set for Recovery*", The Wall Street Journal, 2009.

[17] 克里斯托弗·托马斯、查尔斯·莫瑞斯:《管理经济学》，机械工业出版社2014年版。

[18] 加里·L·利连、阿温德·朗格斯瓦米著，魏立原、成栋译：《营销工程与应用》，中国人民大学出版社2005年版。

[19] 国务院法制办公室：《中华人民共和国反垄断法》，中国法制出版社2007年版。

[20] 国务院法制办公室：《中华人民共和国反不正当竞争法》，中国法制出版社2017年最新修订。

[21] 罗纳德、科斯：《企业的性质》，引自《现代制度经济学（上卷）》，经济科学出版社2001年版。

[22] 亚当·斯密著，张兴等译：《国富论》，北京燕山出版社2009年版。

[23] 科斯：《论生产的制度结构》，生活·读书·新知三联书店上海分店1994年版。

[24] 阿尔钦、德姆塞茨、科斯等：《生产、信息费用与经济组织》，上海人民出版社1994年版。

[25] 陈郁：《企业制度与市场组织——交易费用经济学文选》，上海三联书店1996年版。

[26] 胡凯、谢申祥：《企业控制权理论综述》，载《经济纵横》2006年第6期。

[27] Jensen M C, Meckling W H. Theory of the firm: Managerial behavior, agency costs and ownership structure [J]. *Journal of financial economics*, 1976, 3 (4): 305 - 360.

[28] Williamson O E. Transaction-cost economics: the governance of contractual relations [J]. *The journal of Law and Economics*, 1979, 22 (2): 233 - 261.

[29] Klein B. Contracts and incentives: The role of contract terms in assuring performance [J]. *Contract economics*, 1992, 149.

[30] Grossman S J, Hart O D. The costs and benefits of ownership: A theory of vertical and lateral integration [J]. *Journal of political economy*, 1986, 94 (4): 691 - 719.

[31] Hart O, Moore J. Property Rights and the Nature of the Firm [J]. *Journal of political economy*, 1990, 98 (6): 1119 - 1158.

[32] Hart O. *Firms, contracts, and financial structure* [M]. Clarendon Press, 1995.

[33] 周其仁：《市场里的企业：一个人力资本与非人力资本的特别合约》，载《经济研究》1996年第7期。

[34] 吴德庆、马月才：《管理经济学》，中国人民大学出版社2014年版。

